U0940463

[清]蕴真书屋珍藏善本

河 洛 精 蕴

（清）江　永◎著
冯雷益◎整　理

九州出版社
JIUZHOUPRESS

图书在版编目(CIP)数据

河洛精蕴 / (清) 江永著；冯雷益整理. —北京：九州出版社,2011.5(2016.2 重印)

ISBN 978-7-5108-0950-7

Ⅰ. ①河… Ⅱ. ①江… ②冯… Ⅲ. ①周易-研究 ②先秦哲学-研究 Ⅳ. ①B221.5

中国版本图书馆 CIP 数据核字(2011)第 077133 号

河洛精蕴

作　　者	(清)江　永 著　冯雷益 整理
出版发行	九州出版社
出 版 人	黄宪华
地　　址	北京市西城区阜外大街甲 35 号(100037)
发行电话	(010)68992190/3/5/6
网　　址	www. jiuzhoupress. com
电子信箱	jiuzhou@ jiuzhoupress. com
印　　刷	北京毅峰迅捷印刷有限公司
开　　本	710 毫米×1000 毫米　16 开
印　　张	18.25
字　　数	316 千字
版　　次	2011 年 7 月第 1 版
印　　次	2016 年 2 月第 3 次印刷
书　　号	ISBN 978-7-5108-0950-7
定　　价	30.00 元

出版说明

《河图》、《洛书》是华夏远古流传至今的两幅神秘图案。相传羲皇时，龙马出黄河身负十数图点，伏羲遂其文画八卦，流传千载，后称《河图》。大禹治水时，神龟现于洛河背列九文，禹王遂因而划天下为九洲，治九章大法，治水成功，后为《洛书》。《河图》、《洛书》是中华传统文化之源，太极、八卦、阴阳、五行、术数之根。

《河洛精蕴》凡九卷，分内、外两篇。内篇三卷，讲《河图》、《洛书》与阴阳、八卦、五行的关系，谓之精；外篇六卷，讲《河图》、《洛书》在诸多领域中的应用，谓之蕴。全书鞭辟入里，深入浅出，指迷破疑，可令读者顿开茅塞。在几千年的易学长河中，在众多研究《河图》、《洛书》的专著中，江永这部《河洛精蕴》，当属上乘之作。

江永，字慎修，今江西省婺源县江湾人。生于康熙辛酉年七月七日（1681 年），卒于乾隆壬午年三月十三日（1762 年）。他一生研究经学，未曾居官，以教生授徒为业，弟子中戴震最有建树。江氏尤精三《礼》，长于钟律、声韵等学，一生著述颇丰，二十余种著作被收入《四库全书》。当时其学术成就，誉满朝野，备受时人称赞。他一生中从未间断对《河图》、《洛书》、《易经》的研究，有所心得即随笔而记。《河洛精蕴》是江永七十九岁时完成的最后一部经学大作。

此次整理《河洛精蕴》，依清乾隆甲午年蕴真书屋藏版为底本，在重新整理、校核的过程中，我们遵循了如下原则：

1. 编排。纯文部分字简体横排，图表部分仍依古版原样重新绘制。这样，既便于当今读者完整理解、轻松阅读，也保持了清版的原貌。

2. 汉字简化。以国家文字工作委员会发布的《文字使用规范条例》、《简化字总表》为基准，以《辞海》、《汉语大字典》为依据，未尽之处，仍依古籍整理通例处理。

3. 古版混刻字。如己已巳、戊戍戎戌、日曰等，一律改为规范字。

4. 通假字一般保留原貌。

5. 错别字。以古版为主，杂以其他数个版本进行互对，对古版中存在的错别字进行了详尽的核校和审慎的修改，尽可能更正古版中的疏忽之处。

6. 标点符号。根据现行的标点符号用法，并结合古籍整理标点的通例，对全书进行统一标点。

冯雷益

2011 年 3 月　北京

天不愛道地不愛寶河出馬圖洛出
龜書天地之大文章也天以光氣昭爍
於三辰地以精華流衍為五行其乃文
章也大矣後假靈於神物出天苞吐地
符示之圖焉倍五為十而顯其常又示
之書焉藏十於九而通其變常者具無
窮之變變者皆自然之常參伍而列錯
綜而居天地不自匿其妙道至寶所以

牖聖人而啟其聰明發其神智又將有
不盡之文章於是乎起也卦畫者聖人
之文章也一奇一耦太極呈焉儀象生
焉三畫既成八象肖焉萬彙該焉自天
地定位以至水火不相射者先天之為體
也自帝出乎震以至成言乎艮者後天
之為用也先後不可相無猶圖書不可
廢一也至於八卦相盪六爻相錯而易道

成焉其書遂能與天地準彌焉綸焉
冒天下之道焉其始不過奇耦之畫而已
維聖人之聰明神智仰觀俯察遠求
近取隨處皆可會心而以天地自然之文
章心領而神契者必尤深故曰河出圖
洛出書聖人則之非虛言也周子曰聖
人之精畫卦以示聖人之蘊因卦以發
易不止五經之源實天地鬼神之奧也

論易之粹言所謂精者自然流出不假
智力安排所謂蘊者包蓄無涯不遺
糟粕煨燼而言足以盡易道之妙矣更
推本而言之卦之精即圖書之精卦
其右契而圖書其左券也卦之蘊皆圖
書之蘊卦其子孫而圖書其祖宗也余
學易有年合古今諸儒之說亦嘗徧
觀矣竊疑聖人之所以則圖書作易者

必有的確不可移易之理何以先儒言之猶在可彼可此若合若離之間則其所以求聖人之精者豈無遺義以待後人之探索乎文王作易以反對為次序固有反復往來之義以明天道有循環人事有變遷此義甚顯也何以先儒言之乃舍近求諸遠舍明求諸幽則其所以發聖人之蘊者豈無剩義以待後人

之補苴乎夫易道之廣大聖人屢言之而未條其事目也今且之易前似有易陳希夷之龍圖是也易中復有易中爻之十六互卦是也易後又有易焦贛之易林及後世火珠林占法是也更舉圖書卦畫同源而共流旁推而交通者若其家之句股乘方樂家之五音六律天文家之七曜高下五行家之納甲納音之學家之字母清濁堪輿家之羅經理氣擇日家之斗首奇門以至天有五運六氣人有經脉動脉是為醫學之根源治療之準則者亦自圖書卦畫而來信乎天地之文章萬理於是乎根本聖人之文章萬法於是乎權輿精固精也亦何蘊之非精哉河洛精蘊蓄之心者亦有年今老矣暮年歲月弗恐虛擲

也為先儒拾遺補闕亦區區之心也爰黽勉成之凡四閱月得書九卷分內外兩篇

乾隆二十四年己卯黃鍾月朔後日婺
源後學江永書於虹川書屋時年
七十有九

目 录

内篇 河洛之精

外篇　河洛之蕴

卢氏序

道在天地间始也，惟圣人能通之。故图、书启而卦象生，于以开物成务，冒天下之道，以为创也，其实因也。孔子赞《易》知卦象之本于图、书，故于《大传》具明之。刘歆始以为《河图》授羲，羲因之而画卦，《洛书》赐禹，禹因之而演《范》。歧而之二，其说显戾于圣人。孟坚则知其相为经纬表里也，然亦不能言其详。中间失传，至赵宋诸儒出，而后大著。后来儒者渐推渐扩，或纵或横，因其体以究其用，而图、书之妙，作《易》之旨，乃更发前人之所未发，是非前人之智有所不逮、识有所不到也。而论说或有所未及者，盖当其时，理适如是而已。风会日开，智慧日出，更加以引伸焉，参伍错综焉，举天下之事事物物，无不有以要其归。于是左之右之，皆逢其原，一散而为万，万合而为一，其理可不外索而得，使天之所以开圣人，圣人之所以垂示后人者，其道益大彰显于时，是乃圣贤格物致知之学，不得视为悬远者也。

向者吾友戴东原，在京师，尝为余道其师江慎修先生之学，而叹其深博无涯涘也。无使辙之便，竟不及其在日一亲炙之。其著书甚多，流传于世者尚少，近归安丁子小雅，馆于新安，始携所著《河洛精蕴》，内篇三卷，外篇六卷见示。受而卒读，凡夫天地鬼神之奥，万事万物之赜，罔不摘抉而呈露之。于宋儒邵子、朱子之说益加推阐，更荟萃明代以及近时诸人之议论，而断其是非，如数白黑然，洵可谓大而能该，杂而不越者也。通天地人之谓儒，非先生之谓乎？

余于前人，若刘长民、胡廷芳、黄石斋之书，亦尝咀哜焉，愧未能以竟学。吾师桑弢甫先生，学于姚江劳麟书先生。劳先生之学一本程朱，以致知格物为首务，故其说《河图》、《洛书》也，理与数俱昭晰无遗，即粗而至羽毛鳞角，无不究其形角，较其同异，推论其所以然之故。其以布衣终老于乡里，亦与江先生同。异哉！天不爱道，乃使夫二人者皆有以得圣人之精之蕴，而道庶几乎万古不终晦矣。劳先生之书，吾师既授之梨枣矣。今江先生之书，旌德黄君云甫，复版行之，使有志于圣学者，得循是而有悟焉。是其为赐也大矣，岂独有功于江氏已乎？

乾隆五十年仲春

卢文弨书于钟山书院

卢文弨（1717－1796年），初名嗣宗。字绍弓，号矶渔、又号檠斋、晚号弓父、署必庵、万松山人、人称抱经先生。浙江余姚人。

1747年（乾隆十二年）考授内阁中书。1752年（乾隆十七年）中进士一甲第三名（探花），授翰林院编修、尚书房行走。历官左春坊左申允、翰林院侍读学士。1765年任广东乡试正考官，次年提督湖南学政。喜藏书，家有藏书楼名“抱经堂”。藏书数万卷，校书210余种。著有《抱经堂文集》、《读史札记》等。

金氏序

先儒九峰蔡氏谓：体天地之撰者，《易》之象。纪天地之撰者，《范》之数。数始于一奇，函三为九，极之九九，积而畴之数周。象成于二偶，二四为八，极之八八，积而卦之象备。惟《河图》、《洛书》，象备而数周，故其精蕴可以阐化原而穷事物。后之作者，昧象数之源，窒变通之妙，或即象而为数，或反数而拟象，逞其私智，牵合附会。此圣人之精所以不可得而见，圣人之蕴所以不可得而闻也。

婺源江慎修先生，著书满家，晚尤嗜《易》，搜择古今，参以已见，撰《河洛精蕴》一编。凡九卷，分内外二篇。内篇论图书卦画之原，先天后天之理，蓍策变占之法，为《河》、《洛》之精。外篇论图书卦画所包函，旁推交通，为《河》、《洛》之蕴。自谓为先儒拾遗补缺。宣州黄子云甫校而授诸梓。余惟《宋志》说《易》之书，多至二百十三，其能发挥精蕴，间亦有人而按部以求，存者无几。且易理广大悉备，家自为书，人自为说，前之自信为得其精者，久之或又目以为粗。而《易》之蕴函天盖地，悉数之恐留更仆未可终也。是书于圣人所以则图、书作《易》之理，寻讨本源，独有领会，多昔人未经言及者，而又引伸触长，参伍错综，以求其合。虽未敢云《易》之精蕴尽于是，要非深于《易》者，固未易语比矣。

我朝易学，首推安溪李文贞公所论著，于《启蒙》、《本义》多有所发明，贯穿他经，亦多创获。后如光州胡紫弦宗伯《周易函书》，指画成图，妙义环生。海内谈《易》者得是书读之，不当与彼二家并传为《易》林不朽之盛业欤？

时乾隆四十一年岁次丙申花朝

吴江金士松听涛甫书于京寓之衣石山房

金士松（1730—1800年），字亭立，号听涛，江苏吴江人。乾隆二十五年（1760）进士，《清史稿·列传》记其历官编修、侍读、左庶子、侍讲学士、少詹事、詹事、文渊阁直阁事、广东学政、顺天学政、内阁学士、礼部和吏部侍郎、礼部和兵部尚书等。谥“文简”。

曹氏序

余童子时，则知吾郡有江慎修先生，盖闳览博物君子也。其学无所不通，而尤精核于三《礼》，锡山秦大司寇辑《五礼通考》，多采其说，皆先儒所未及者，故先生虽布衣，而名震公卿间。

今皇上命儒臣纂修《四库全书》，先生著述，已得次第进呈，行将流布宇内。凡橐笔侍从者，皆争先睹之为快。而予不幸丁先大夫忧，仓皇返里，苫由余生，方欲寻讨先生手订《丧礼》诸说读之，以稍赎不孝之愆。适旌德黄君持其所刻先生《河洛精蕴》一书，乞鄙言为序。余棘人也，讵复能从事笔墨之役，况《易》学探微，谈何容易。顾先生则予夙所向慕者，又黄君他郡人，而克表章吾郡潜修之士，是又足感也，其何可辞？爰取其书而讽诵之，细绎之，乃不禁适适然惊，规规然自失也。其诸南华叟之所谓望洋向海而叹者乎？不若是，奚足以极阴阳之变，洞神鬼之奥，穷古今万物之情，而综天地人之三才，而谓之通儒耶？昔欧阳永叔以文学为宋代名儒，而诋《河》、《洛》为怪妄乱经之说。明人归熙甫亦有志于经术，其于邵子之学，则欲黜而别之于羲、文、周、孔之外，以为《易》之原本不如是，是皆未能深求其精蕴，而因即以圣人之道为无事于深求，故云尔也。使其得见是书也，将自不悔其失言乎哉？

夫书不尽言，言不尽意，《系辞》固言之矣。故先天后天之二图，至邵子而全，至朱子而定，然而后人尚有置喙于其间者，则《系辞》又曰："仁者见之谓之仁，知者见之谓之知"，"百姓日用而不知。"《易》之道固无所不可，而予则以为不知则已，若既曰知之矣，而不能旁推交通，错综参伍，以求圣人之精，而发圣人未发之蕴，则知者与不知者俱无与于《易》。而其论《河》、《洛》也，不过曰"河出图，洛出书，圣人则之"而已。吁！是向者欧阳氏之所唾弃者也。故必如先生而后可以为知《易》，而后可以为通儒。然则三《礼》也者，犹先生考订之学，而义理之学，则全在乎此书也。书分内外篇，共九卷。

乾隆四十有一年岁次丙申夏六月入伏日

竹溪曹文埴拜序并书

曹文埴（1735—1798年），字近薇，号竹虚，清安徽歙县雄村人。乾隆二十五年（1760）传胪，选庶吉士，授编修。后任翰林院侍读学士，命在南书房行走，詹事府詹事、顺天府尹，历刑、兵、工、户诸部侍郎，户部尚书。谥"文敏"。

江氏自序

天不爱道，地不爱宝，河出马图，洛出龟书，天地之大文章也。天以光气昭烁于三辰，地以精华流衍为五行，其为文章也大矣。复假灵于神物，出天苞，吐地符，示之图焉，倍五为十而显其常，又示之书焉，藏十于九而通其变。常者具无穷之变，变者皆自然之常。参伍而列，错综而居。天地不自匿其妙道至宝，所以牖圣人，而启其聪明，发其神智，又将有不尽之文章于是乎起也。

卦画者，圣人之文章也。一奇一偶，太极呈焉，仪象出焉。三画既成，八象肖焉，万汇该焉。自天地定位，以至水火不相射者，先天之为体也。自帝出乎《震》，以至成言乎《艮》者，后天之为用也。先后不可相无，犹图、书不可废一也。至于八卦相荡，六爻相错，而《易》道成焉。其书遂能与天地准，弥焉纶焉，冒天下之道焉。其始不过奇偶二画而已。虽圣人之聪明神智，仰观俯察，远求近取，随处皆可会心，而以天地自来之文章，心领而神契者尤深。故曰“河出图，洛出书，圣人则之”，非虚言也。周子曰：“圣人之精，画卦以示；圣人之蕴，因卦以发。”《易》不止五经之源，实天地鬼神之奥。此论《易》之粹言。所谓精者，自然流出，不假智力安排。所谓蕴者，包蓄无涯，不遗糟粕煨烬。两言足以尽《易》道之妙矣。更探本而言之，卦之精即图、书之精，卦其右契，而图、书其左券也。卦之蕴皆图、书之蕴，卦其子孙，而图、书其祖宗也。

余学《易》有年焉，古今诸儒之说，亦尝遍观矣。窃疑圣人之所以则图、书作《易》者，必有的确不可移易之理。何以先儒言之，犹在可彼可此、若合若离之间，则其所以求圣人之精者，岂无遗义以待后人之探索乎？文王作《易》，以反对为次序，因有反复往来之义，以明天道有循环，人事有变迁，此义甚显也。何以先儒言之，乃舍近求诸远，舍明索诸幽，则其所以发圣人之蕴者，岂无剩义以待后人之补苴乎？夫《易》道之广大，圣人屡言之，而未条其事目也。今思之，《易》前似有《易》，陈希夷之《龙图》是也。《易》中复有《易》，中爻之十六互卦是也。《易》后又有《易》，焦赣之《易林》，乃后世《火珠林》占法是也。更举图书卦画同源而共流，旁推而交通者，若算家之勾股乘方，乐家之五音六律，天文家之七曜高下，五行家之纳甲纳音，音学家之字母清浊，堪舆家之罗经理气，择日家之斗首奇门，以至天有五运六气，人有经脉动脉，是为医学之根源，治疗之准则者，亦自图书卦画而来。信乎天地之文章，万理于是乎根本。圣人之文章，万法于是乎权舆。精固精也，亦何蕴之非精哉？

《河洛精蕴》蓄之心者亦有年，今耄矣，暮年岁月，弗忍虚掷也，为先儒拾遗补缺，亦区区之心也。爰黾勉成之，凡四阅月，得书九卷，分内外两篇。

乾隆二十四年己卯黄钟月来复日

婺源后学江永书于虹川书屋时年七十有九

方氏序

吾郡江慎修先生，覃心经训，著述极富。而大而天文地理，中更人事，下及小道，如医卜之属，莫不考其源流，通其条贯。晚年归本《河》、《洛》，撰为《精蕴》九卷。举凡形上形下，悉皆荟萃于其内，发挥旨趣，曲鬯而旁通之。因想见先生之根极领要，本本原原，即一数之密，一艺之精，无非精术之绪余，而古圣人作经垂为世教，使万理万事之精微广博洞然毕贯于一。班史独推《易》为六艺之源，周子又以为天地鬼神之奥，其言愈信而有征也。甲午岁假馆蕴真书屋，获读是书。黄君云甫见而爱之，愿授梓以广其传，为好学深思者助。嗣余北首燕路，是书告竣，黄君邮寄京师，特为识其缘起如此。

乾隆四十年岁在旃蒙协洽涂月

新安方昌镐霞峰氏谨书于诚心堂

内篇

凡论图书卦画之原，先天后天之理，蓍策、变占之法，俱载此篇，是为《河》、《洛》之精。

河洛精蕴卷之一

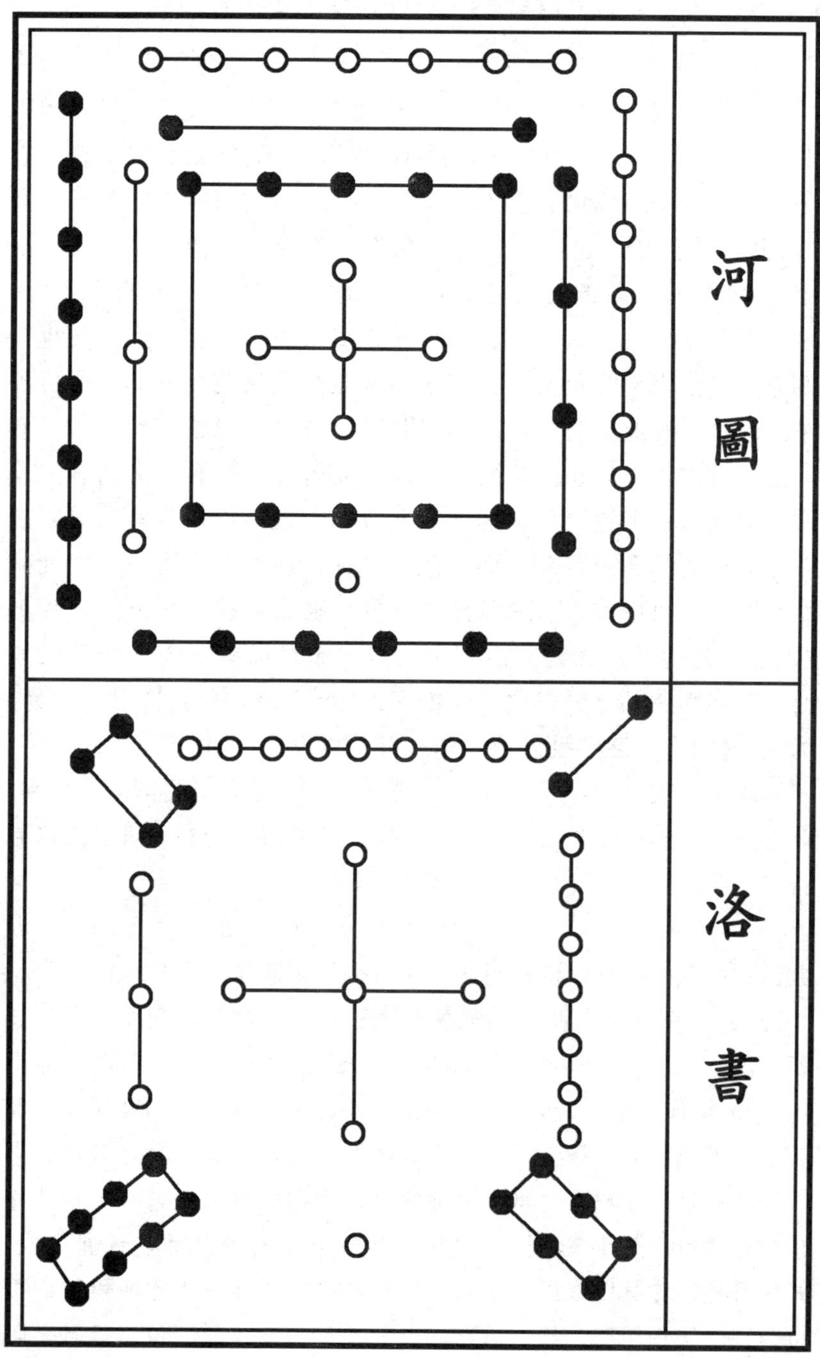

《河图》、《洛书》原始

汉孔安国云："《河图》者，伏羲氏王天下，龙马出河，遂则其文以画八卦。《洛书》者，禹治水时，神龟负文而列于背，有数至九，禹遂因而第之以成九类。"按：此孔氏《论语》注及《尚书·洪范传》也。《尚书》孔传，晋魏间人伪撰。然法《洛书》、陈九畴，刘歆已言之，而《大戴礼·明堂篇》有二、九、四，七、五、三，六、一、八之文，郑康成注云："法龟文也"，则亦以《洛书》为龟文也。箕子为武王陈《洪范》九畴，谓治天下之大法，有此九类耳，未必有取于《洛书》。《洛书》九数，有一定之方位，《洪范》五行居一，皇极居五，似有合矣。然三八政何以居东？七稽疑何以居西？九五福六极何以居南？二五事六三德，何以居西南西北？四五纪八庶征，何以居东南东北？九畴之次第，虽可臆推，《洛书》之方位，则难强解。其云天乃赐禹《洪范》九畴者，犹云天启其衷云耳，非真以龟文为九畴由天赐之也，明儒王祎已详辩之。今推《河图》、《洛书》，皆以作《易》为主，《明堂》之图见外篇，作《范》之说今不用。

朱子答袁枢曰："《河图》、《洛书》为不足信，自欧阳公以来，已有此说。然终无奈《顾命》、《系辞》、《论语》皆有是言。而诸儒所传二图之数虽有交互，宋刘牧以九为《河图》，十为《洛书》，托言出于陈希夷。南康戴师愈伪撰《子华子》，亦以《洛书》为《河图》。而无乖戾。顺数逆数，纵横曲直，皆有明法，不可得而破除也。至如《河图》与《易》之天一至地十者合，而载天地五十有五之数，则固《易》之所自出也。此下言《洛书》、《九畴》数合删之。《系辞》虽不言伏羲受《河图》以作《易》，然所谓仰观俯察，远求近取，安知《河图》非其中一事邪？大抵圣人制作所由，虽非一端，然其法象之规模，必有最亲切处。如鸿荒之世，天地之间，阴阳之气，虽各有象，然初未尝有数也。至于《河图》之出，然后五十有五之数，奇偶生成，粲然可见。此其所以深发圣人之独智，又非泛然气象之所可得而拟也。是以仰观俯察，远求近取，至此而后，两仪、四象、八卦之阴阳奇偶可得而言。虽《系辞》所论圣人作《易》之由者非一，而不害其得此而后决也。”按：此书发明圣人则《图》作《易》之由，意足而语圆。世之不信图、书者，愚而自用，妄肆诋讥。又有轻忽图、书者，谓图、书不出，圣人亦能作《易》。既有《易》矣，何用深究图、书？又有不知卦画与图、书最亲切，而云图、书止以七、九、六、八之数，别阴阳之老少，余可意会，无容穿凿，则所得于图、书者犹为肤浅。

唯《御纂周易折中·启蒙附论》云：“图、书为天地之文章，立卦生蓍为圣神之制作，万理于是乎根本，万法于是乎权舆，断非人力私智之所能参。而世之纷纷撰拟，屑屑疑辨，皆可以熄。”此数语函盖万有，包络群言，后之学者正当于万理根本、万法权舆之中，更为探赜索隐，微显阐幽，以明天地之文章，写之而不尽，圣神之制作，推之而无涯。

邵子云：“圆者，星也。历纪之数，其肇于此乎？方者，土也。画州井地之法，其仿于此乎？盖圆者，《河图》之数。方者，《洛书》之文。故羲、文因之而造《易》，禹、箕叙之而作《范》。”按：此一条，未足以见图、书之妙也。图不必圆，亦可为方。书不必方，亦可为圆。历纪之数，其一隅耳。画州井地之法，其粗迹耳。盖邵子之学，专意于六十四卦圆图，而图、书犹其所略也。

按：刘歆云：“《河图》、《洛书》相为经纬，八卦九章相为表里。”此言似有见，以《河图》言之，火南水北，木东金西，合四方之正位，似为经，而《洛书》为纬。以《洛书》言之，奇数居四正，偶数居四隅，似为经，而《河图》为纬。以八卦言之，天、地、水、火、雷、风、山、泽，各居其方，似为表，而数为里。以《洛书》言之，生数、成数，阴阳配偶，各得其位，似为表，而卦为里。然其所以相为经纬表里者，恐歆亦未能明言。图书卦画，所以交关者，其窔奥未发也。况以九章为九畴，八卦九畴有何交涉乎？

元魏太和时，关朗子明述其六代祖渊，有《洞极真经》。其叙本论云：“《河图》之文七前六后，八左九右。是故全七之三以为离，奇以为巽。全八之三以为震，奇以为艮。全六之三以为坎，奇以为乾。全九之三以为兑，奇以为坤。正者全其位，隅者尽其画。四象生八卦，其是之谓乎？”按：昔人不知有先天八卦，故惟以后天八卦言之，其比附《河图》，牵强补凑，非自然之理也。

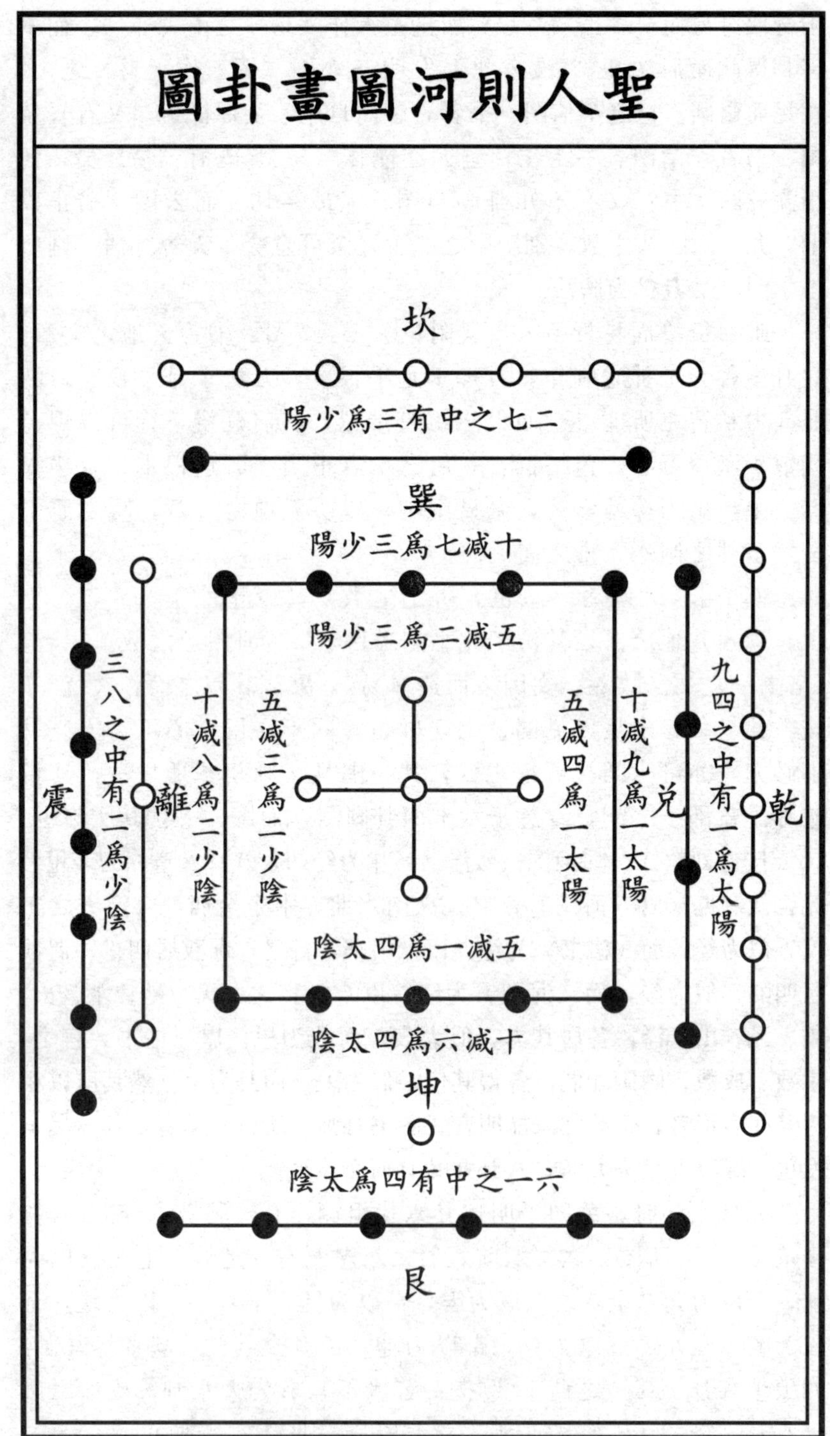

圖卦畫圖河則人聖
坎
陽少爲三有中之七二
巽
陽少三爲七減十
陽少三爲二減五
三八之中有二爲少陰
震
離
十減八爲二少陰
五減三爲二少陰
五減四爲一太陽
十減九爲一太陽
兑
九四之中有一爲太陽
乾
陰太四爲一減五
陰太四爲六減十
坤
陰太爲四有中之一六
艮

兩儀四象八卦圖

陽儀　陰儀

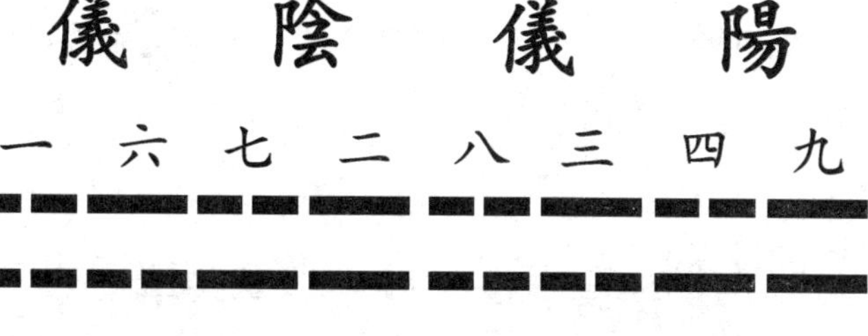

八卦　乾　兌　離　震　巽　坎　艮　坤　八卦

四象　太陽　少陰　少陽　太陰　四象

兩儀　陽　陰　兩儀

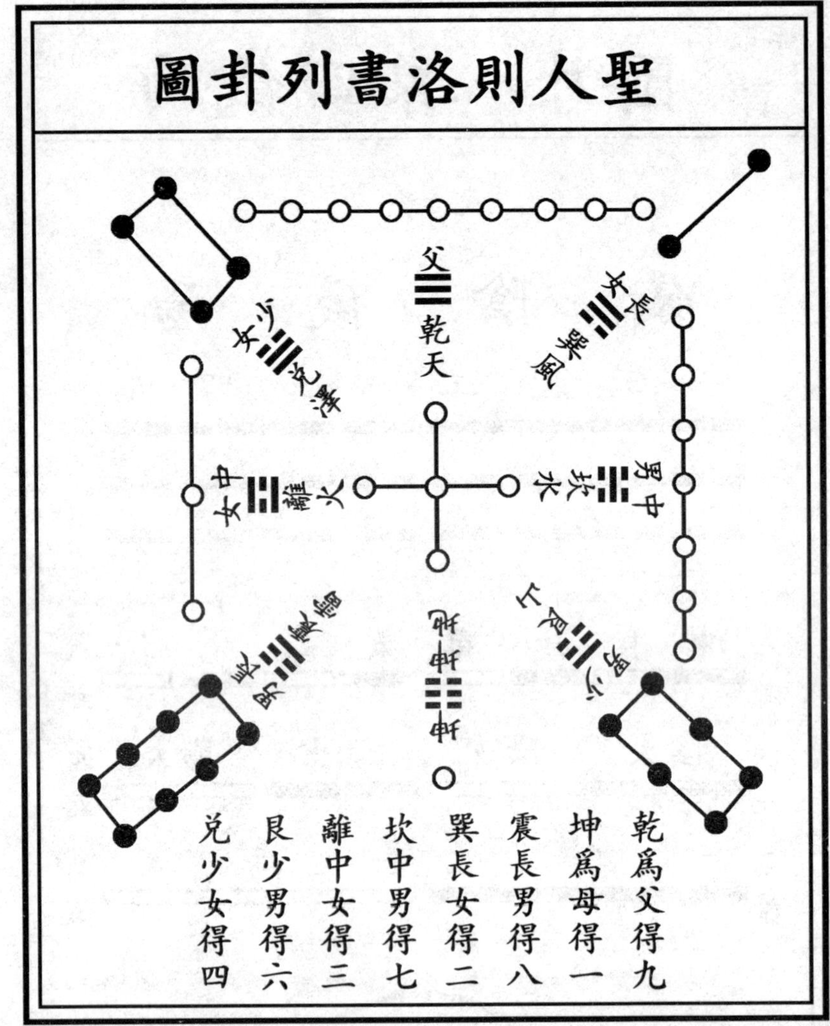

图　说

《易》曰："河出图，洛出书，圣人则之。"今幸有《河》、《洛》二图传于世，朱子《易本义》取之以冠篇端，又作《启蒙》以发明之，可谓万世之幸矣。

相传《河图》出于伏羲之世，则圣人之作《易》也，必于《河图》为最先《易》卦之作，所谓《易》有太极，是生两仪，两仪生四象，四象生八卦者也。夫图以点，而卦以画，图数有十，而卦止八，二者甚不相侔，何以言则？既曰则之，则必有确然不易之理数与之妙合无间，然后可谓则图作《易》。今以卦之方位视图之方位，若方底而圆盖，圆凿而方枘，龃龉不能相入。若曰则之以意，不在形迹，则虚遁之辞也。若但以虚位比拟，可彼可此，牵强组合，可东可西，则亦不见圣人之神智矣。扬子云作《太玄》拟《易》，朱子讥其零星凑合，曾谓圣人则图作《易》亦同于比拟组合者耶？

《启蒙》之论则《河图》也，曰："析四方之合以乾、坤、离、坎，补四隅之空以为兑、震、艮、巽。"又曰："乾、坤、离、坎居四实，兑、震、艮、巽居四虚。"后学思之，甚可疑焉。夫谓析四方之合，以为乾、坤、离、坎，而居四实也。未知其用内一层之生数，抑用外一层之成数乎？如用生数，则一似可为坤，而二何以为乾？三似可为离，而四何以为坎？如用成数，则六似可为坤，而七何以为乾？八何以为离？九何以为兑？其谓补四隅之空，以为兑、震、艮、巽，而居四虚也。未知其用成数补，抑用生数补乎？如用成数，则六似可居西北当艮，而七何以为兑？八似可居东北当震，而九何以为巽？如用生数，则二似可居西南当巽，而一何以为震？三何以为兑？四何以为艮？皆非确然之理数。正是虚位比拟，可彼可此，牵强组合，可东可西，恐非圣人会心于图象以作《易》，不如是其肤浅也。且八方当八卦，而中间五、十，竟置诸无用之地，则亦不见造化妙矣。

愚谓《河图》之数，水北火南，木东金西，先天涵后天之位。而其所以成先天八卦者，乃是析图之九、四、三、八，以当乾、兑、离、震之阳仪。分图之二、七、六、一，以当巽、坎、艮、坤之阴仪。序列既定，然后中判，规而圆之，乾、兑、离、震居左，则九、四、三、八亦居左；巽、坎、艮、坤居右，则二、七，六、一亦居右，适与《洛书》八方相符焉。此图书卦画所以有相为经纬、相为表里之妙。若欲于图之八数，求卦之方位，必有虚位比拟，牵强组合之病矣。且先儒于两仪四象，亦有未的确处。《本义》云："两仪者，始为一画，以分阴阳。四象者，次为二画，以分太少。"此言卦画则确矣。《启蒙》配合图、书，则谓两仪者奇偶。夫阴阳之道变化无方，岂止论奇偶哉？如聚一、三、五、七、九居左，二、四、六、八、十居右，以是为两仪，将何以自然而成四象、分八卦乎？以图、书观之，阴阳之类有三：一以奇偶分阴阳，天数五，地数五是也。一以生数成数分阴阳，一、二、三、四，其卦为坤、巽、离、兑，六、七、八、九，其卦为艮、坎、震、乾是也。一以纵横分阴阳，九、四、三、八，横列者为阳，其卦为乾、兑、离、震。二、七、六、一，纵列者为阴，其卦为巽、坎、艮、坤是也。圣人则图、书画卦，却是以纵横分阴阳为主。其为横图，则横列者在前，纵列者在后。为圆图，则横列者居左，纵列者居右，是谓两仪。即乾、兑、离、震之下一画为阳，巽、坎、艮、坤之下一画为阴是也。方其生八卦，则一仪分为四；方其生四象，则一仪分为二；方其生两仪，则止有二画。则乾、兑、离、震之下一画，岂不可连为一阳？巽、坎、艮、坤之下一画，岂不可连为一阴乎？不但八卦如此，六十四卦亦然。左边三十二卦之下一画，可连为一阳。右边三十二卦之下一画，可连为一阴也。然则以奇偶分两仪，当就卦画言之。虽成卦在后，而成卦之理在先，数亦在先。若图、书数之奇偶，则与卦画奇偶大不同。乾、坤、离、坎居四正，当奇；兑、震、艮、巽居四隅，当偶，此又别是一理。四正卦不可反复，四隅卦可反复也。而坤、离以阴而居阳，震、艮以阳而居阴。若两仪之卦，兑、离阴也，而居阳；坎、艮阳也，而居阴。何其纷错如此？盖先儒未分析阴阳之类有不同，又未有言横列为阳、纵列为阴者，是以两仪无的确之论，而图书卦画不能相通，遂由此始也。

至于四象，朱子谓其位则太阳一，少阴二，少阳三，太阴四。其数则太阳九，少阴八，少阳七，太阴六。分位与数为二。愚谓九、八、七、六者，由揲蓍得之，其实以一、二、三、四为根。其象则以两画相重，分奇偶者为正。先儒以九、八、七、六为数之实，而一、二、三、四，第为次序之位。愚则谓九、八、七、六，固为数之实，一、二、三、四，亦是数之实。盖一、二、三、四，由中宫之五十而生，隐藏于四方八数之中。隐藏者其体，见出者其用，非即以图之一、二、三、四为四象之位也。太阳居一，藏于西方之九四，九减十为一，四减五为一，九为太阳，而四亦为太阳。少阴居二，藏于东方之三八，八减十为二，三减五为二，八为少阴，而三亦为少阴。少阳居三，藏于南方之二七，七减十为三，二减五为三，七为少阳，而二亦为少阳。太阴居四，藏于北方之一六，六减十为四，一减五为四，六为太阴，而一亦为太阴。伏羲画卦，变图之圆点以为横画。先画一奇，以象阳，则西东九、四、三、八之横数在其中矣。次画一偶，以象阴，则南北二、七、六、一之纵数在其中矣。奇上加奇以象太阳，则九四在其中矣。奇上加偶以象少阴，则三八在其中矣。偶上加奇以象少阳，则二七在其中矣。偶上加偶以象太阴，则六一在其中矣。又于太阳之上加一奇，纯阳也。九为成数之最多当之，命之曰乾。太阳之上加一偶，以偶为主，阴卦也。四为生数之最多当之，命之曰兑。少阴之上加一奇，以中画之偶为主，阴卦也。三为生数之次多当之，命之曰离。少阴之上加一偶，以下画之阳为主，阳卦也。八为成数之次多当之，命之曰震。是为阳仪之四卦，以其下画皆阳。少阳之上加一奇，以下画之偶为主，阴卦也。二为生数之次少当之，命之曰巽。少阳之上加一偶，以中画之阳为主，阳卦也。七为成数之次少当之，命之曰坎。太阴之上加一奇，以奇为主，阳卦也。六为成数之最少当之，命之曰艮。太阴之上加一偶，纯阴也。一为生数之最少当之，命之曰坤。是为阴仪之四卦，以其下画皆阴也。

八卦横列，一乾、二兑、三离、四震、五巽、六坎、七艮、八坤。其数之实，则为九乾、四兑、三离、八震、二巽、七坎、六艮、一坤。乾、坤首尾，以九一对。其次兑、艮，以四六对。其次离、坎，以三七对。其中震、巽，以八二对。圣人则《河图》画卦者本如此。在卦画，则一分为二，二分为四，四分为八者，出于自然。在图数，则九四相合为太阳，三八相合为少阴，二七相合为少阳，六一相合为太阴，亦出于自然。是以天启其心，变点为画，自有若合符节之妙。及横图既成，中判为二，规而圆之，以象天地之奠定、气化之运行。则阳仪居左，为乾、兑、离、震；阴仪居右，为巽、坎、艮、坤。以八类象之，天地对于上下，水火对于西东，雷风对于东北西南，山泽对于西北东南，以成天地之体象。若以数观之，乾父坤母当九一，震长男巽长女当八二，坎中男离中女当七三，艮少男兑少女当六四。数与卦自相配。而《洛书》八方之位，正与先天八卦相符。故今分为两图，一为则《河图》以画卦，一为则《洛书》以列卦。而画卦之序，即附于《河图》之下；列卦之位，即见于《洛书》之中心。昔也离之，今也合之。昔也图不能与书通，卦不能与数合；今则有绳贯丝联、操券符契之妙，是为《河》、《洛》之精义。先儒欲发明之，而未昭晰者，不可不为之补苴而张皇也。

《河图》四象，藏于四方，理未易明，变点为线以明之。

线河图

借天干之字作记号，非有意义也。

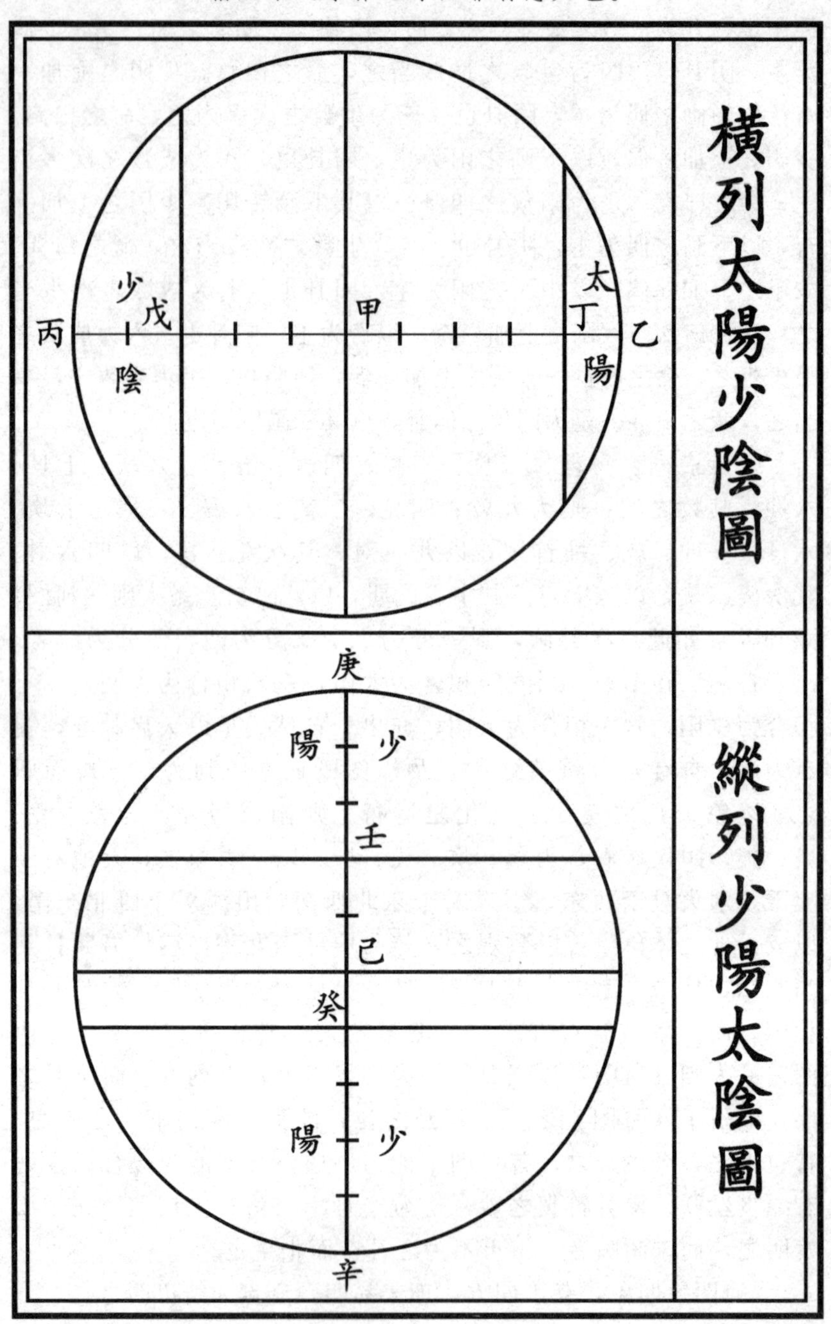

图象太极，乙丙全径为十，乙甲半径为五。

西方截出乙丁，为太阳一。

丁丙为九，丁甲为四，九四皆生于太阳。

九为乾，四为兑，乾、兑下二画皆太阳。

东方截出戊丙，为少阴二。

戊甲为三，戊乙为八，三八皆生于少阴。

三为离，八为震，离、震下二画皆少阴。

庚辛全径为十，庚己半径为五。

南方截出庚壬，为少阳三。

壬己为二，壬辛为七，二七皆生于少阳。

二为巽，七为坎，巽、坎下二画皆少阳。

北方截出癸辛，为太阴四。

癸庚为六，癸己为一，六一皆生于太阴。

六为艮，一为坤，艮、坤下二画皆太阴。

图　说

伏羲则《河图》画卦，原是变点为线。今欲明四象藏于四方，惟平圆中作分线，则其理易明。以虚圈象太极，周子所谓无极而太极也，朱子《启蒙》亦如之。凡圆必有心，心必当圆之半，则全径岂不为十，半径岂不为五乎?《启蒙》云:“《河图》之虚五与十者，太极也。”以今观之，五、十即太极之体，虚其中，即是实其中。盖四象由五、十而生，非能离五、十而别有四象。《河图》见出用数以示人，其体数之中藏者，人不觉耳。旧说一、二、三、四为四象之位，六、七、八、九为四象之数。二老位于西北，二少位于东南，其数则各以其类交错于外。判位与数为二途，则同类者不同方。推之卦画，必不能相符矣。此线河图所为作也。

通论《河图》、《洛书》

《启蒙·本图书》曰："天一地二，天三地四，天五地六，天七地八，天九地十。天数五，地数五，五位相得而各有合。天数二十有五，地数三十，凡天地之数五十有五，此所以成变化而行鬼神也。""此一节，夫子所以发明《河图》之数也。天地之间，一气而已。分而为二，则为阴阳，而五行造化、万物始终，无不管于是焉。故《河图》之位，一与六共宗，而居乎北。二与七为朋，而居乎南。三与八同道，而居乎东。四与九为友，而居乎西。五与十相守，而居乎中。盖其所以为数者，不过一阴一阳，以两其五行而已。所谓天者，阳之轻清而位乎上者也。所谓地者，阴之重浊而位乎下者也。阳数奇，故一、三、五、七、九皆属乎天，所谓天数五也。阴数偶，故二、四、六、八、十皆属乎地，所谓地数五也。天数地数，各以类而相求，所谓五位之相得者然也。天以一生水，而地以六成之。地以二生火，而天以七成之。天以三生木，而地以八成之。地以四生金，而天以九成之。天以五生土，而地以十成之。此又其所谓各有合焉者也。积五奇而为二十五，积五偶而为三十，合是二者而为五十有五。此《河图》之全数，皆夫子之意，而诸儒之说也。至于《洛书》，则虽夫子之所未言，然其象其说已具于前，有以通之，则刘歆所谓经纬表里者可见矣。"

《折中》曰："中间述《大传》处，是夫子之意。天一生水之类，则是诸儒之说。盖诸儒旧说，皆以五行说图、书，故朱子《启蒙》、《本义》因而仍之。他日又曰《河图》、《洛书》于八卦九章不相著，未知如何也。然则朱子之意，盖疑图、书之精蕴，不尽于诸儒之所云者尔。"

谨按：浑然之中，未始有数也。物生而后有象，象而后有滋，滋而后有数。数必始于一，一不能独立，必有二以为之配。有一、二则成三，一加三，二倍二，则成四。以后渐加渐倍，至于无穷。五为小成，十为大成。盖一、四之合五也，二、三之合亦五也，是数至四而五在其中矣。合两五则成十，而数全矣。奇数为阳从天，偶数为阴从地，阴阳自相随而相得也。五数小成，一得五成六，二得五成七，三得五成八，四得五成九，五复得五成十，生数成数自相配而各有合也。自天一地二以至五位相得，《河图》之未合者也。至于各有合，则《河图》之位定矣。水北、火南、木东、金西、土中，天地自然之位也，而五十有五之数适符焉。夫子虽不言五行，而五行之理自在其中矣。

《本义》云："相得，谓一与二，三与四，五与六，七与八，九与十，各以奇偶为类，而自相得。有合，谓一与六，二与七，三与八，四与九，五与十，皆两相合。"《启蒙》亦同。横渠张子曰："一、二相间，是相得也。各有合，以对相合，如一六、二七、三八、四九也。"此朱子说所本，然不止此也。前汉《律历志》云："天之中数五，五为声。地之中数六，六为律。"唐一行《历本议》云："天数始于一，地数始于二，合二始以定刚柔。天数中于五，地数中于六，合二中以定律历。天数终于九，地数终于十，合二终以纪闰余。"天有五音，所以司日；地有六律，所以司辰。则一与二，五与六，九与十，有相得之理；三与四，七与八，可知也。而近儒龚氏焕疑之，欲以孔疏之说，释五位相得，谓一、二、三、四之相得，未见其用，考之亦不详矣。龚氏所以致疑者，因五位之位字，谓今《河图》之位也。不知经文五位，承上天数五地数五，位字中兼相得与有合而言。如张子说是相得者，相间之位，有合者，相对之位也。相间之位，犹言天一地二为一位，天三地四为一位，天五地六为一位，天七地八为一位，天九地十为一位，此数之方生，阴阳相比，奇偶相随，而未合之位，及其见之于图，乃是有合之位。经文语意，本有宾主轻重也。龚氏之意，谓相得者，言四方相次，如一、三、七、九，二、四、六、八是也。有合者，言四方相交，如一六、二七、三八、四九是也。此说误矣，图之偶数，固是二、四、六、八相次，若奇数三七之间，必由五而后得七，岂偶数相连，奇数独可间断乎？天地之气固是播五行于四时，此章则以十数分五位，如但言四方，不及中央，是四位，非五位矣。如云三七之间，自有五土之气，则长夏之土，在夏秋之间，后天之坤，在西南之位，不得以五数强附于东南，使之相次矣。大抵图有十数，犹天干有十位，天干固分五行，以配五方。论其次序，则甲乙为始，戊已为中，壬癸为终。相得，如甲与乙，丙与丁，戊与己，庚与辛，壬与癸，犹兄弟之相随。有合，如甲与己合，乙与庚合，丙与辛合，丁与壬合，戊与癸合，犹夫妇之相偶。惟图数中有此理，故天干应之，人事亦似之。夫子一言而天干人事之理皆在其中矣。五六为天地之中，别有图说，见外篇。

凡天地之数五十有五，此所以成变化而行鬼神。《启蒙》略之，《本义》谓“一变生水，二化成之，二化生火，七变成之”云云者，恐非定说。盖变化之道多途，非可执以奇数为变，偶数为化也。孔疏云：“言此阳奇阴偶之数，成就其变化，而宣行鬼神之用。”此解较浑成无病，且此句亦所以起下揲蓍之变化，故章末云：“知变化之道者，其知神之所为乎?”与此句正相应也。神即鬼神，皆谓其神妙不测耳，鬼神可不拘屈伸往来之义。

朱子所以疑图、书与八卦、九章不相著者，因欲以图之方位，配卦之方位，又未先论横图，遽及圆图，是以见其不相著耳，后余论中详之。

《启蒙》曰：“图、书之位与数，所以不同者何也?《河图》以五生数统五成数，而同处其方，盖揭其全以示人而道其常，数之体也。《洛书》以五奇数统四偶数，而各居其所，盖主于阳以统阴而肇其变，数之用也。”

《折中》曰：“朱子此条，已尽图、书之大义。盖以生数统成数，而同处其方者，自五以前为方生之数，自五以后为既成之数。阴生则阳成，阳生则阴成。阴阳二气，相为终始，而未尝相离也。以奇数统偶数，而各居其所者，四正之位奇数居之，四维之位偶数居之。阴统于阳，地统于天，天地同流，而定分不易也。揭其全以示人而道其常者，数至十而始全，缺一则不全矣，故曰数之体。主于阳以统阴而肇其变者，始于一，终于九，所以起因乘归除之法，故曰数之用。”

谨按：《河图》为体，《洛书》为用，此确论也。然用不离乎体，用数之成，由体数之立。析图之九四、三八横列者，居书之左。分图之二七、六一纵列者，居书之右。则八方之位成，而八卦之位亦定。自然之理，非人所能安排。此义古今诸儒皆未发也。变十为九应三角幂数，及因乘归除之法，详见外篇。

《启蒙》此下论《河图》、《洛书》，皆以五为中，此理易明，故不录。且以方圆参两推三、二之合为五，似多曲折，疑非得数之原。圆者径一围三，亦非密率确数。凡朱子以此释参天两地，释揲蓍策数者，皆不可为定说也。三、二之合固为五，四、一之合亦为五。三、二之合，木生火也。四、一之合，金生水也。木火同根，金水同源，是以图之东南，三、二合五，而八、七亦合十五。图之西北，四、一合五，而九、六亦合十五。然则中五者，东南与西北之合也。书之中五则纵横斜角交于五，皆得十五。以此论中五之理，似更有精义。

扬子《太玄》，四方之数如《河图》，中央易为五五，是不用十，而以五五代十也。如圆径十者，半径五，合之为五五，然十数不可缺，故宜揭其全以示人而道其常。

《启蒙》又论中之五点，图、书各象其所当之方位，此无深义，今不录。若图、书三同二异，乃是火金易位。易之而顺生者成逆克，亦是势之不得不然。《启蒙》谓阳不可易，而阴可易，成数虽阳，固亦生之阴，似费解说，今亦不录。惟书之右旋，有首尾相衔一义，又有暗用七数一义，则先儒皆未言。首尾相衔者，一、六合七，而七继之，七、二合九，而九继之，九、四合十三，而三继之，三八合十一，而一继之，此八位所以能连环而归除也。暗用七数者，西方固七，二合中五为七，二减九亦为七，四合三为七，一减八亦为七，一合六又为七，是以蓍用七七，而勾股、声律、纳甲皆以七为用也。

《启蒙》曰："河图之一、二、三、四，各居其五象本方之外，而六、七、八、九、十者，又各因五而得数，以附于其生数之外。《洛书》之一、三、七、九，亦各居其五象本方之外，而二、四、六、八者，又各因其类，以附于奇数之侧。盖中者为主，而外者为客；正者为君，而侧者为臣，亦各有条而不紊也。曰其多寡之不同，何也？曰《河图》主全，故极于十，而奇偶之位均，论其积实，然后见其偶赢而奇乏也。《洛书》主变，故极于九，而其位与实皆奇赢而偶乏也。必皆虚其中也，然后阴阳之数均于二十而无偏耳。曰其序之不同，何也？曰《河图》以生出之次言之，则始下、次左、次右，以复于中，而又始于下也。以运行之次言之，则始东、次南、次中、次西、次北，左旋一周，而又始于东也。其生数之在内者，则阳居下左，而阴居下右也。其成数之在外者，则阴居下左，而阳居上右也。《洛书》之次，其阳数则首北、次东、次中、次西、次南，其阴数则首西南、次东南、次西北、次东北也。”

今按《洛书》阳数自西而南，阴数自东南而西北以至东北，皆无意义，恐非自然之理。后人推之，有胜于先儒者。赵氏汝楳曰：“阳以三左行，阴以二右行，三其一为三，三其三为九，三其九为二十七，三其二十七为八十一，至于亿兆皆然。二其二为四，二其四为八，二其八为十六，二其十六为三十二，至于亿兆亦皆然。”按此即参天两地而倚数之理，见于《洛书》。有言天圆围三、地方围四者，非也。再考之，阴数亦以三左行，三其二为六，三其六为十八，三其十八为五十四，三其五十四为一百六十二是也。阳数则不能以二右行，阴随阳而阳不能随阴也。

“合而言之，则首北、次西南、次东、次东南、次中、次西北、次西、次东北，而究于南也。”

今按此顺九宫之序，一、二、三、四、五、六、七、八、九也。凡言九宫之运行，皆依此序。又有逆而行者，十二律隔八相生是也。以九位复其六、五、四，得十二位，以布十二辰，九为子，二为丑，布至四为亥，则六阳辰得奇数，六阴辰得偶数，九为黄钟，八为林钟，隔八相生，以终于仲吕。周而复始，而隔八之数。由《河图》之五、二、九、六、三、十，七、四、一、八、五，皆是五声相生之数。此成变化行鬼神之妙，从未有窥其窔奥者，详见外篇。

“其运行则水克火，火克金，金克木，木克土，右旋一周，而土复克水也，是亦各有其说矣。曰其七、八、九、六之数不同，何也？曰《河图》六、七、八、九，既附于生数之外矣，此阴阳老少进退饶乏之正也。其九者，生数一、三、五之积也。故自北而东而西，以成于四之外。其六者，生数二四之积也。故自南而西，自西而北，以成于一之外。七则九之自西而南者也，八则六之自北而东者也，此又阴阳老少互藏其宅之变也。”

按：此条可疑，方位必循序，何能自东而遽至西？七又何能自西而南？数有十位，何故止于东之八，不及中之十也？合生成内外而观之，阳数始于北，一、三、五、七、九，左旋而终于西，阴数始于南，二、四、六、八、十亦左旋，而终于中，此《河图》位与数自然之序。初无九为一、三、五之积，六为二、四之积之说也。则所谓阴阳老少互藏其宅之变，恐非定说也，抑更有说焉。前言运行之次，始东、次南、次中、次西、次北者，五行相生之序也。而《河图》之数，一、三、五、七、九，乃是北而东，东而中，中而南，南而西。其序不同者，由五而后七，五声相生之序，与五行异也。五行五声，概同源而异流。一水、二火、三木、四金、五土，以为羽、徵、角、商、宫。反之则为宫、商、角、徵、羽，犹曰土、金、木、火、水，此其源之同也。及其相生，则土生金，自中而西，宫生徵，徵生商，自中而南，南而西，此其流之异也。何故二序不同？五行从气，气为后天，故必《河图》变出后天，坤土始在火金之间。五声从数，数为先天，故五土在三木之后七火之前，而在木火之间也。然而《河图》犹有合变之数，五十宫声不变，二七火变为四九金，四九金变为三八木，一六水变为二七火，三八木变为一六水，则左旋为宫、商、角、徵、羽，右旋为羽、徵、角、商、宫。置宫声于中位，则为徵、羽、宫、商、角，合旋宫之法度。此皆具《河图》之中，千古未经发覆，亦俟外篇详之。

《洛书》之纵横十五，而七、八、九、六迭为消长，虚五分十，而一含九，二含八，三含七，四含六，则参伍错综，无适而不遇其合焉，此变化无穷之所以为妙也。

按：此下言圣人则图、书画卦，前论之已详。其谓《洛书》四方之正以为乾、坤、离、坎，四隅之偏以为兑、震、巽、艮，最为的确。乃托问者之辞，不甚留意，惜未经发明也。

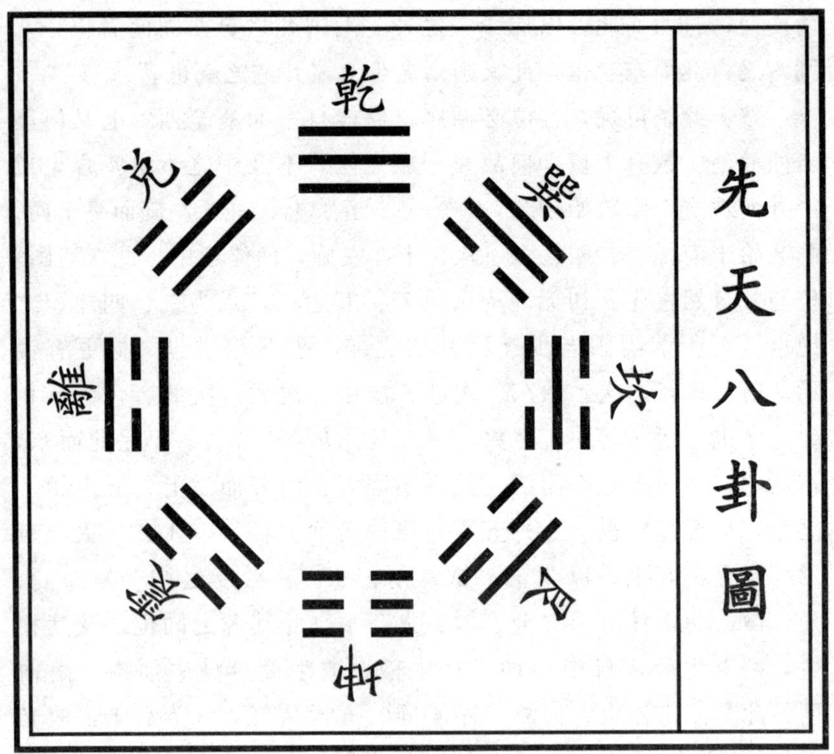

先天八卦圖

论先天八卦

《说卦传》曰：“天地定位，山泽通气，雷风相薄，水火不相射，八卦相错。数往者顺，知来者逆，是故《易》逆数也。”

邵子曰：“此一节，明伏羲八卦也。八卦相错者，明交相错而成六十四也。数往者顺，若顺天而行，是左旋也。皆已生之卦也，故云数往也。知来者逆，若逆天而行，是右行也。皆未生之卦也，故云知来也。夫《易》之道，由逆而成矣。此一节，直解图意，若逆知四时之谓也。”

《本义》云：邵子曰：此伏羲八卦之位，乾南、坤北、离东、坎西，兑居东南，震居东北，巽居西南，艮居西北，于是八卦相交而成六十四卦，所谓先天之学也。起震而历离、兑，以至于乾，数已生之卦也。自巽而历坎、艮，以至于坤，推未生之卦也。《易》之生卦，则以乾、兑、离、震、巽、坎、艮、坤为次，故皆逆数也。

《启蒙》曰：“以横图观之，有乾一而后有兑二，有兑二而后有离三，有离三而后有震四，有震四而后有巽五、坎六、艮七、坤八，亦以此而生焉，此《易》之所以成也。而圆图之左方，自震之初为冬至，离、兑之中为春分，以至于乾之末而交夏至焉。皆进而得其已生之卦，犹自今日而追数昨日也，故曰数往者顺。其右方，自巽之初为夏至，坎、艮之中为秋分，以至于坤之末而交冬至焉。皆进而得其未生之卦，犹自今日而逆计来日也，故曰知来者逆。然本《易》之所以成，则其先后始终如横图及圆图右方之序而已，故曰《易》逆数也。”

《语类》曰：“先天图曲折，细详图意，若自乾一横排至坤八，此则全是自然，故《说卦》云：‘《易》逆数也。’若如圆图，则须如此，方见阴阳消长次第。虽似稍涉安排，然亦莫非自然之理。自冬至至夏至为顺，盖与前逆数者相反；自夏至至冬至为逆，盖与前逆数者同。其左右与今天文家说左右不同，盖从中而分，其初若有左右之势尔。”

愚按，此章当分为三段，天地定位至八卦相错，言八卦各有对待错处之方位也。数往者顺二句，言左仪右仪有流行之次序，自左观之似顺，自右观之似逆，此皆圆图也。若自横图观之，后四卦之巽、坎、艮、坤固是逆，前四卦之乾、兑、离、震亦为逆，故曰《易》逆数也。伏羲作《易》，原是先画横图，然后中判规而圆之。夫子言之，由圆以及横，从后以溯前也，经文甚明。若八卦相错，本与八卦相荡不同。荡为推荡，则有重卦之义；错为方位错处，则与六十四卦无涉。盖此句是足上文之辞，上文但言八卦之象各有对偶尔，犹未知其方位若何也，故须此语以足之。天地既定南北上下之位，而山泽处于西北东南，则与天地相错矣。雷风处于东北西南，则与山泽相错矣。水火列于正西正东，则与南北四隅皆相错矣。经文语意本如此。若本传此章之后，皆言三画之卦，不及六画之卦，何得谓此句为交错成六十四卦乎？孔颖达则误解此句，谓此节就卦象明重卦之意，言八卦之用变化如此，故圣人重卦，令八卦相错。乾、坤、震、巽、坎、离、艮、兑，莫不交互，以象天、地、雷、风、水、火、山、泽，莫不交错。此因相错之义不明，错会经指，谓此节专明重卦之意，则此句亦大有关系。惜邵子犹仍其误，《本义》因之，亦未及改正也。

“天地定位”四句有次序，山与地同体，泽与天相连，下二画共一太阴太阳也，故次天地。雷在地之左，风在天之右，故次雷风。水火远于天地者也，故后言之。“天地定位”，犹上经首乾、坤也。“山泽通气，雷风相薄”，犹下经首咸、恒也。“水火不相射”，犹上经终坎、离，下经终既济、未济也。自圆图言之，水火为远；自横图言之，雷风为远，故下章先言雷风也。第六章“水火相逮，雷风不相悖，山泽通气”，与此章之序相反，何也？此因后天而及先天，后天之离、坎，当先天之乾、坤，故先言中男中女，而后及长少也。七章以后，皆依父、母、长、中、少之序，故八卦之次第各有意义，非随意先后也。

顺逆之义，邵子与朱子同，非有二义，观其言已生之卦、未生之卦可知左方是数往，右方是知来，但不当搀入左旋右行，与历家左旋右旋之说混，遂令语意不分明耳。然曰若逆知四时之谓，则正指右方而言，谓如夏时而逆知有秋冬。横图逆数，皆如右方，邵子与朱子无异说也。若项氏安世之说，则异矣。项氏谓数往者顺，指上文“天地定位”五句而言。知来者逆，指下文“雷以动之”八句而言。“是故《易》逆数也”一句，起下文之辞。果如其说，则经文当云：天地定位，山泽通气，水火不相射，雷风相薄。其序为乾、坤、艮、兑、坎、离、震、巽，与下文震、巽、坎、离、艮、兑、乾、坤相反，似可曰一顺一逆也。今经文不然，何得与下相对为顺逆耶？

按：胡氏炳文曰，“诸儒训释，皆谓已往而易见者为顺，未来而前知者为逆。《易》主于前民用，故曰《易》逆数也。惟《本义》依邵子，以数往者顺一段为指圆图，而言卦气之所以行。《易》逆数也，为指横图，而言卦画之所以生。非《本义》发邵子之蕴，则学者就孰知此所谓先天之学哉！”愚因胡氏此言而有感也。自有八卦以来，后天非乾、坤之定位，比卦画之奇偶，推仪象之后先，证以此章往顺来逆之文，参以后章雷动坤藏之说，别求所为先天之卦，横排圆布与后天卦位相参，似亦非甚难为之事。乃自汉后，遥遥千数百年，鲜有能知其说。此章书义，久在霾雾之中，邵子学《易》于师，迟之又久，始告以先天八卦次第，乃知此章为伏羲之卦。朱子又发明之，而先天之学始传，何其得之之艰哉！虽然，先天后天之卦虽共知，而图、书精蕴犹有未尽发覆者，补苴张皇，此亦后人之责也。

《说卦传》曰："雷以动之，风以散之，雨以润之，日以晅之，艮以止之，兑以说之，乾以君之，坤以藏之。"

《本义》曰："此卦位相对，与上章同。"今按卦位相对虽同，而序不同。盖此章明横图之卦位也，上章虽言《易》逆数，恐人不知其卦位，则不得其逆数之故，而圆图八卦之相错，数往之所以为顺，知来之所以为逆，亦未能了然，故以此示之。从横图中间之震、巽，循次言之，以及首尾之乾、坤，则学者始了然。从震以前，为离为兑以至于乾。从巽以后，为坎为艮以至于坤。合之则为乾、兑、离、震、巽、坎、艮、坤，《易》之所以逆数者此也。向非此章，则八卦成列，至今犹有可疑，安知不以三男列左，三女列右乎？安知不依上章之次，易其水、火、雷、风乎？说此章者，往往不得夫子立言之指。

图书八卦余论

《易》谓图、书皆圣人所则，不知图、书果并世而出，八卦成而以图、书印证之乎？抑图、书之出不同时，圣人之心自与造化冥符乎？西山蔡氏之说，虽谓时有古今先后之不同，而其理则不容于有二。故伏羲但据《河图》以作《易》，则不必豫见《洛书》，而已逆与之合。愚谓先天卦诚与《洛书》合矣，若则《河图》以作《易》，乾、坤、离、坎居四正，兑、震、艮、巽居四隅，则图与书，参差龃龉。九在西，而不能强之使南；七在南，而不能强之使西，安见其能相合？他日朱子亦尝曰：《河图》、《洛书》于八卦九章不相著，未知如何。则固自疑卦与数不相比附，虽强为纽合，终不安于心也。以今观之，大抵先儒之说有两失：其一以《河图》之方位，即为八卦之方位，不知伏羲画卦，先横而后圆，非即以圆为圆。其一以《河图》之一、二、三、四，即为四象之位，不知《河图》之四象，由中宫五十而生，隐于四方之中，非即以见出之点为四象之位也。《本义》作图，原是先画八卦横图，后画八卦圆图。《启蒙·本图书》篇，不言八卦由横规圆，遽欲于《河图》八位配八卦，此其所以失也。四象隐藏一义，颇为深奥难知，然观八卦之下二画，乾、兑共一太阳，离、震共一少阴，巽、坎共一少阳，艮、坤共一太阴，《本义》以白黑图之，此象之显著者。由画以推数，岂非九、四共一太阳一，三、八共一少阴二，二、七共一少阳三，六、一共一太阴四，四象岂不藏于四方乎？又推八卦之点所由来，岂非以四象减十而得九、八、七、六，减五而得四、三、二、一乎？惜先儒未尝以数推卦，以卦推数，确然见其有不可易之理耳。

由今之说，观数即可以知卦，观卦即可以知数。如问三数是何卦？三为生数，必是阴卦，以三减五为二，二是少阴，其下必为奇上加偶，既为阴卦，必是上加一奇，以中画之偶为主，故知是离。如问七数是何卦？七为成数，必是阳卦，以七减十为三，三是少阳，其下必为偶上加奇，即为阳卦，必是上加一偶，以中画之奇为主，故知是坎。此因数而知卦也。如问艮是何数？艮为阳卦，必是成数，艮之下二画，偶上加偶为太阴，太阴之数四，以四减十为六，故知是八。如问兑是何数？兑为阴卦，必是生数，兑之下二画，奇上加奇为太阳，太阳之数一，以一减五为四，故知是四。此因卦而知数也。他皆仿此推之，可知卦与数有确然不易之理，非可彼此游移。

今有《六经奥论》一书，未知何人所著，或云是夹漈郑樵渔仲之书。有一条云："宓羲画八卦，以阳道主变，其数以进为极；阴道主化，其数以退为极。阳以进为极，故乾为父而得九，震长男而得八，坎中男而得七，艮少男而得六，凡成数皆阳主之。阴以退为极，故坤为母而得一，巽长女而得二，离中女而得三，兑少女而得四，凡生数皆阴主之。"此说甚精，何以先儒皆未尝见耶？朱子论四象生八卦，固尝云，在《洛书》则乾、坤、离、坎分居四正，兑、震、巽、艮分居四隅。是谓乾九、坤一、离三、坎七、兑四、震八、巽二、艮六矣。然但以八卦配八方言之甚略。四隅卦又不以二、八、四、六相对为次，似卦与数初无一定配合之理。故云在《河图》则乾、坤、离、坎，分居四实，兑、震、巽、艮，分居四虚。图与书何故参差龃龉如此？以今观之，书之九四即图之九四，书之三八即图之三八，书则从左连之，图则以横列之耳。书之二七即图之二七，书之六一即图之六一，书则从右连之，图则以纵列之耳。由《奥论》之说，阴阳生成、变化进退，有一定之理。父母三男三女，有一定之数，而卦画之奇偶，有一定之配合。由今之说，两仪、四象、八卦，先则《河图》以成横图，乃从中判，规而圆之，自与《洛书》不约而符。此作《易》之第一义，惜先儒未经发明耳。

《奥论》又谓邵子学《易》于李挺之，最后李始说出乾一、兑二、离三、震四、巽五、坎六、艮七、坤八十六字。今考之，此语诚然。盖自汉以后，言《易》者，止知有“帝出乎震”一章之卦位，不知有所谓先天。自陈希夷始言先天，其后传至李挺之，而邵子从学焉。朱子言康节学《易》于李，冬不炉，夏不扇，请于师曰：“愿先生微引其端，毋竟其说。”盖义理精微，待自探索，不欲遽说竟也。从前未知八卦次序，其师后始说明。乃因横图推出圆图，因八卦圆图推出六十四卦圆图与方图。乃知“天地定位”一章，是说先天八卦，乃知数往之所以为顺，知来之所以为逆，乃知《易》之所以为逆数。又于坤、复之间而有无极之前之说。又因乾、坤、姤、复，而有月窟天根之说。又有先天之学为心法，图皆从中起之说。又有天地万物之理，尽在图中之说。岂非由其师十六字发之欤？以今观之，此十六字，第记八卦次第耳，而非其数也。八卦之数，乃是乾九、兑四、离三、震八、巽二、坎七、艮六、坤一，此由《河图》、《洛书》来。意自希夷以来，此秘未启。故邵子于《河图》、《洛书》言之甚略，仅有“圆者星也，方者土也”，一条。于图、书精蕴，究未有发明也。

近儒有不信加一倍法之说，谓太阳太阴各一，少阳少阴各三，乾为太阳，坤为太阴，震、坎、艮为少阳，巽、离、兑为少阴。太阳少阳为阳仪，太阴少阴为阴仪。此说大误。造化之理，不可执一说而论。太极、两仪、四象、八卦，一每生二是一理，乾、坤生三男三女，又是一理。主其一每生二者以画卦，而乾、坤生六子之理，自在其中。若必阴阳以类而从，则伏羲画卦，何不以震、坎、艮从乾而居左，以为阳仪，巽、离、兑从坤而居右，以为阴仪耶？何故使兑、离以阴而居阳，艮、坎以阳而居阴，阴阳若是其错杂耶？后天八卦，正是阴阳以类从，然又自有其变化。坎、离而外，卦画未尝相对也。近儒此说，将使无识者谓其明白而近理，好奇者喜其翻案而生新，则先天八卦方位将有疑而议之者，不可以不辩。

近儒论《河图》曰："太阴位乎北，其数六。太阳位乎南，其数九。少阳少阴位乎东西，其数七八。而一、二、三、四，则二太二少之所自生也，此《河图》四方之位也。"按，阴阳太少，若如此分居四方，岂不分明？而图之位却不如此。六固在北矣，九在西，何能强之使南？则太阳之位失矣。二少东西，欲为省文，而辞不别白，似以东为少阳，西为少阴。然则七宜位东，何以在南？八宜位西，何以在东？则二少之位皆失矣。此显然差谬者，何故不自觉耶？

先儒谓《河图》虚其中五十，以象太极。其说未安，近儒始合五十论之，曰："一、二、三、四，即六、七、八、九。所以然者，五十居中，而其用周于外也。二老，一六也，四九也。九者十减一，五增四。六者十减四，五增一也。各以其余相资，而五无缩，十无盈，适得六九之数，而老阳老阴之分定矣。二少之数亦然，左得十之八，以其二与上，上得二，合中五而为七矣。上得十之七，以其三与左，左得三，合中五而为八矣。此说似有发明，惜其未完善也。五十居中，而用周于外，则宜十与五皆有减，减而余者，算家谓之较。一、二、三、四与中五相并者，算家谓之和也。九者十减一，则四者亦是五减一，六者十减四，则一者亦是五减四。左得十之八而余二，则三是得五之三而余亦二。上得十之七而余三，则二是得五之二而余亦三。其减余者即存其本方，乃谓相资，而与邻方无是理也。上自有二，何待左之与？左自有三，何待上之与？由是推之，下自有一，岂资之于右？右自有四，岂资之于下哉？总之四方见出者，四象之用数，隐藏者四象之体数。用数易见，体数难知。此说不明，虽极意解说此图，终不得图之了义矣。

近儒说横图云，伏圣画一奇以象阳，又画一偶以象阴，奇偶既立，于是三之而为乾为坤，错之而为六子，不信第二层两画分老少之说。夫乾为三奇，坤为三偶，画卦亦必以渐而加，岂骤然为乾为坤，不由两画来耶？两画之分四象甚分明，阳上加一阳，是阳中之阳，故为老阳。阳上加一阴，是阳中之阴，故为少阴。阴上加一阳，是为阴中之阳，故为少阳。阴上加一阴，是阴中之阴，故为老阴。象之分明如此，而近儒乃云两画尚未成卦，何由知其为少为老？似为可怪，由其意中先有所蔽也。彼谓二老之数九六，二少之数七八，若止两画，无所谓六、七、八、九。不知六、七、八、九者揲蓍所得之数，非四象之所由名。其一、二、三、四，则九、八、七、六之根也。朱子云："《易》中七、八、九、六之数，向来只从揲蓍处说起，虽亦吻合，然终觉曲折太多，疑非所以得数之原。因看四象次弟，偶得其说，极为捷径。盖因一、二、三、四，便见九、八、七、六。老阳位一，便含九。少阴位二，便含八。少阳位三，便含七。老阴位四，便含六。"惟此一义，先儒未曾发。此说朱子屡言之，何故忽弃不用，独执九、八、七、六为四象之定名定数耶？其后说谓两画者四，两奇两偶，半乾半坤也。一奇一偶，一偶一奇，半离半坎，半震半巽也。其不言兑、艮何也？意有所嫌也。其说谓老一而已，少则有长、中、少之别，阴阳各三也。是二老者乾、坤专之，更不容有二，故缺之。夫八卦岂可缺其二乎？观兑之下二画阳，分明与乾同根；艮之下二画阴，分明与坤同根。但乾为老阳中之阳，兑为老阳中之阴，坤为老阴中之阴，艮为老阴中之阳耳。然其说亦云兑老阳中之少阴，艮老阴中之少阳。其意则欲以此少阴少阳与四象之少阴少阳并列，则又有支离牵合之病，此由老一而阴阳各三之说蔽之也。既有两蔽，故说乾、坤，则有三画骤成，不由渐加之病；说兑、艮则有难于安顿，支离牵合之病。曷不以一分为二、二分为四、四分为八观之，明白直捷，有何疑义乎？

近儒之驳邵子曰："若如加一倍法，是初画之一奇一偶，不过乾、坤之初爻耳。谓之一画开天可乎?”此说甚误，邵子未尝言先画乾、坤，何云初画之一奇一偶，只是乾、坤之初爻乎?观《本义》之图，下一层之白黑，以三画卦言之，乃乾、兑、离、震，初画之阳，巽、坎、艮、坤，初画之阴也。以六画卦言之，乃乾至复三十二卦之初九，姤至坤三十二卦之初六也。岂乾、坤初爻之谓哉！以两仪为乾、坤初爻，四象为乾、坤二爻者，程迥之说也。并累三阳以为乾，连叠三阴以为坤者，林栗之说也。朱子正恐人言先画乾坤，后画六子，不见造化自然生出之妙。故程、林之说，皆力辩之，所以明邵子之说也。今乃以是议邵子耶?画一奇一偶，遂三之而为乾为坤，正似林氏之说，岂可复用之耶?此因意有所主，识有所蔽，不能透二画分太、少一关，故立言不能无病耳。

世俗之言则图作《易》者，画一圈以象太极，其左列一、三、五、七、九之天数，右列二、四，六、八、十之地数，以此为两仪。如此则何以生四象、生八卦哉?《启蒙》云：“河图之虚五与十者，太极也。奇数二十、偶数二十者，两仪也。”以今考之，两仪非以四十之数各半分也。两仪者，太阳与少阴为阳仪，少阳与太阴为阴仪。其数各有赢乏，太阳奇九而偶四，少阴奇三而偶八，合之二十四。奇十二偶十二也。少阳奇七而偶二，太阴奇一而偶六，合之十六。奇八偶八也。惟合二太，则奇十偶十。合二少亦奇十偶十耳。安可以各半分两仪哉?然数虽有赢乏，卦画则两仪奇偶适均，此其所以妙也。

西方物成之方，阳之坚也，阳中之阳为太阳。东方物生之方，阳之稚也，阳中之阴为少阴。南方物长之方，阴之始也，阴中之阳为少阳。北方物藏之方，阴之极也，阴中之阴为太阴。四象确当如此分布，若谓图之一、二、三、四，即太阳、少阴，少阳、太阴，则西方非极阴之地，何以四之太阴居之?北方岂盛阳之地，何以一之太阳居之?且谓图以中者为主，外者为客，则九居西、六居北，正得太阳、太阴之地，何以不为主而为客哉?故四象不可以位与数分为两地也。

横图以西北之二太持首尾，以东南之二少包中间。圆者摊开而为横，及其判横而复合为圆，则《河图》变为《洛书》，书未出而卦已成，卦即成而书已先兆矣，此圣人因心制作之所以妙也。

卦之横列也，《河图》中已得其半。但以其纵列者，亦变为横耳。此理甚显，何以至今未启？

图之与卦，所以难密合者，四象有横列纵列一义耳，有减十减五隐藏四方一义耳。若将横图合为圆图，此甚易事，虽稍有识者，亦知将后四卦翻转倒接，必无以坤接乾、以巽接震者。或者犹烦推说，谓阴阳之运行失序，则亦不必为此虑也。

朱子答袁枢曰："四象之名，所包甚广，大抵须以两画相重，四位成列者为正。"此定说也。但其言阴阳太少分位与数者，欠稳当耳。若邵子云："四象者，阴阳刚柔。"此合天地言之，自是邵子所见，如此将何以生八卦乎？邵子谓太阳为日，太阴为月，少阳为星，少阴为辰，太柔为水，太刚为火，少柔为土，少刚为石，此八象与八卦之八象异，故邵子自是一家之学。

自上而下，是太极生两仪，两仪生四象，四象生八卦。自下而上，却是八卦见四象，四象见两仪，两仪见太极。先儒欲惩方有仪即说卦之病，于卦成之后，不复论其初画定仪，次画定象。于是乾、兑共一太阳，离、震共一少阴，巽、坎共一少阳，艮、坤共一太阴。此理未尝发明，因不能由卦以推数，而知九、四即是乾、兑，三、八即是离、震，二、七即是巽、坎，六、一即是太阴也。

后人于横图有异论者，明宗室朱厚烷，谓横图乾当居左，坤当居右，不宜以坤居左，乾居右。夫阳仪列左，阴仪列右者，圆图也。若横图自右而左，乃顺中国文字之便耳。外国文字，从后至前，从左至右，中国则反之，各有其国俗也。伏羲画卦，岂必从外国之俗乎？圆图之左右，有定位矣。横图左之右之，同是此八卦。即移乾于左，于《易》亦无所加；置坤于左，于《易》亦无所损，不必以此议先儒也。近世金华叶泰九升作横图，移阴仪之四卦，反之为坤、艮、坎、巽，谓如此作圆图，则八卦皆右旋，故曰《易》逆数。此语大谬，夫四象之位，老阳居一，少阴居二，少阳居三，老阴居四，此定位也。今移老阴居三，少阳居四，则四象倒乱矣。六十四卦如邵子图，乃见一每生二，自然之次序。今皆以坤五、艮六、坎七、巽八者易之，则六十四又皆淆乱，与加一倍法不相应矣。且谓邵子隐秘其法，于阴仪加法，亦先阳后阴。朱子之学本于二程，故为邵子瞒过。此语尤可怪。然则邵子乃是藏头露尾之人，秘真法而传伪法，下但瞒过朱子，且惑误天下后世，有是理乎？近世地理之学，推金华叶氏为最，其论横图，有此差谬，大有害于《易》，不得不辩。《说卦传》“雷以动之，风以散之”一章，夫子正恐人不知横图之卦位，故从中间说至首尾以明之，意不在说气化也，岂意后人犹有此差谬耶？

邵子之师，最后始说出乾一、兑二、离三、震四、巽五、坎六、艮七、坤八，传与邵子。此是陈希夷以来之真传。然此乃八卦次序之虚数耳，与图、书之数无涉。数有十而卦止八，乃是虚其五十以居中，非空其后之九、十两位也。卦之实数，乃是乾九、兑四、离三、震八、巽二、坎七、艮六、坤一。顺而数之，则为坤一、巽二、离三、兑四、艮六、坎七、震八、乾九，应乎父母男女之次第者也。梁山来知德著《易图》，乃认虚数为实数，谓乾与坤、兑与艮、离与坎、震与巽，皆合九，以此为妙。夫《洛书》相对合十则妙，纳甲合十一则妙。若合九，有何妙义？且实数不可易，而虚数可易。如叶九升改坤五、艮六、坎七、巽八，亦可以合九为妙乎？数有虚实，先儒似皆未知，是以邵子说图、书甚疏略。朱子《本图书》、《原卦画》二篇，亦未有精确之说也。卦有实数，则与图、书一贯，是此书第一要义，览者详之。

河洛精蕴卷之二

论后天八卦未必始于文王

先儒传先天之学，因谓“帝出乎震”一章为后天，其卦位乃文王所定，愚尝疑之。夫谓文王定此卦者，本无他据，但因《坤·彖》有“西南得朋，东北丧朋”。《蹇·彖》有“利西南，不利东北”。《解卦》亦言“利西南”，而传以为得众，与后天卦之坤、艮有合耳。然《彖》辞虽文王所系，而八方之位，自有天地以来即定矣，岂待文王而始知所当之卦耶？

《河图》之妙，先天已含后天，一、二、三、四，即坎北、离南、震东、兑西之位，但易其乾、坤、艮、巽之四隅耳。此卦位非圣人不能定，而圣人不必为文王。古人神智创物，诚有不可思议者。如观天文，而有三垣列宿之名，鸟火虚昴之位。制干支，而能推开辟以来。至于当时，岁当某干某支，日当某干某支，传之至今，竟无差忒。此皆极难知之事，古人犹能知之，岂八方卦位，文王以前，竟未有知之者耶？

以事理验之，南面而听天下，向明而治，上古之为君者，即当如此矣。是知南为离明也。离在南，则坎不在北乎？尧命羲和，春曰东作，震在东也。夏曰南讹，离在南也。秋曰西成，兑在西也。冬曰朔易，坎在北也。更以二事验之，夏《易》曰《连山》，以艮为首，岂非有取于终万物始万物之义乎？商《易》曰《归藏》，以坤为首，岂非谓坤与艮对，取其对方之卦以示变革乎？然则后天之卦，其由来已久矣。故今但曰后天卦，不曰文王卦。

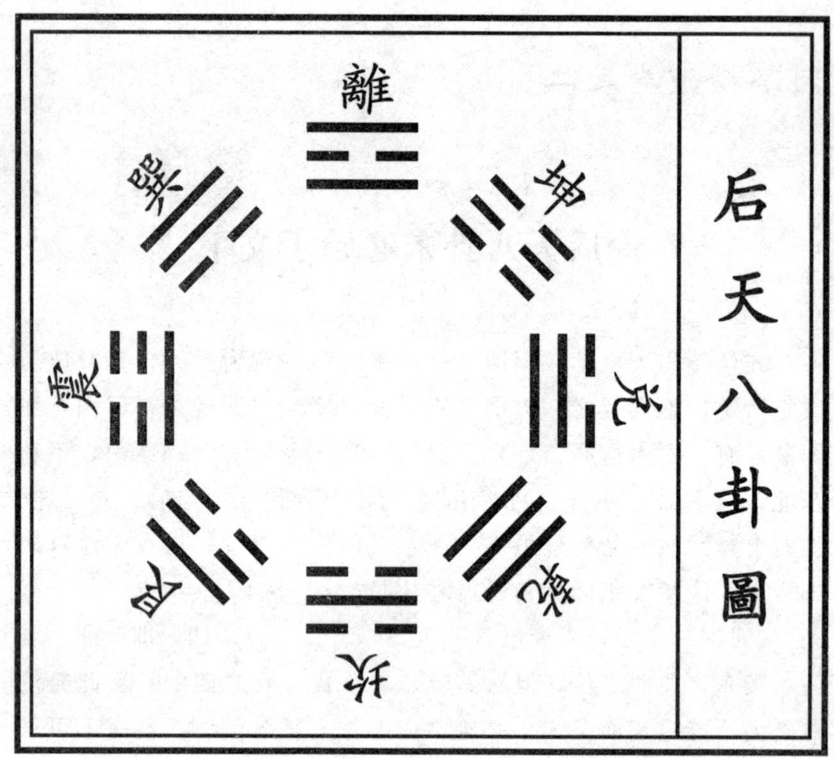

图说

《易》曰：“帝出乎震，齐乎巽，相见乎离，至役乎坤，说言乎兑，战乎乾，劳乎坎，成言乎艮。”按此似是古经之言，夫子述之，下文解说之也。古之圣人，心通造化，变易伏羲之八卦，别为方位，其理精深，其义广大，天道、地道、人道，无所不包。书不尽言，言不尽意，即古经之言，岂足以尽此图之义哉！夫子即其言解说之，或言方，或言时，或言德，或言象，互文见义，各举一隅，以待后人之引伸触长耳，岂谓此图之义尽于所解说哉！故后儒不妨各随所见为说也。其以乾坤男女为说者，莫善于邵子。“乾统三男于东北，坤统三女于西南”二语，《折中》论之曰：“邵子之言，可蔽图之全义。《周易》坤、蹇、解诸卦《彖》

辞，皆出于此也。大抵先天则以东南为阳方，西北为阴方。故自阳仪而生之卦，皆居东南；自阴仪而生之卦，皆居西北也。后天则以北东为阳方，南西为阴方。故凡属阳之卦，皆居东北；属阴之卦，皆居西南也。然先天阳卦虽起于东，而其重之以叙卦气，则所谓复天地心者，仍以北方为始。后天阳卦虽起于北，而其播之以合岁序，则所谓帝出乎震者，仍以东方为先。盖两义原不可以偏废，必也参而互之，则造化之妙、《易》理之精可得而识矣。岁始于东，终于北，而西南在其间。后天图意，主乎阳以统阴，故自震而坎而艮者，以阳终始岁功也。自巽而离而兑者，以阴佐阳于中也。震阳生，故值春生之令，以始为始也。乾则以终为始，而莫得其端，乃传所谓大始者也，所谓不可为首者也。兑阴成，故毕西成之事，阴功之终也。坤则致役以终事，而不居其成，乃传所谓作成者也，所谓无成而代有终者也。故阳居终始，而阴在中间，乃天地万物之至理。谨按：此一条发明图意，周详精密，先儒所末及。此言阳居终始，与“传”言艮终始万物若不合，何也？此通四阳卦言之，故以乾为终始。传谓“冬之终，春之始”。故以艮为终始也。又按先儒以乾位西北，坤位西南，乾、坤任六子，自处无为不用之地。程子尝辩之曰：“此说大故无义理，雷、风、山、泽之类，便是天地之用。知人身之有耳、目、手、足，便是人之用。岂可谓手、足、耳、目皆用，而身无为乎？”《折中》亦曰：“先儒有乾、坤不用之说，考以孔子之言，则坤曰至役、曰致养，其为用莫大于是。至于乾曰战，则又所以著刚健之体，有以克胜群阴而主宰天命。八卦之用，皆其用也，夫岂不用者哉？”谨按：先儒所以有乾、坤不用之说者，谓居四正之位为用事，四偶之位为不用。西北西南阴方，尤为不用。如父母既老，退居不用之地也。此先儒立言，诚不能无病。夫方位之有正有隅，犹四时之有孟、仲、季也，岂必四仲之月始为用事耶？坤之居西南也，当夏秋之间。乾之居西北也，当秋冬之间。岂此时无所事事耶？阴阳五行，更旺更衰，当时者进，成功者退，则有之，非不用之谓也。不用则如人之手足，有不仁之病矣。即以一家言之，父母既老，男女任事者有之。然家事统于尊，仍以父母为主，非父母既老，即为休废之人也。且乾、坤无老时，亦不可以人之老为喻。又谓下章历举六子不数乾、坤，以此为乾、坤不用，亦非也。下章言“神也者，妙万物而为言者也”。所谓神者，正指乾、坤，妙万物者，言其主宰之功，神妙不测，六子之用，皆其用也，岂不用之谓哉？说此章者，夹漈郑氏之言为无病。郑氏曰：“乾居西北，父道也。父道尊严，严凝之气盛于西北。西北者，万物成就之方也。坤居西南，母道也。母道在养育万物，万物之生盛于西南。西南者，万物长养之方也。坎、艮、震方位决于乾者，乾统三男也。巽、离、兑方位夹乎坤者，坤统三女也。西北盛阴用事，而阴气盛矣。非至健莫能与争，故阴阳相薄，曰战乎乾，而乾位焉，战胜则阳气起矣。”

说《易》者每谓《易》不言五行，以五行言《易》者，非《易》本指。然人不知八象与五行相通之理耳，知其理，则言八象，即是言五行。且八象亦有时而变通，坎水也，而亦言云，则知水与云一类也。离火也，而亦言日、言电，则知火与日与电一类也。坤之为地，艮之为山，其为土不待言也。巽本为风，而亦为木，是风与木同气，故医家曰厥阴风木。然则震为雷，雷亦是木，雷化物之木也，雷动则龙随之，鳞虫属东方，苍龙为东方之宿也。龙雷之火，又为相火，其本体则阳木也。惟兑泽属金，人不肯信，不知海水与天连，犹山与地连，兑实与天同气也。乾之为金，岂止金玉之金哉？纯刚之气，万古不变，故《河图》为九金也。先天固当论八象，后天卦言方言时，正当以五行解之，方有着落。兑为正秋，正秋岂非金乎？先儒有以五行说卦位者，项氏安世曰：“后天之序，据太极既分之后，播五行于四时也。震、巽二木主春，故震在东方，巽东南次之。离火主夏，故为南方之卦。兑、乾二金主秋，故兑为正秋，乾西北次之。坎水主冬，故为北方之卦。土王四季，故坤土在夏秋之交，为西南方之卦。艮土在冬春之交，为东北方之卦。木、金、土各二者，以形王也。水、火各一者，以气王也。坤阴土，故在阴地。艮阳土，故在阳地。震阳木，故正东。巽阴木，故近南而接乎阴。兑阴金，故正西。乾阳金，故近北而接乎阳。其序甚明。”徐氏几曰：“坎、离，天地之大用也，得乾、坤之中气，故离火居南，坎水居北也。震动也，物生之初也，故居东。兑说也，物成之后也，故居西。此四者各居正位也。震阳木，巽阴木，故巽居东南，巳之位也。兑阴金，乾阳金，故乾居西北，亥之方也。坤阴土，艮阳土，坤居西南，艮居东北者，所以均王乎四时也。此四者分居四隅也。震、巽木生火，故离次之。火生土，故坤次之。坤土生金，故兑、乾次之。金生水，故坎次之。水非土，亦不能以生木，故艮次之。水土又生木，循环无穷，此所以为造化流行之序也。”龚氏焕曰：“土无时不养，然于西南夏秋之交，土气正旺，致养之功，莫盛于此，故曰致役乎坤。”又曰：“成言乎艮，艮亦土也。养者成之渐，成者养之终，又将于此而始，此土无不在，养物之功，成始而成终者也。水火，阴阳之正，木金土，阴阳之交，正者一而交者二也。”胡氏炳文曰：“夏而秋，火克金者也。火金之交，有坤土焉，则火生土，土生金，克者又顺以相生。冬而春，水生木者也。水木之交，有艮土焉。木克土，土克水，生者又逆以相克。相生所以为克，相克所以为生，生生克克，变化无穷，孰主宰之，曰帝是也。”《折中》曰：“诸儒之说亦详密，然所言艮、坤之理，亦有未尽者。盖《月令》以土独旺未月而为中央，则土位惟一也。京房以土分王辰、戌、丑、未而值四季，则土位有四也。今惟坤、艮二土位于丑未，视《月令》则多其一，视京房则少其二，何也？盖木之生火，金之生水，无所藉于土。若火非土，必不能生金；水非土，必不能生木，则土之功于是为著，尚有先天后天列象交变之妙，见《启蒙附论》中。”谨按：《折中》之说，能发坤、艮二土所以然，兼诸儒说无遗义矣。又按：土惟一者，五行五方之理，以中央统四方也。土有二者，八卦水火一而木金土各二之理，以坤、艮居《洛书》二、八之位，纲维乎诸方也。土有四者，十二支有四季之理，四方皆有土也。坤、艮与乾、巽为四维，艮中有丑，坤中有未，则乾中有戌，巽中有辰，金木中之土亦隐藏于其间矣。八卦五行，水火一而木金土各二，此后天一大节目，六十四卦之分宫属五行定于此。其源自一水、二火、三木、四金、五土。即已分清浊，分气质，亦是《河图》四象之变化。太阳九四，定为乾、兑金不变。太阴一六本为水，变为坤、艮土。少阴三八本为木，而三变为离火，八则仍为震木。少阳二七本为火，而二变为巽木，七变为坎水。于是水火各一，木金土各二矣。又归其五行之本数，则一为坎水，而六并之，二为离火，而七并之。六并则九为乾金而居西北也，七并则八为巽木而居东南，仍有东北西南之两隅，则中宫之五十居之，为艮、坤之二土。此《河图》之变体，别有图明之。然非圣人有意安排，自是不得不然之理。外篇又有两勾股图，正是水火一木金土各二之理也。先天变后天，又有自然之数，后天卦位，又有配入干支成罗经，皆见外篇。

项氏谓水火以气旺，木金土以形旺。龚氏谓水火为阴阳之正，木金土为阴阳之交，项说胜于龚说。

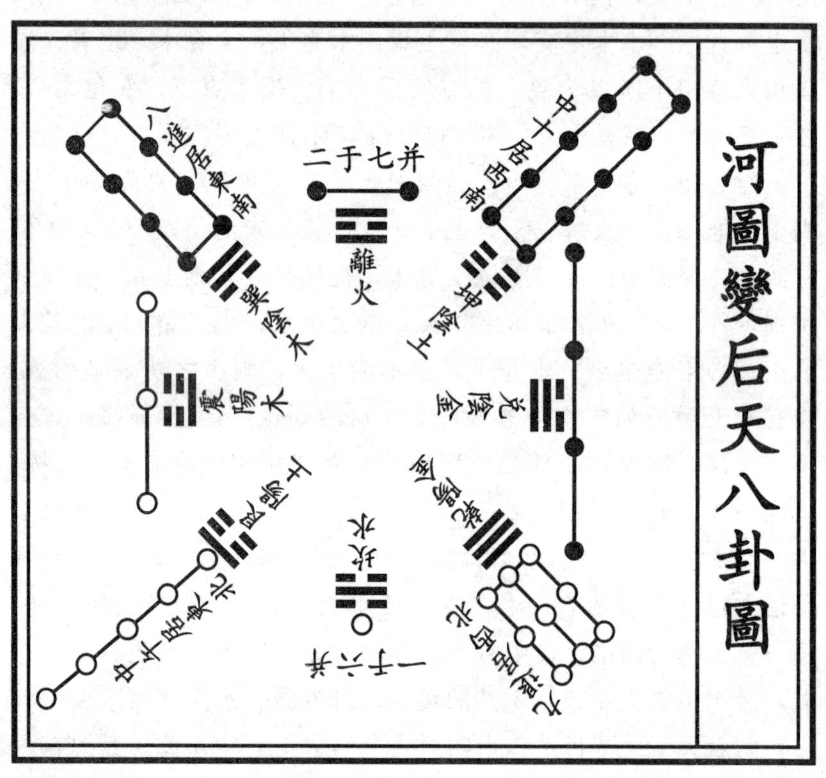

图 说

《河图》本先天八卦之本，而水北、火南、木东、金西，已含后天之位，则《河图》又为后天之本。但五行有变化耳，五行论其常，水、火、木、金本各二。论其变，则水火各一，而木金土各二，何也？水火以精气为用，故专于一。木金土以形质为用，故分之二。惟其然，故干有十而卦有八也。《河图》以一、二、三、四为坎、离、震、兑。四方之正位坎离专也。故一为坎，而六并之。二为离，而七并之。六七既并，则东方之八，进居东南隅，为巽阴木，西方之九，退居西北隅，为乾阳金，而东北西南二隅为虚，于是中央之五十入用。五随三阳，而位于东北，为艮之阳土。十随三阴，而位于西南，为坤之阴土。盖以二土为界，而二金二木与水火之对克，皆不得不然矣。

后天卦配洛書之數圖

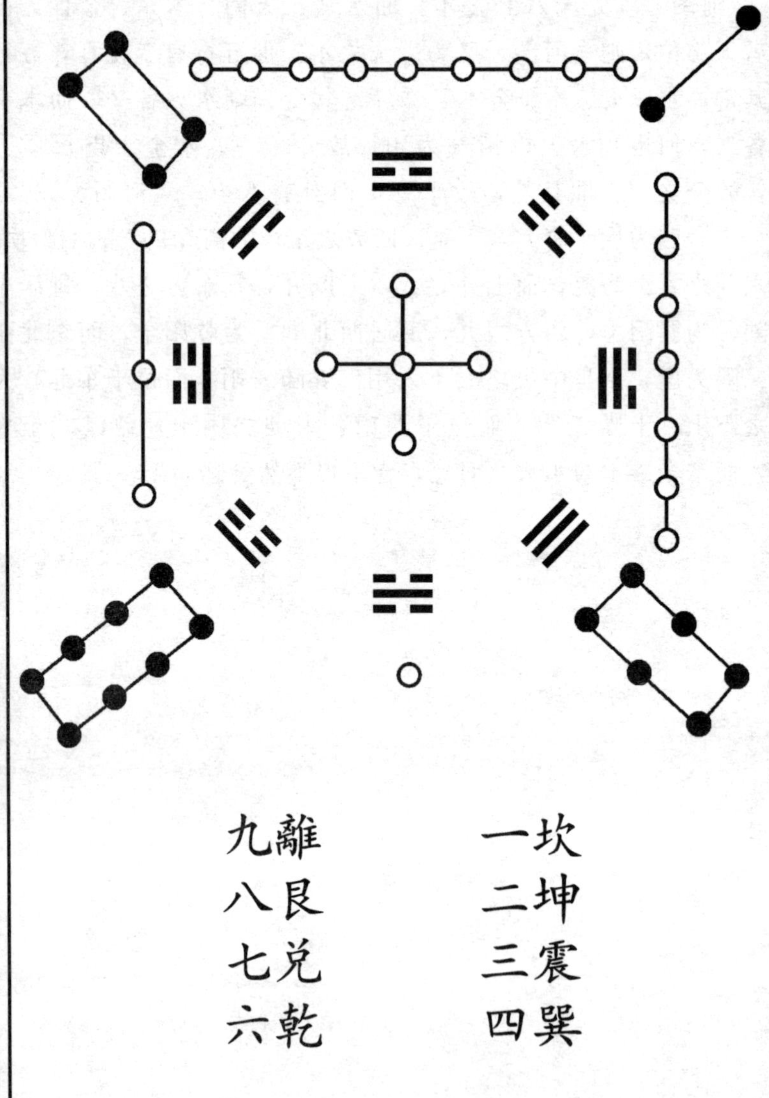

图　说

《启蒙附论》曰："火上水下，故九数为离，一数为坎。火生燥土，故八次九而为艮。燥土生金，故七、六次八而为兑、为乾。水生湿土，故二次一而为坤。湿土生木，故三、四次二而为震、为巽。"

谨按：水生湿土有至理，土从水化也，说详见后。

又曰："《洛书》之左边，本一、二、三、四也，其右边，本九、八、七、六也。然阴阳之道，丑未之位必交。《洛书》之二与八，正东北西南之维，丑未之位，此其所以互易也。以此类之，则先天图之左方，坤、巽、离、兑，其右方，乾、震，坎、艮，以震、巽互而成先天也。后天图之左方，坎、坤、震、巽，其右方，离、艮、兑、乾，以艮、坤互而成后天也。

谨按：别有二、八必交说，见后。

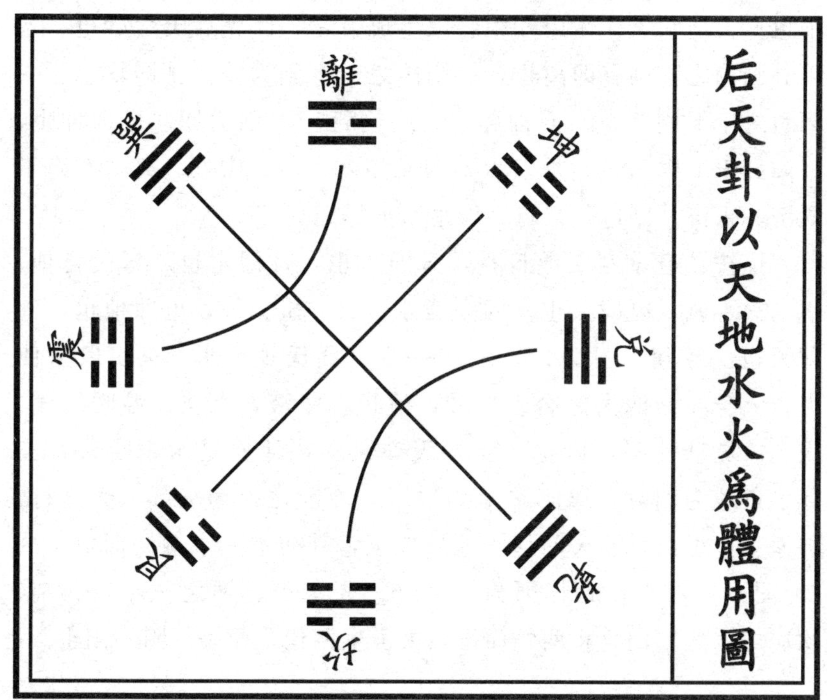

图 说

《启蒙附论》曰："造化所以为造化者，天地水火而已矣。《易》卦虽有八而实惟四，何则？风即天气之吹嘘，而下交于地者也。山即地形之隆起，而上交于天者也。雷即火之郁于地中，而搏击奋发者也。泽即水之聚于地上，而布散滋润者也。道家言天地日月，释氏言地水火风，西人言水火土气，可见造化之不离乎四物也。故先天以南北为经，而天地居之，体也；以东西为纬，而水火居之，用也。后天则以天地为体，而居四维；以水火为用，而居四正。雷者火之方发，故动于春，及火播其气，则旺于夏矣。泽者水之未收，故散于秋，及水归其根，则旺于冬矣。水火为天地之用，故居四正，以司时令也。乾、巽相对，而为天纲。坤、艮相对，而为地纪。天地为水火之体，故居四维以运枢轴也。天地水火，体用互根，以生成万物，此先后天之妙也。若以卦画论之，则震即离也，一阴闭之于上则为震。兑即坎也，一阳敷之于下则为兑。巽即乾也，一阴行于下则为巽。艮即坤也，一阳到于上则为艮。是以六十四卦始乾、坤，中坎、离，而终于既济、未济。则造化之道，天地水火尽之矣。"

谨按：道家言天地日月，日即火也，月即水也。释氏言地、水、火、风，风即天也。西人言水、火、土、气，土即地也，气即天也。各随所见言之，其实一也。释氏地、水、火、风为四大，人身亦是四大之合。形骸，地也。津液，水也。温暖之气，火也。鼻息呼吸，风也。要之天亦是火，地亦是水。西人言三际，近地为温际，温际之上为冷际，冷际之上为火际。天之行，神速不可思议，非火而何？地虽是土，其初本是水融结而成。故《河图》一六水，成卦则为坤艮土。先天乾、坤之位，后天离、坎居之。然则四物止两物而已，太极生两仪，原是一阴一阳也。

以卦画推先天变后天说

《启蒙附论》曰："先天凡四变而为后天，火之体阴也，其用则阳，而天用之。故乾中画与坤交，而变为离。水之体阳也，其用则阴，而地用之。故坤中画与乾交，而变为坎。火在地中，阴气自上压之而奋出，则雷之动也。故离上画与坎交，而变为震。水聚地上，阳气自下敷之而滋润，则泽之说也。故坎下画与离交，而变为兑。阳感于阴，则山出云，是山者，雷与泽之上下相感者也。故震以上下画与兑交而变为艮。阴感于阳，而水生风，是风者泽与雷之上下相感者也。故兑以上下画与震交而变为巽。风本天气也，因与山交而入其下，则下与地接，故巽以上二爻与艮下二爻交而变为坤。山本地质也，因与风交而出其上，则上与天接，故艮以下二爻与巽上二爻交而变为乾。夫天地水火者，一阴一阳而已。其情则交易而相通，其体则变易而无定。故先天交变以成后天，莫不各得其位而妙其化，各从其类而归其根也，岂偶然哉！"

谨按：先天之乾、坤，后天之离、坎。先天之离、坎，后天之震、兑。先天之震、兑，后天之艮、巽。先天之艮、巽，后天之乾、坤。此以卦象与爻画推之固如此，又有出于自然之数者，且有与左右手之脉相配者，皆详见外篇。

以五行推论先天变后天说

《图》之一六水，同根于老阴，成卦为坤、艮。坤、艮皆属土，何也？土从水化也。土何以从水化？观人身可知。人身之初为精血，精血皆水也。由胚胎而渐成肌肉，肌肉则为土矣。由胎生而推卵生，卵壳中皆水也。得母之气孚化之而成形，成形则为土矣。由此以推天地，则大地之初皆水，及其久也，渐凝而为土。水何以能成土？由水中先有火也。精血之水，有真元之火在其中，乃能成胎成肉。天以一而生水，一是阳数，阳数即为火。一、六之合为七，七亦是火。可知水中先有火，其水本是混浊之水，如卵中之黄白，以真元之火融炼，重浊者凝而为地，其坚者为石，隆起而为山。观山之起伏，本象波浪荡漾之形，而高山上或有螺蚌壳，亦可验山本是水也。一本奇也，而为生数，以成坤之阴土。六本偶也，而为成数，以成艮之阳土。此以柔为阴、刚为阳，而阴阳恒互根。地之平坦者为阳，其本是奇数。山之隆起者为阴，其本是偶数也。又以数推之，天地之数，五十有五。五十有五者，五其十有一也。北与中合之，一与十合为十一，六与五合为十一，水土所以合也。又以地支三合言之，水生申旺子墓辰，而土亦生申旺子墓辰，土即寄于水位也。又以五方之位言之，中宫在本位，玄武在后，朱雀在前，青龙在左，白虎在右，而玄武对朱雀，中宫亦向朱雀，则中与后合为一位也。北方玄武，本是龟与蛇，而螣蛇之神在中宫，则中与北合为一兽。故龟与蛇交，而龟首亦似蛇首也，此皆水土同根之理也。而土又与火同根，中央土为土之正位，即在季夏之月，天干戊土与丙火同生于寅，旺于午，墓于戌。己土与丁火同生于酉，旺于巳，墓于丑。其初非火不能成土，故火为土之母也。先天坤居北，艮居西北。后天何以坤居西南，艮居东北也？图之五行顺生，火生土，土生金，是火金之间有土。中宫之位在西南，自南而西，阴方也，故阴土居之。书之五行逆克，木克土，土克火，是木火之间有土。中宫之位在东北，自北而东，阳方也，故阳土居之。且金者土之精，得火熔之而金成；木者土之华，得水滋之而木生。金必融结于土，木必着根于土，此后天坤、艮本子先天之一、六，成于中宫之十、五，而居西南东北之维，以纲领乎东南之木火，西北之金水也。以水成土，已是先天之后天，二土相对，则又后天之后天矣。先天以八震、二巽为男女生育之始，寅、申之位也。后天以八艮、二坤为万物生养之方，丑、未之交也。然则土既为水成也，何以土复克水？水流湿，犹火就燥，各从其类而相入，且克正所以为生也。然则地体既成之后，何以水不能凝而为土？彼开辟之初，是絪缊之气，成混元之浊水，故能成土。若山泉水清，则不能成土也。《河图》又有变体，北方与中宫有互易之理，土又为冲气，四时四方皆有土，详见外篇。

图之九、四金，同根于老阳，成卦为乾、兑。乾、兑属金不变，何也？金最坚，屡经火铄而质不改，是以五行惟金不变也。然此有形之金也。若金主气，凡气皆金，天之性纯阳是火，其体则金，天何所变哉？然而书之位，金与火互易，何以变其常也，十一点相合之理也。西之九，南之二，合之十一。南之七，西之四合为十一。是以金乘火位而居上，火入金乡而居下。人之肺在心上，心在肺下，此其验也。先天卦乾九居上，与坤一相对，以定天地之位，兑四居东南，与艮六相对，以通山泽之气。后天兑本四金也，则仍居正西之位以复其常。乾本九金也，则来居西北之位，以次其类。正西为坎，而泽为水之钟，则以气类从之。西北为艮，而天在山之上，则以象类从之，后天乾、兑之所为变也。

图之二、七火同根于少阳，成卦为巽、坎。巽为木，坎为水，何也？火丽于木乃炎，故二火遂从木化，水火互为其根。一、六合七以为火，则七遂从一、六而化为水。二为火，巽为风，风自火出也。风鼓则火益炽。七为火，坎为水，水从气化，气即火也，火极则复为水。天之雨，山石之泉，釜甑之汗，皆火蒸郁而成。气焦者色黑，味苦者性寒，海咸者夜光，水火之变易常如此。二、七本同根，坎水气寒，巽木风寒，仍复同类而聚也。后天巽既为木，则木归于东南，以就生养之方。坎既为水，则水归于正北，以从阴盛之位，巽、坎之所以易也。

图之三、八木，同根于少阴，成卦为离、震。震为木，离为火，八仍是木，而三变为火，何也？火无体，以木为体，故三为阴木，遂为离阴火，而居东方之木位。震为阳木，而阳火丽之，象为雷、为龙。龙雷之火，阳火也，亦相火也。而本体为木，后天离火往南方，归其火盛之位以为君。而阳木之阳火，归于东方以相之。东方是木之本位，苍龙亦东方之神也。人身有心胞络以裹心，心为君主之官，膻中为臣使之官，膻中即心胞络，此相火代君火行事也。

先后天阴阳卦说

《启蒙附论》曰："先天之阳卦，曰震、离、兑、乾，其阴卦，曰巽、坎、艮、坤。后天之阳卦，曰乾、震、坎、艮，其阴卦曰坤、巽、离、兑。不同何也？盖先天分阴阳卦，自两仪而分之，由阳仪以生者，皆阳卦也，由阴仪以生者，皆阴卦也。后天分阴阳卦，自爻画以定之，其以阳为主者，皆阳卦也，其以阴为主者，皆阴卦也。先天则因乎画卦之序而中分之，后天则卦之已成，观其爻画之多寡而命之也。其理如何？曰阳仪上有阴卦，此所谓立天之道曰阴与阳也。阴仪上有阳卦，此所谓立地之道曰柔与刚也。其法象之自然者如何？曰火之炎热光明，其为阳也明矣。泽者水之积湿，为阳气所驱，以滋润万物者也，是亦阳也。水之幽暗寒肃，其为阴也明矣。山者土之隆起，与地为一体者也，是亦阴也。先天之卦，阴阳之象之正也。其变而后天，则火与泽从风而俱为阴，水与山从雷而俱为阳，盖有由矣。凡阴阳之气，未有不合而成者也，然有感应先后之别焉。先有阳而遇阴者属阳，先有阴而遇阳者属阴。有阳气在下将发，而遇阴压之，则奋而为雷矣。有阳气在中将散，而遇阴包之，则郁而为雨矣。有阳气直腾而上，而遇阴承之，则止而为山矣。此皆主于阳而遇阴，所以皆为阳卦也。有阴在内，阳气必入而散之，观之阴霾尽而后风息可见也。有阴在中，阳气必附而散之，观之薪刍尽而后火灭可见也。有阴在外，阳气必敷而散之，观之湿润尽而后泽竭可见也。此皆主于阴而遇阳，所以皆为阴卦也。总而论之，惟乾纯阳，坤纯阴，不可变也。雷阳动之始，风阴生之始，亦不可变也。火温暖，泽发散，故以用言之则阳。然火根于阴之燥，泽根于阴之温，故以体言之则阴。水寒凉，山凝固，故以用言之则阴。然水根于阳之嘘而流，山根于阳之矗而起，故以体言之则阳。先天之象，著其用也。后天之象，探其根也。正如仁之发生为阳，而其柔和亦可以为阴。义之收敛为阴，而其刚决亦可以为阳。阴阳本一气而互根，故其理并行而不悖也。"

谨按：此论先后天卦之阴阳，极周密而精确。究其本，则先天以两仪四象分阴阳，太阳少阴为阳，太阴少阳为阴。卦之下一画奇者皆阳，下一画偶者皆阴也。后天以生数成数为阴阳，九、八、七、六为阳，一、二、三、四为阴。卦之纯奇一奇者为阳，纯偶一偶者为阴也。后天之阴阳，即具于《河图》之中，内一层者为阴，外一层者为阳。先天则阴阳交错而居，阳仪有二阴，阴仪有二阳。后天则阴阳连类而聚，西北至正东为阳，东南至正西为阴也。以八象言之，兑泽从阳仪为阳，谓泽者水之积湿，为阳气所驱以滋润万物，故亦为阳。此说自常情观之似可疑，然不必疑也。泽实与天同气，犹山与地同体。泽之小者为湖，大者为海，行舟于湖海者，四望惟见天与水连，水与天连，岂不犹山与地同体乎？观《河图》则四与九同方，观卦画则兑与乾下二画皆太阳。论五行，则兑与乾皆属金。论人身，则肺主气，而司呼吸以通于天。此泽与天所以相连，而同为阳卦，但是太阳中之阴耳。

重卦说

《易》曰："八卦成列，象在其中矣。因而重之，爻在其中矣。"似八卦既成，即以其成列者，次第加之为六十四卦，所谓八卦相荡者也。而邵子先天图，有八分为十六，十六分为三十二，三十二分为六十四之说，此亦自成一义，各不相妨。加一画则阴阳加一倍，如外篇开方求廉率，与卦画相肖。既开立方象八卦，由此而迭加之为三乘方、四乘方、五乘方，适得六十四数，同一理也。今作六十四卦横图，依《本义》以黑白别阴阳，以层数当爻画，则一本双干之象，其理尤著。又可知两仪四象，原是因卦而立，因卦可以推数。非以奇偶为两仪，又非仅以九、八、七、六为四象也。

四卦横圖

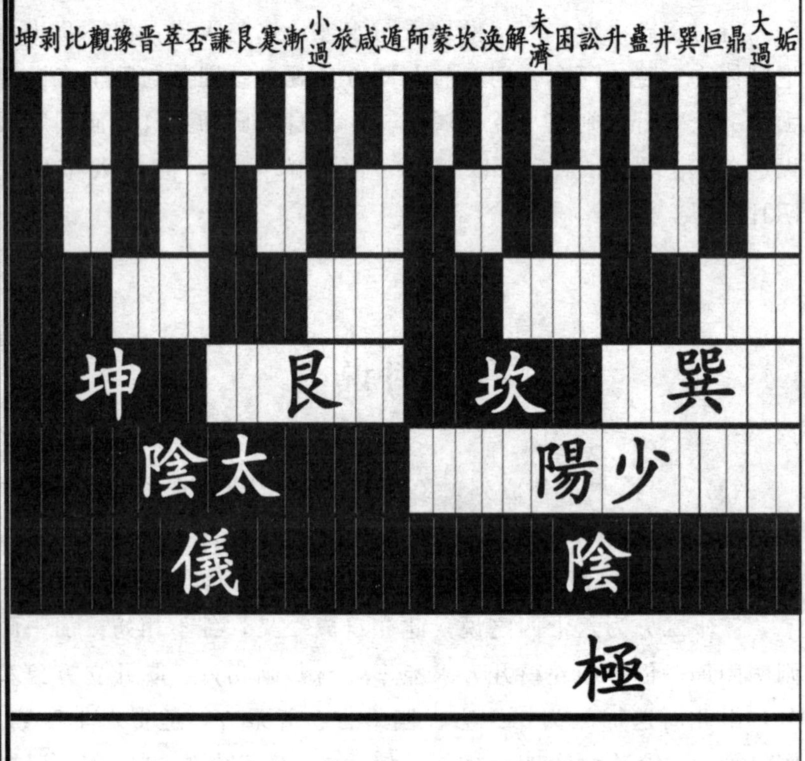

十六天先
復
頤
屯
益
震
噬嗑
隨
無妄
明夷
賁
既濟
家人
豐
離
革
同人
臨
損
節
中孚
歸妹
睽
兑
履
泰
大畜
需
小畜
大壯
大有
夬
乾
震
離
兑
乾
少陰
太陽
陽儀
太

图　说

朱子答林栗曰："太极、两仪、四象、八卦，生出次第，位置行列，不待安排，而粲然有序。以至于第四分而为十六，第五分而为三十二，第六分而为六十四，则其因而重之，亦不待用意推排，而与前之三分焉者，未尝不吻合也。比之并累三阳以为乾，连叠三阴以为坤，然后以意交错，而成六子。又先画八卦于内，复画八卦于外，以旋相加而为六十四卦者，其出于天理之自然，与人为之造作盖不同矣。"

又答袁枢曰："若要见得圣人作《易》根源，直截分明，不费辞说，于此看得，方见六十四卦全是天理自然挨排出来。圣人只是见得分明，便只依本画出，原不曾用一毫智力添助。盖本不烦智力之助，亦不容智力得以助于其间也。及至卦成之后，逆顺纵横，都成义理，千般万种，其妙无穷，却在人看得如何。而各因所见为说，虽欲各不相资，而实未尝相悖也。盖自初未有画时，说到六画满处者，邵子所谓先天之学也。卦成之后，各因一义推说，邵子所谓后天之学也。"

又《启蒙·序》曰："圣人观象以画卦，揲蓍以命爻。其为卦也，自本而干，自干而枝，其势若有所迫而自不能已。其为蓍也，分合进退，纵横逆顺，亦无往而不相值焉。是岂圣人心思智虑之所得为也哉？特气数之自然，形于法象，见于图、书者，有以启于心而假手焉尔。"

按此数条，皆朱子极言圣人作《易》出于自然，而病当时之言《易》者，牵合附会，以为出于圣人心思智虑之所为也。今外篇有开方求廉率一法，与画卦绝不相侔，而亦与卦画阴阳多少适相肖，亦是自然挨排而出，惜朱子未闻此说也。使其闻之，亦当叹其妙绝，愈信自然之理，不侔而合矣。夫圣人则图、书而画卦，因大衍而揲蓍，岂全不用心思智虑哉？但其心思智虑与造化者冥符，则犹之不用焉尔。观者又不可以辞害意，而谓圣人之立卦生蓍，如是其容易也。

问：“两仪、四象、八卦，节节推去，固容易见，就天地间着实处，如何验得?”朱子曰：“一物上又自各有阴阳，如人之男女，阴阳也。逐人身上，又各有血气，血阴而气阳也。如昼夜之间，昼阳而夜阴也，而昼自午后又属阴，夜自子后又属阳，便是阴阳各生阴阳之象。”按：此说亦不可不知。就人身而言，背阳而腹阴，左阳而右阴，上阳而下阴，府阳而藏阴，其类不可胜穷。就一日而言，有干支之阴阳，有晴雨之阴阳，有寒温之阴阳，其类亦不可胜穷。

三画八卦，足以尽万物之理。六画六十四卦，所以备人事之用。使圣人作《易》，不必为人占筮之用。画止于三，卦止于八，可也。惟其欲备人事之用，故须重为六爻，所谓“兼三才而两之，故《易》六画而成卦；分阴分阳，迭用柔刚，故《易》六位而成章”数语尽之。其渐次生出，与开方求廉法有符者，亦论其理耳，非真有四画、五画之卦也。其以四画、五画推互卦者，自是《易》中之一义，可谓之蕴，不可谓之精，故载之外篇。

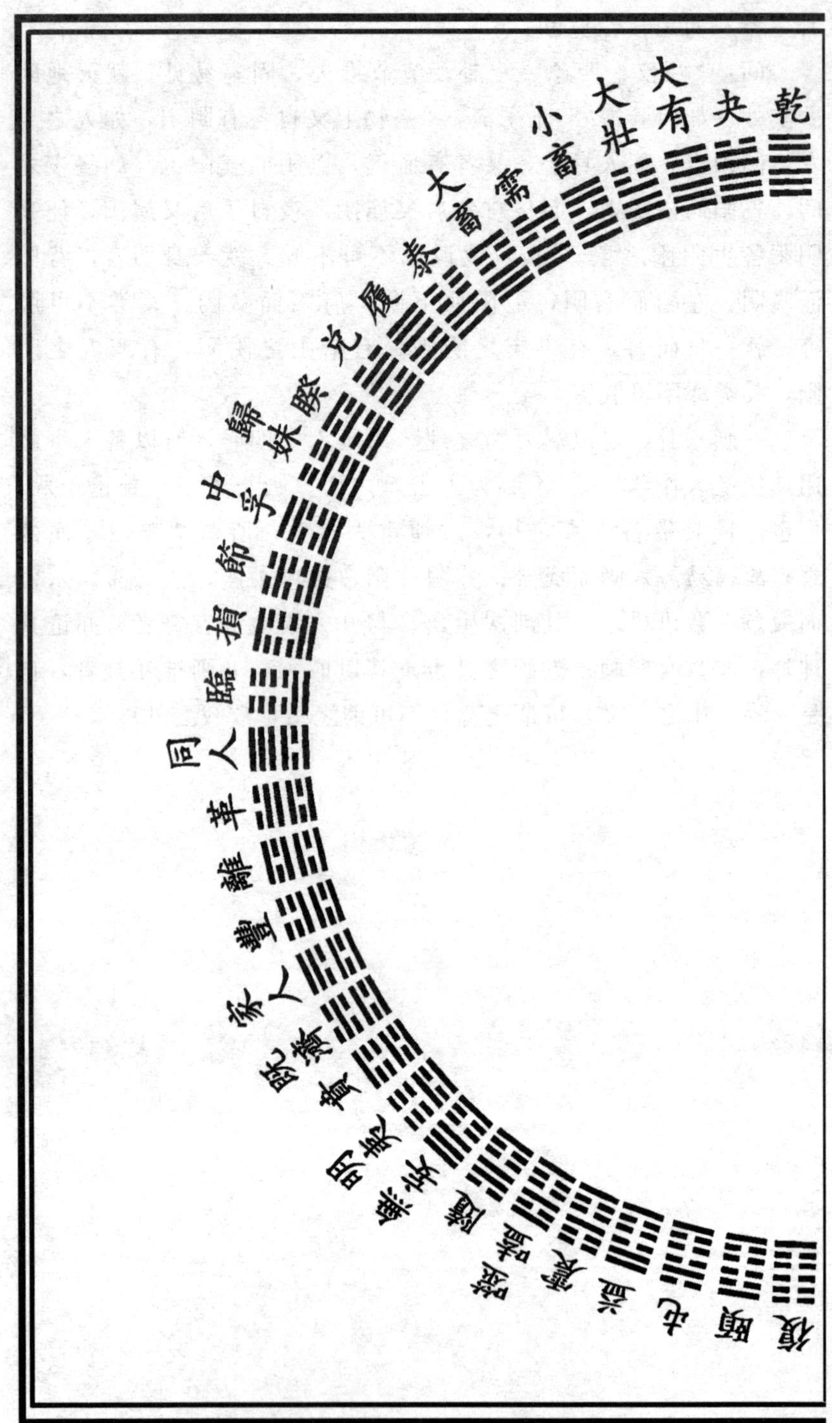
乾
夬
大有
大壮
小畜
需
大畜
泰
履
兑
睽
归妹
中孚
节
损
临
同人
革
离
丰
家人
既济
贲
明夷
无妄
随
噬嗑
震
益
屯
颐
复

先天六十四卦圓圖

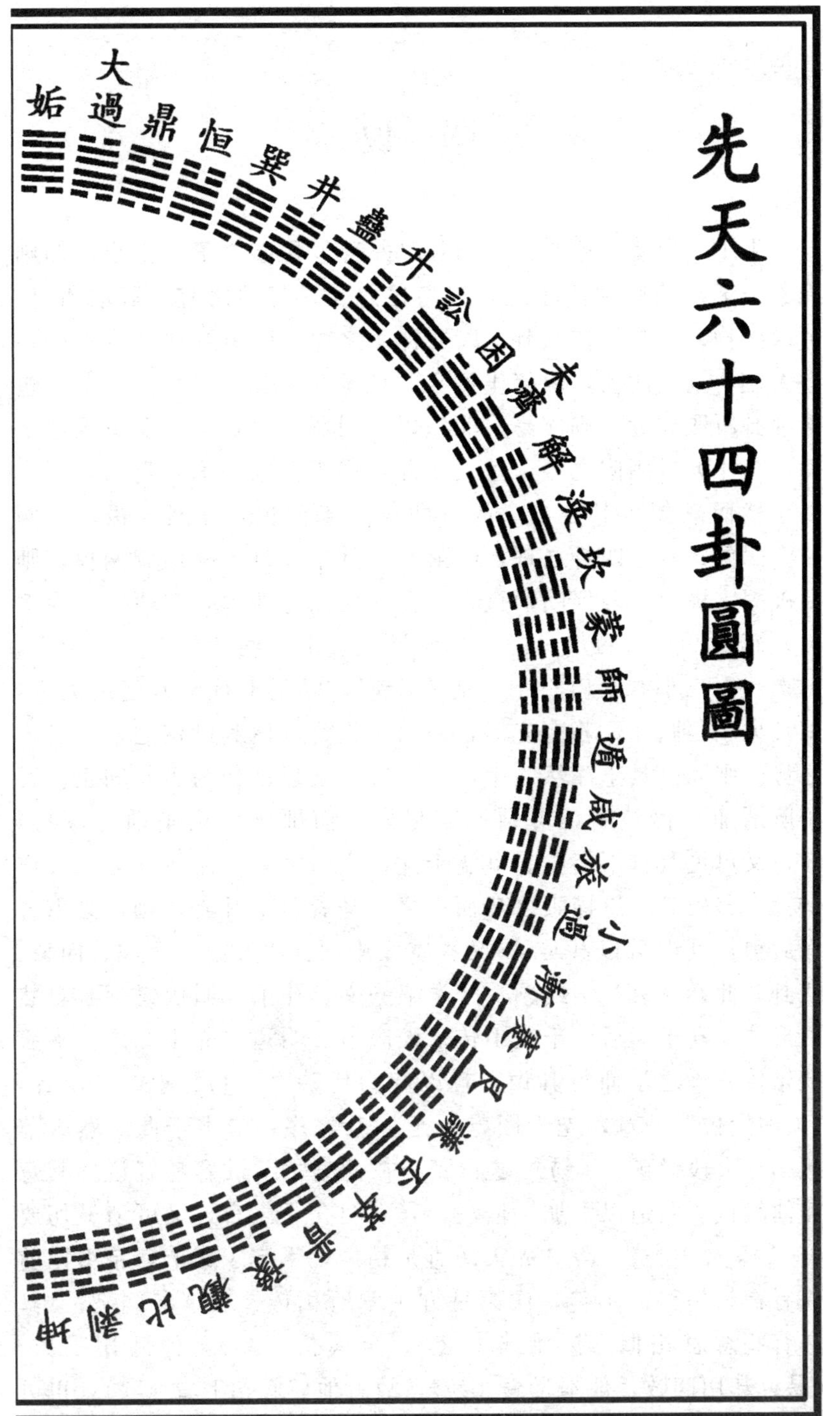

图说

朱子《启蒙·原卦画》曰："古者包羲氏之王天下也，仰则观象于天，俯则观法于地，观鸟兽之文，与地之宜，近取诸身，远取诸物，于是始作八卦，以通神明之德，以类万物之情。《易》有太极，是生两仪，两仪生四象，四象生八卦。《大传》又言包羲画卦所取如此，则《易》非独以《河图》而作也。盖盈天地之间，莫非太极阴阳之妙，圣人于此，仰观俯察，远求近取，固有以超然而默契于其心矣。故自两仪之未分也，浑然太极，而两仪、四象、六十四卦之理，已粲然于其中。自太极而分两仪，则太极固太极也，两仪固两仪也。自两仪而分四象，则两仪又为太极，而四象又为两仪矣。自是而推之，由四而八，由八而十六，由十六而三十二，由三十二而六十四，以至于百千万亿之无穷，虽其见于摹画者，若有先后，而出于人为，然其已定之形、已成之势，则固已具于浑然之中，而不容毫发思虑作为于其间也。程子所谓加一倍法者，可谓一言尽之，而邵子所谓画前有《易》者，又可见其真不妄矣。世儒于此，或不之察，往往以为圣人作《易》，盖极其心思探索之巧而得之。甚者至谓凡卦之画，必由蓍而后得，其误益以甚矣。"又答虞大中曰："太极、两仪、四象、八卦，此乃《易》学纲领，开卷第一义。孔子发明伏羲画卦自然之形体。孔子而后，千载不传，惟康节、明道二先生知之。盖康节始传先天之学而得其说，且以此为伏羲之《易》也。《说卦》"天地定位"一章，先天图乾一至坤八之序，皆本于此。然康节犹不肯大段说破，《易》之心髓全在此处，不敢容易轻说，其意非偶然也。明道以为加一倍法，其发明孔子之言，又可谓最切要矣。"又《语类》云："先天图直是精微，不起于康节，希夷以前原有，只是秘而不传，次第是方士辈所相传授。《参同契》中，亦有些意思相似。扬雄《太玄》，全模仿《易》，他底用三数，《易》却用四数，他本是模《易》，故就他模底句上看《易》，也可略见得《易》意思。"又云："自有《易》以来，只有邵子说得此图如此齐整。如扬雄《太玄》便零星补凑得可笑。若不补，又欠四分之一，补得来，又多四分之三。”又问：程子《易传》云：圣人始画八卦，三才之道备矣。因而重之，以尽天下之变，故六画而成卦。或疑此说，却是圣人始画八卦，每卦便是三画，圣人因而重之为六画，似与邵子一分为二，而至六十四为六画，其说不同。曰：程子之意，只云三画上叠成六画，八卦叠成六十四卦耳，与邵子说诚异。盖康节此意，不曾说与程子，程子亦不曾问之，故一向只随他所见去。按：《易》之第一义，朱子谓孔子而后千载不传者，自汉以来，儒者惟知有“帝出乎震”一章之卦位，故郑康成注《乾凿度》太一行九宫，言一坎、二坤，以至八艮、九离，是不知有先天也。元魏时关朗作《洞极经》，解《河图》数，亦以“帝出乎震”之卦位言之，是不知有先天也。唐孔颖达作《易疏》，解“天地定位”一节，谓就卦象明重卦之意，卦若不重，则天地不交，水火异处，庶类无生成之用，品物无变化之理，故圣人重卦，令八卦相错，乾、坤、震、巽、坎、离、艮、兑，莫不交互。初不知此章本言先天卦位，非明重卦之意也。惟魏伯阳《参同契》，谓乾、坤者，《易》之门户，众卦之父母。坎、离为匡郭，牝牡四卦为橐籥。是谓先天图，乾南、坤北、离东、坎西，而兑、震、巽、艮分居四隅，以为开阖呼吸也，故云有些意思相似。但方士辈秘为丹灶之术，不欲轻传耳。愚谓不必丹家，即地理家以乾、坤、离、坎居四正，纳甲、乙、壬、癸，艮、巽、震、兑居四隅，纳丙、丁、庚、辛，何尝不是先天八卦？但儒家泥于旧闻，故令先天之学失传。邵子学《易》于李挺之，其后始知乾一至坤八之序，因横图以推圆图，由八卦以推六十四卦，于是始知“天地定位”一章是说先天，而别文王之卦为后天，于是知《易》有太极一条，有一分为二，至三十二分为六十四之说，于是始知《易》本自然之理，不假思虑造作，此邵子大有功于《易》，朱子所以力为表章者也。然邵子与二程子同时同地，而二程子不甚契于邵学。盖程子言理，邵子言数，先天之学，虽时时道之，而程子亦姑听之，皆不甚措意也。邵子易数甚精，如遇一物，起数算之，便可知是物何时而始，何时而终。但必有动处，方能起算。如见一叶落，便从落叶之时起算。明道程子闻说甚熟，一日因作监试官，在试院无事，试用其说，算廊柱多少，及数之而数果合，因出谓邵子曰：“尧夫之数，只是加一倍法，以此知《太玄》都不济事。”邵子因惊叹其恁地聪明。然程子终不屑留意，他日问其所为加一倍法者，则忘之矣。其意盖谓术数之学，终非儒家所尚也。邵子一日问伊川程子云：“今年雷起何处?”程子云：“起于起处。”亦谓雷自有起处，不必用数推算也。明道程子所谓加一倍法者，因算廊柱而偶中，遂以一语中其肯綮。然而邵子之数今不传，世所传先天演策，后天演轨，将卦爻演为千百十零之数，随其有动而占之，以决事之休咎者，未必邵子之数也。二程子不欲深究先天之学，并其八卦横列之次序，圆列之方位，亦未尝一语及之，则“天地定位”一章，当亦不求甚解。数往何以为顺？知来何以为逆？《易》何以为逆数？邵子虽有其说，未必信也。此则有赖于朱子之表章者，其功复不细矣。后学思之，先天之学之精微全在八卦横图与圆图。可以上推图、书之所以合，可以下推后天之所以变，则义蕴之包含者无穷。若由三画而六画，由八卦而六十四卦，不过因其一阴一阳者迭加之耳。循环而观之，亦只见其阴阳之渐消长耳。然而此经常之体也。《易》道尚其变，经常者不变，不变则不可以致用，故自有《易》以来，虽有此图之理，而文王之《易》不以此为序也。夏《连山》首艮，商《归藏》首坤，当亦不从以此为序也。后世卦气之学，地理之学，又别有其序，皆不用此卦之序也。邵子《经世书》，于此图谆复言之，且云：“图虽无文，吾终日言而未尝离乎是。盖天地万物之理尽在其中。”朱子谓《易》之心髓，全在此处。但后学以体用之说言之，觉此图之意味有穷。邵子亦尝曰：“乾、坤纵而六子横，《易》之本也。震、兑横而六卦纵，《易》之用也。”则先天所以立体，而致用当从后天。后世善变古人之法者，无如掷钱之卦，其爻自下而变，由初至五，复由五至三，以归其本体，则与八卦在下不变者异矣。八卦分为五行，以八宫统之，而各有所属，与八宫之有统而无所属者异矣。故今以后天作图，与此图相配，而列之于外篇。

圆图内有方图，以象地在天中，而地究非方。八卦叠为八层，四角斜交，成十六事，乾居西北似矣，坤居东南，义无所取。此图不用可也，故不载。

河洛精蕴卷之三

大衍之数五十说

《本义》以《河图》中宫天五乘地十而得之，一说也。《启蒙》以《河图》、《洛书》之中数皆五，衍之而各极其数以至于十，则合为五十，二说也。《河图》积数五十五，其五十者皆因五而后得，独五为五十所因，故虚之则但为五十，三说也。五十五之中，其四十者，分为阴阳老少之数，而其五与十者无所为，则又以五乘十，以十乘五，而亦皆为五十矣，四说也。《洛书》积数四十五，而其四十者散布于外，而分阴阳老少之数，唯五居中而无所为，则亦自含五数，而并为五十矣，五说也。

《折中》曰："五十之数，说者不一，惟推本于图、书者得之。《河图》之数则赢五，数之体也。《洛书》之数则虚五，数之用也。"大衍者其酌《河》、《洛》之数之中，而兼体用之理之备者与，六说也。《启蒙附论》曰："勾三其积九，股四其积十六，弦五其积二十五，合之五十。"是大衍之数，函勾、股、弦三面积，七说也。

按：周径之率，径七，周二十二而稍赢，不正得二十二。《启蒙附论》谓方圆同径七，方周二十八，圆周二十二，合得五十，为大衍之数。此说未密，今不数。

今按《洛书》对方乘中五，皆得五十。一五如五，五九四十五，五十也。二五得一十，五八得四十，五十也。三五一十五，五七三十五，五十也。四五得二十，五六得三十，五十也。合得大衍之数者凡四，八说也。

人身荣卫之气周流，昼行阳二十五度，夜行阴二十五度，合得五十周，应大衍之数，九说也。

字母三十六位，十八清，十八浊，仍有七清七浊，有音无字，合得五十音，应大衍之数，图见外篇，十说也。第四说与第一说相似，实只九说。

参天两地而倚数说

《折中》云："参天两地，以方圆径围定之，亦其大致尔。实则径一者不止围三，非密率也。以理言之，则孔疏引张氏言三中含两，有一以包两者是。盖天能兼地，故一并二以成三也。以算言之，则孔氏所谓两为偶数之始，三为奇数之初者是。盖以一乘一，以一除一，皆不可变。故乘、除之数，起于三与二也。其用于筮法，则为七、八、九、六。盖奇数起于一三，成于九七。偶数起于二四，成于八六。故以其成数纪阴阳，阳之进者为老，退者为少；阴之退者为老，进者为少也。"

谨按：参两当以此为定说。《洛书》阳数以三左旋，阴数以二右旋，是为参天两地而倚数。先儒以圆方言，不但径一围三非密率，即地亦是圆形，本非方。方言其德，非言其形也。用之筮法，三用其全，四用其半，犹似出于人为，不若言参两者，自然之理数也。

揲蓍法

《启蒙》曰："大衍之数五十，而蓍一根百茎，可当大衍之数者二。故揲蓍之法，取五十茎为一握，置其一不用，以象太极，而其当用之策，凡四十有九，盖两仪体具而未分之象也。四十九蓍，信手中分，各置一手，以象两仪。而挂右手一策，于左手小指间，以象三才。遂以四揲左手之策，以象四时。而归其余数于左手第四指间，以象闰。又以四揲右手之策，而再归其余数于左手第三指间，以象再闰，五岁之象，挂一，一也。揲左，二也。扐左，三也。揲右，四也。扐左，五也。是谓一变。其挂扐之数不五即九，得五者三，所谓奇也。五除挂一即四，以四约之为一，故为奇，即两仪之阳数也。得九者一，所谓偶也。九除挂一即八，以四约之为二，故为偶，即两仪之阴数也。一变之后，除前余数，复合其见存之策，或四十，或四十四，分、挂、揲、归如前法，是谓再变。其挂扐者不四则八，得四者二，所谓奇也。不去挂一，余同前义。得八者二，所谓偶也。不去挂一，余同前义。再变之后，除前两次余数，复合其见存之策，或四十，或三十六，或三十二，分、挂、揲、归如前法，是谓三变。其挂扐者如再变例。三变既毕，乃合三变，视其挂扐之奇偶，以分所遇阴阳之老少，是谓一爻。三奇为老阳者，凡十有二，挂扐之数十有三，除初挂之一为十有二，以四约而三分之，为一者三。一奇象圆而围三，故三一之中各复有三，而积三三之数则为九，过揲之数三十有六，以四约之亦得九焉。挂扐除一，四分四十有八，而得其一也。一其十二，而三其四也，九之母也。过揲之数，四分四十八而得其三也。三其十二，而九其四也，九之子也。皆径一面围三也。即四象太阳居一含九之象也。两奇一偶，以偶为主，为少阴者凡二十有八，挂扐之数十有七，除初挂之一为十有六，以四约而三分之，为一者二，为二者一。一奇象圆而用其全，故二一之中各复有三。二偶象方而用其半，故一二之中复有二焉。而积二三一二之数则为八，过揲之数三十有二，以四约之，亦得八焉，挂扐除一，四其四也，自一其十二者而进四也，八之母也。过揲之数，八其四也，自三其十二者而退四也，八之子也。即四象少阴居二含八之数也。两偶一奇，以奇为主，为少阳者，凡二十。挂扐之数二十有一，除初挂之一为二十，以四约而三分之，为二者二，为一者一。二偶象而用其半，故二二之中各复有二。一奇象圆而用其全，故一三之中复有三焉。而积二二一三之数则为七，过揲之数二十有八，以四约之亦得七焉，挂扐除一，五其四也，自两其十二者，而退四也，七之母也。过揲之数，七其四也，自两其十二者，而进四也，七子之也。即四象少阳居三含七之数也。三偶为老阴者四，挂扐之数二十有五，除初挂之一为二十有四，以四约而三分之，为二者三，二偶象方而用其半，故三二之中各复有二。而积三二之数则为六，过揲之数亦二十有四，以四约之亦得六焉，挂扐除一，六之母也。过揲之数，六之子也。四分四十有八而各得其二也，两其十二而六其四也，皆围四而用半也。即四象太阴居四含六之数也。凡此皆以三变皆卦之法得之。”

按：宋郭雍著《蓍卦辨疑》，谓前一变独挂，后二变不挂。朱子著《蓍卦考误》，深辨其非。今亦无宗郭说者，余论见后。郭说本之横渠张子。

揲蓍说

揲蓍之法，《启蒙》论之极详，以后一段通论阴阳老少之所以然为最精。其说曰：“四十九策，除初挂之一而为四十八，以四约之为十二，以十二约之为四。故其揲之一变也，挂扐之数，一其四者为奇，两其四者为偶。其三变也，挂扐之数三其四，一其十二。而过揲之数，九其四，三其十二者为老阳。挂扐过揲之数皆六其四，两其十二者为老阴。自老阳之挂扐而增一四，则是四其四也。一其十二而又进一四也。自其过揲者而损一四，则是八其四也。三其十二而损一四也，此所谓少阴者也。自老阴之挂扐而损一四，则是五其四也，两其十二而去一四也。自其过揲而增一四，则是七其四也，两其十二而进一四也，此所谓少阳者也。二老者阴阳之极也，二极之间，相距之数凡十有二，而三分之，自阳之极而进其挂扐，退其过揲，各至于三之一，则为少阴。自阴之极，而退其挂扐，进其过揲，各至于三之一，则为少阳。老阳居一而含九，故其挂扐十二为最少，而过揲三十六为最多。少阴居二而含八，故其扐十六为次少，而过揲三十二为次多。少阳居三而含七，故其挂扐二十为稍多，而过揲二十八为稍少。老阴居四而含六，故其挂扐二十四为极多，而过揲亦二十四为极少。盖阳奇而阴偶，是以挂扐之数，老阳极少，老阴极多。而二少者，一进一退而交于中焉，此其以少为贵者也。阳实而阴虚，是以过揲之数，老阳极多，老阴极少。而二少者，亦一进一退而交于中焉，此其以多为贵者也。凡此不唯阴之与阳，既为二物，而迭为消长，而其一物之中，此二端者，又各自为一物，而迭为消长，其相与低昂如权衡，其相与判合如符契，固有非人之私智所能取舍而有无者。而况挂扐之数，乃七、八、九、六之原，而过揲之数，乃七、八、九、六之委，其势又有轻重之不同，而或者乃欲废置挂扐，而独以过揲之数为断，则是舍本而取末、去约以就繁，而不知其不可也，岂不误哉!”

按：阴阳老少，原以一、二、三、四为根。老阳居一，则余为九。少阴居二，则余为八。少阳居三，则余为七。老阴居四，则余为六。然则一、二、三、四者，九、八、七、六之原。九、八、七六者，一、二、三、四之委。挂扐之数，法乎生数之一、二、三、四，渐进而多。过揲之数，法乎成数之九、八、七、六，渐退而少。在十数之中，则以一数为始，九数为极，皆以一为进退。在四十八策之中，则以十二数为始，三十六数为极，皆以四为进退。其数不同，其理一也。揲必用四，固所以象四时，亦所以法四象。爻必三变，三其四为十二，四十八策亦是十二其四，极少极多之间，亦各以十二为进退之极，则十二遂为数之始。挂扐过揲，合之皆四十八，犹之生数成数合之皆十也。以此言之，挂扐之数不必强纽，以求合于九、八、七、六之数，而自有合于老阳、少阴、少阳、老阴之理。故《启蒙》此一段，不言方圆径围，用全用半，其理最精。若夫圆者径一围三，既非密率确数，三用其全，四用其半，又似出于人为，后学颇疑非象数之自然耳。其云或者欲废置挂扐，独以过揲之数为断，谓郭雍之说也。朱子尝答书辨之曰：“过揲之数，虽先得之，然其数众而繁；归奇之数，虽后得之，然其数寡而约。纪数之法，以约御繁，不以众制寡。故先儒旧说，专以多少决阴阳之老少，而过揲之数亦冥会焉，初非有异说也。然七、八、九、六所以为阴阳之老少者，其说又本于图、书，定于四象。其归奇之数，亦因揲而得之耳。大抵《河图》、《洛书》者，七、八、九、六之祖也。四象之形体次第者其父也，归奇之奇偶方圆者其子也，过揲而以四乘之者其孙也。今自归奇以上，皆弃不录，而独以过揲四乘之数为说，恐或未究象数之本原也。”今按《河图》之数，以一、二、三、四为四象之根，而九、八、七、六因之，此以祖、父、子、孙为喻，似未若前言挂扐为七、八、九、六之原，过揲为七、八、九、六之委，尤为的当也。

又按下文言“乾之策二百一十有六，坤之策百四十有四，凡三百有六十，当期之日。二篇之策，万有一千五百二十，当万物之数也”。此因上文言分二挂一揲四归奇，皆有所象，故言过揲之策，亦各有所当耳。其实此二节是余义，故此下云：“是故四营而成《易》，十有八变而成挂。”可知仍归重挂扐也。明儒归有光之说曰：“九具于揲，则三奇见于余。六具于揲，则三偶见于余。七具于揲，则二偶一奇见于余。八具于揲，则二奇一偶见于余。不必反观其在揲之数，而已举其要矣。其曰乾之策、坤之策、二篇之策云云者，何也？挂扐虽举其要，而七、八、九、六之数，仍以在揲之策为正。七、八、九、六者，自揲之以四而取也。若挂扐之策，因过揲而见者也。故曰揲之以四以象四时。”又曰：“当期之日，而归奇以象闰。”何楷曰：“四时，正也。闰，余也。下文乾之策云云，皆以七、八、九、六起数，明乎用正数，而不用余数矣。”

按二氏之说，皆因下文言策数，而归重于过揲，又因闰余之义，而谓有正有余。然则挂扐之数，不足重乎？朱子与西山蔡氏考挂扐之数，有自然之法象者极精密。朱子曰：“三变之中，又以前一变为奇，后二变为偶。奇故其余五、九，偶故其余四、八。余五、九者，五三而九一。余四、八者，四、八皆二。三变之后，老者阳饶而阴乏，少者阳少而阴多，亦皆有自然之法象焉。”

蔡氏曰：“蓍之奇数，老阳十二，老阴四，少阳二十，少阴二十八，合六十有四。三十二为阳，老阳十二，少阳二十。三十二为阴，老阴四，少阴二十八。其十六则老阳、老阴也，老阳十二，老阴四。其四十八则少阳、少阴也，少阳二十，少阴二十八。老阳老阴，乾、坤之象也，二、八也。少阳、少阴，六子之象也，六、八也。”

今按，画卦与揲蓍是两事，卦之变六十四，蓍之变亦六十四，二者不约而符，已妙矣。及以阴阳之数计之则均，以老少之数计之则参差。虽参差，而有二、八象乾、坤，六、八象六子之妙。此变化之所以为神，圣人之立法，所以可佑神者此也。若使后二变不挂，虽总计亦六十四，而三变之后，为老阳、少阴者，皆二十七，为少阳者九，为老阴者一，参差不齐，无复自然之法象。且二变之后，三营而成《易》，又为六扐而后挂，皆与经文不协。朱子所以谓其深有害于成卦变爻之法，不可不辨者也。

蔡氏又曰：“五十之蓍，虚一、分二、挂一、揲四，为奇者三，为偶者二，是天三地二自然之数。而三揲之变，老阳、老阴之数本皆八，合之得十六。阴阳以老为动，而阴性本静，故以四归于老阳，此老阴之所以四，老阳之所以十二也。少阳、少阴之数本皆二十四，合之四十八。阴阳以少为静，而阳性本动，故以四归于少阴，此少阳之数所以二十，而少阴之数所以二十八也。阳用老而不用少，故六十四变，所用者十六变，又以四约之，阳用其三，阴用其一。盖一奇一偶，对待者，阴阳之体。阳三阴一，一饶一乏者，阴阳之用。故四时春、夏、秋生物，而冬不生物。天地东西南可见，而北不可见。人之瞻视，亦前与左右可见，而背不可见也。不然，则以四十九蓍，虚一、分二、挂一、揲四，则为奇者二，为偶者二，而老阳得八，老阴得八，少阳得二十四，少阴得二十四，不亦善乎？圣人之智，岂不及此？而其取此而不取彼者，诚以阴阳之体数常均，用数则阳三而阴一也。”朱子复论之曰：“蔡氏所谓四十九蓍，虚一、分二、挂一、揲四者，盖谓虚一外止用四十八也。体数常均，用数则阳饶而阴乏，此正造化之妙。若阴阳同科，老少一例，是体数非用数也。”

按此皆详论挂扐，岂以为余而专重过揲哉！过揲之数，所有符乎七、八、九、六者，由挂扐之策，先有自然之法象为之本，如符契焉。左契先中法度，而后右契应之也，岂可专重右契哉！朱子与蔡氏，非不知四约过揲之策，显而易见，《周易》以九、六名爻，亦信而有征，而必详论挂扐，深病郭说之为偏滞者，恐人忽于其原，不知有法象自然之妙也。若象闰之义，原是以归所挂之一为闰，非以两扐为闰，则尤不可附会闰余之说矣，说详见后。

唐一行云："三变皆少，则乾之象也。乾所以为老阳，而四数其揲得九，故以九名之。三变皆多，则坤之象也。坤所以为老阴，而四数其揲得六，故以六名之。三变而少者一，则震、坎、艮之象也。震、坎、艮所以为少阳，而四数其揲得七，故以七名之。三变而多者一，则巽、离、兑之象也。巽、离、兑所以为少阴，而四数其揲得八，故以八名之。故七、八、九、六者，因揲数以名阴阳，而阴阳之所以为老少者，在乎三变之间、八卦之象也。"沈括《笔谈》云："《易》象九、八、七、六，皆有所从来，得之自然。凡归余之数，多为阴，如爻之偶；少为阳，如爻之奇。三少，乾也，故曰老阳，九揲而得之。故其数九，其策三十六。两多一少，则一少为主，震、坎、艮也，故皆谓之少阳。少在初为震，中为坎，末为艮，皆七揲而得之。故其数七，其策二十八。三多，坤也，故曰老阴，六揲而得之。故其数六，其策二十四。两少一多，则一多为之主，巽、离、兑也，故皆谓之少阴。多在初谓之巽，中为离，末在兑，皆八揲而得之。故其数八，其策三十二。"

按沈氏之说，朱子称其简而尽，其实即一行之说也。又须知三变皆少，所以成揲数之多。三变皆多，所以成揲数之少也。

筮法疑义说

虞氏翻曰："奇，所挂一策。扐，所揲之余。不一则二，不三则四也。取奇以归扐，以闰月定四时成岁。故归奇于扐，以象闰也。"张子曰："奇，所挂之一也。扐，左右手四揲之余也。再扐后挂者，每成一爻而后挂也，谓第二、第三揲不挂也。闰尝不及三岁而再至，故曰五岁再闰。此归奇必俟于再扐者，象闰之中间再岁也。”郭氏忠孝曰：“奇者，所挂之一也。扐者，左右两揲之余也。得左右两揲之余置于前，以奇归之也。归奇，象闰也。五岁再闰，非以再扐象再闰也。盖闰之后有再岁，故归奇之后亦有再扐也。再扐而后复挂，挂而复归，则五岁再闰之义矣。自唐初以来，以奇为扐，故揲法多误，至横渠先生而后挂扐复分。”又曰：“扐者，数之余也。如《礼》言祭用数之仂，是也。或谓指间为扐者，非。《系辞》言归奇于扐，则奇与扐为二事也。又言再扐而后挂，则扐与奇亦二事也。由是知《正义》误以奇为扐，又误以左右手揲为再扐。如曰最末之余，合于扐挂之一处。其说自相抵牾，莫知所从，惟当从横渠先生之说为正。”又曰：“《系辞》以两扐一挂为三变而成一爻，是有三岁一闰之象。《正义》以每一揲左右两手之余，即为再扐，是一变之中，再扐一挂皆具，则一岁一闰之象也。凡揲蓍，第一变必挂一者，谓不挂一则无变，所余皆得五也。惟挂一则所余非五则九，故能变。第二第三揲虽不挂，亦有四八之变，盖不必挂也，故圣人必再扐后挂者以此。”

《折中》曰：“按郭雍本其先人郭忠孝之说以为说，引张子之言为据，朱子与之往复辨论，大约孔疏、《本义》，则以左右揲余为奇，而即以再扐象再闰。张子、郭氏，则以先卦一者为奇，而归之于扐以象闰。其说谓惟初变挂一，而后二变不挂，故初岁有闰，又须更越二岁，如初变有挂，又须更越二变，以应再扐后挂之文也。如郭氏说，则再闰、再扐两再字，各异义而不相应，故须以朱子之说为确。然以归奇为归挂一之奇，则自虞翻已为此说。且玩经文语气，归奇于扐，奇与扐自是两物而并归一处尔。此义则郭氏之说可从。盖疏、义之意，是以扐象闰也。张、郭之意，是以挂象闰也。今折其中，则挂扐皆当并以象闰。以天道论之，气盈朔虚，必并为一处。以筮仪论之，挂与扐，必并在一处。以经文考之，曰：‘归奇于扐。’又曰：‘再扐而后挂。’则象闰者当并挂扐明矣。”

谨按：奇字之义，对偶言之，则以单数为奇。对正数言之，则以零一数为奇。《礼·投壶》礼曰："二算为纯，一算为奇。"此经归奇，正是一算之义，即挂一之一也。当其象三，则似人为一位参天地。当其象闰，则似有闰之岁多一月也。故虞翻之说为最确。自孔疏以来，以揲余在扐者为奇，则其义变矣。以四营考之，揲左扐左，揲右扐右，共为一营。盖揲扐相因，扐所以终揲之事，是以扐不别为营，至最末归并挂扐，审其为五为九、为四为八而别置之，以定奇偶，实是一度经营。而旧说以再扐当之，则四营似少一营矣。故旧说又有此疑窦，而先儒不觉也。至五岁之象，朱子以挂一为一，揲左为二，扐左为三，揲右为四，扐右为五，此义最确。以营言之，则扐统于揲。以象岁言，则一挂两揲两扐。实是五事，义各有当也。但《本义》因再闰再扐，两再字相连，遂以再扐当再闰。今详经文，乃是以再扐当五岁，以后挂当再闰。再扐而五岁终，即谓第二次右手之扐可也。后挂并前挂之归奇，如五岁终而再闰，古法置闰常在岁终也。挂一虽以象三，而挂一实为归奇象闰之张本，故遂以挂当闰也。旧说以再扐当再闰，考之经文，又有疑窦焉。《本义》云："五岁之间，再积日而再成月，故五岁之中，凡有再闰然后别起积分，如一挂之后，左右各一揲而一扐。故五者之中，凡有再扐，然后别起一挂也。"按积分者，一岁气盈朔虚之日也。如旧说以扐为闰，则积分所以为扐，非所以为挂，何言再扐而后挂乎？以十八变成卦言之，当言再扐而后变；以分二为四营之始言之，当言再扐而后分。今不言变，不言分，而言后挂，可知挂与闰相当也，可知归奇为并所挂之一也。反复推之，归奇从虞氏与张、郭，五岁之象从朱子，后挂为成一变而后挂，非成一爻而后挂，亦从朱子。惟别易其再扐后挂之说，则两疑窦皆释，复不蹈乎张、郭之失，有后二变不挂之误，于是筮法始完全无病矣。

郭氏扐字之说，谓是数之余，而非在指间，亦未尽然也。归奇于扐，犹可曰归奇于余。若再扐而后挂，不可曰再余而后挂，则扐必有其事矣。扐不在指间，将置之席上乎？置之席上，或恐混合为一，非法也。《王制》祭用数之仂，注谓什之一，其字从人。《考工记》以其围之扐捎其薮，注谓三之一，其字从阜。此扐字从手，当云以余数扐于指间谓之扐。

再扐而后挂，孔疏不可晓。疏云：“既分天于左手，地于右手，乃四四揲天之数，最末之余，归之合为挂扐之一处，是一扐也。又以四四揲地之数，最末之余又合于前所归之扐而总扐之，是再扐而后挂也。”夫揲余而归之扐，此时挂扐未合也。俟再扐后乃合挂扐于一处，而疏于一扐时即合之，郭氏所以讥其自相抵牾也。后扐乃是扐右余，何云又合于前所归之扐而总扐之耶？且后挂乃第二变之挂，岂可混于第一变之挂耶？朱子谓孔氏非不晓揲法，但为之不熟，故其言之易差者此也。今既以归奇为挂一之奇，则于再扐之后，当言归并挂一于扐以象闰，以终四营之事。其初挂之一为归奇者，止象一闰；再扐而别起一挂者，乃象五岁再闰也。

张子之说，朱子谓恐非横渠之言，今《横渠易说》中实有此，非他人伪托也。其所以致误者，因五岁之象不明，以再扐为象闰之中间再岁，是以有第二、第三揲不挂之说。而郭氏遂因之，不悟其有三营而成《易》，六扐而后挂之失也。其云闰常不及三岁而再至，三当作五，否则难通。

郭氏讥左右手揲为再扐之误，是谓一变止一扐，再扐象再岁。然四营少一营，则其失显然矣。

揲蓍余义说

朱子曰：“大凡《易》数皆六十，三十六对二十四，三十二对二十八，皆六十也。十甲十二辰，亦凑到六十也。钟律五声十二律，亦积为六十也。以此知天地之数，皆至六十为节。”今按：六十者，数之体也。六其六十，凡三百有六十。当期之日，亦数之体也。仍有五日有余者，数之用也。使无奇零，则岁岁冬至皆甲子日，无变化矣。今时算历之法，分周天为三百六十度，四分之为象限，九十度也，十二分为一宫，三十度也，二十四分之为半宫，十五度也。用其整齐者为体，以一日不及一度者为用，是善于用法者也。然则今时三百有六十，正是当期之度矣，又见外篇。

朱子答程大昌曰：“《大传》专以六爻乘二老而言，故曰乾之策二百一十有六，坤之策百四十有四。其实六爻之为阴阳者，老少错杂，其积而为乾者，未必皆老阳，其积而为坤者，未必皆老阴。其为六子诸卦者，或阳或阴，亦互有老少焉。”按此说，则所谓乾之策坤之策者，借乾坤以名老阳老阴耳，非乾、坤之本象也。前唐一行、沈括所言八卦之象亦借象也。如本象，则三画之卦，必九变而成。今以三变得之，故曰借象也。然则论卦之阴阳老少有二法，其为揲蓍，则老阳老阴各一，少阳少阴各三，以卦画之多少定之。其为画卦，则老阳、老阴、少阳、少阴皆各二，以下二画之体象定之。故揲蓍者以奇为一画，其数一四，偶为二画，其数二四。乾三画，故挂扐三其四得十二，为老阳。巽、离、兑四画，故挂扐四其四得十六，为少阴。震、坎、艮五画，故挂扐五其四得二十，为少阳。坤六画，故挂扐六其四得二十四，为老阴。皆借八卦之象以名之。挂扐与过揲之策，互为进退多少，至老阴而相会，挂扐六其四，过揲四其六，故皆二十四也。积而为六画之卦，借象亦如此。若夫则《河图》以画卦，其阴阳老少异于此，始为一画分阴阳，次为二画分老少。故兑虽四画，从乾而统于老阳，以其下二画皆奇也。艮虽五画，从坤而统于老阴，以其下二画皆偶也。震虽五画，从离而统于少阴，以其下二画皆奇上加偶也。巽虽四画，从坎而统于少阳，以其下二画皆偶上加奇也。二法不同，各有至理，要以画卦之阴阳为本。画卦为先天，揲蓍为后天也。然而二法实同出一原，何也？八卦之阴阳，卦画之多寡，定于《河图》之分生数成数，故蓍策亦象之。挂扐象生数，以少为贵，渐进而加多；过揲象成数，以多为贵，渐退而加少也。先儒之论画卦揲蓍详矣。四象有二法，尚未别白言之。近儒惟有见于揲蓍之四象，遂以二老三少之法论横图，则所谓一每生二，所谓加一倍法，遂为之废坏。故因论揲法，别白言之。若挂扐之策，本因八卦之象，奇偶二画之多少而定，自有四象之理，不必纽合于七、八、九、六之数，则所谓奇圆围三、偶方为四、三用其全、四用其半者，勿论可也。

变占说

《乾卦》“用九，见群龙无首，吉”。《坤卦》“用六，利永贞”。《启蒙》曰：“用九用六者，变卦之凡例也。言凡阳爻皆用九而不用七，阴爻皆用六而不用八。用九，故老阳变为少阴。用六，故老阴变为少阳。不用七八，故少阳少阴不变。独于乾、坤二卦言之者，以其在诸卦之首，又为纯阳纯阴之卦也。圣人因系以辞，使遇乾而六爻皆九，遇坤而六爻皆六者，即此而占之。盖群龙无首，则阳皆变阴之象。利永贞，则阴皆变阳之义也。”

凡卦六爻皆不变，则占本卦《彖》辞，而以内卦为贞，外卦为悔。《彖》辞为卦下之辞，孔成子筮立卫公子元，遇屯，曰：“利建侯。”秦伯伐晋，筮之遇蛊，曰：“贞，风也。其悔，山也。”

一爻变，则以本卦变爻辞占。沙随程氏曰：“毕万遇屯之比，初九变也。蔡墨遇乾之同人，九二变也。晋文公遇大有之睽，九三变也。陈敬仲遇观之否，六四变也。南蒯遇坤之比，六五变也。晋献公遇归妹之睽，上六变也。

二爻变，则以本卦二变爻辞占，仍以上爻为主。经传无文，今以例推之当如此。

三爻变，则占本卦及之卦之《彖》辞，而以本卦为贞，之卦为悔，前十卦主贞，后十卦主悔。凡三爻变者，通二十卦，有图在后。沙随程氏曰：“晋公子重耳筮得国，遇贞屯悔豫皆八，盖初与四、五，凡三爻变也。初与五用九变，四用六变，其不变者二、三、上。在两卦皆为八，故云皆八。而司空季子占之曰：“皆利建侯”。

四爻变，则以之卦二不变爻占，仍以下爻为主。经传亦无文，今以例推之当如此。

五爻变，则以之卦不变爻占。穆姜往东宫，筮遇艮之八。史曰：“是谓艮之随。”盖五爻皆变，唯二得八，故不变也。法宜以系小子失丈夫为占，而史妄引随之《彖》辞以对，则非也。

六爻变，则乾、坤占二用，余卦占之卦《彖》辞。蔡墨曰："乾之坤曰，见群龙无首吉是也。然群龙无首，即坤之牝马先迷也。坤之利永贞，即乾之不言所利也。于是一卦可变六十四卦，而四千九十六卦在其中矣。所谓引而伸之，触类而长之，天下之能事毕矣，岂不信哉？

胡氏一桂曰："《启蒙》一爻变，引毕万所筮，以今观之，未尝不取之卦。且不特论一爻，兼取贞悔卦体，似可为占筮法也。观陈厉公筮公子完之生尤可见矣。二爻变，按陈抟为宋太祖占，亦旁及诸爻与卦体。三爻变，《启蒙》但云占本卦之卦《彖》辞，然以晋侯屯豫之占，则并占卦体可见。"

《折中》曰："朱子三十二图，其次第最为详密，而后学之疑义有二，一曰筮法用九六，不用七八，今四爻五爻变者，用之卦之不变爻占，则是兼用七八也。二曰周公未系爻之先，则《彖》辞之用，有所不周也。三代筮法既不尽传，今惟以经传为据而推之，则用九用六，经文甚明，而用七八者，诸书皆无明文，惟杜预以为夏商用之，先儒已摘其非也。考之《春秋》内外传，盖无论变与不变，及变之多寡，皆论卦之体象与其《彖》辞。即一爻变者，虽占爻辞，而亦必先以卦之体象与其《彖》辞为主，则知古人占法，未有爻辞之先，即《彖》辞而已周于用。既有爻辞之后，则但以专动者占，而初亦不离乎《彖》辞以为断也。惟其一卦可变为六十四，则两卦相参，而可以尽事物之理。故卦之有变者，意主于生卦，不主于成爻。爻之有变者，专动则有占，杂动则无占。如是则传记之文皆合，而学者之疑可释矣。至于内外传言得八者，一曰泰之八，则不变者也；一曰贞屯悔豫皆八，则三爻变者也；一曰艮之八为艮之随，则五爻变也。诸儒以八为不动之爻，考之文意，似未符协。盖三占者虽变数不同，然皆无专动之爻，则其为用卦一也。卦以八成，故以八识卦。犹之爻以九六成，则以九六识爻云尔。观朱子之图者，更须以《左传》、《国语》诸书互相参考。"

谨按：朱子有卦变三十二图，以数语括之，止是每一卦六爻皆变者一，一、五变，阴阳各六，二、四变，阴阳各十五，三爻变，阴阳各二十。如外篇开方求廉率之数耳。变卦之序虽条理精密，似占卦时无所取用也。爻有变者，本卦为贞，之卦为悔。前言三爻变之卦二十，前十卦主贞，后十卦主悔，前十卦初爻不变者也，后十卦初爻皆变者也。占者岂必以此按图，定其为主不为主乎？朱子之意，是欲定为占例，使占者无所疑惑。然而《易》道尚其变，在占者随时变通。或分或合，或取或舍，或专主或旁及，不可以例求。如拘于例，恐辞有滞泥，未必与鬼神合其吉凶矣。胡氏之言，可补占法。《折中》论之尤精，可释学者之二疑。今更通考《春秋》内外传，论之如左。

占法考

六爻皆不变者，不止屯、蛊二卦也。鄢陵之战，晋侯遇复。初爻变者，不止毕万遇屯之比也。卫孔成子筮立絷，亦遇屯之比也。叔孙庄叔筮叔孙豹，遇明夷之谦。二爻变者无考。蔡墨论龙，而及乾之同人，非遇也。四爻变者，不止观之否。又有崔杼筮取棠姜，遇困之大过。五爻变者，不止坤之比。又有桓公筮季友，遇大有之乾；阳虎筮赵鞅救郑，遇泰之需。卦有三爻变者，不止贞屯悔豫皆八也。又有晋筮立成公，遇乾之否；董因筮晋文公，遇泰之八。卫灵公名元，而屯曰元亨，此卦辞之巧合者也。又有康叔名之之梦，又有利建侯之辞。且有孟絷再遇屯之比，皆有利建侯之文，则元宜建，孟宜居也必矣。辞已明，故不必复论其体象。后世签诗，亦有巧合姓名者。成季将生而知其名友，此见于卜，则不可知。若竖牛知其名牛，恐出于附会矣。陆羽不知其姓，筮得渐之上九，因姓陆名羽，字鸿渐，然陆是讹字，字既讹，占亦应也。

秦伯伐晋，遇蛊，曰：“千乘三去，三去之余，获其雄狐。”晋楚遇于鄢陵，晋筮遇复，曰：“南国蹙，射其元，王中厥目。”

杜注谓蛊为卜筮书杂辞，因卜徒父以卜人而用筮，不能通三《易》之占，故据其所见杂占而言之。又谓复为卜者之辞，皆非也。此二辞正是古《易》之辞，非《连山》，即《归藏》。其辞皆用韵，正如卜繇之辞，且连卦名为韵，是古体。至文王彖辞，始变其体耳。古之卜者兼通三《易》，如卜楚丘、卜偃是也。战是大事，秦岂无筮史，乃使卜人不能通三《易》者，以杂占之辞苟且决事乎？盖古人之筮，或专用《周易》，或兼用夏商。兼用者，视其辞与事最切合者用之。千乘三去而获雄孤，于战事最切，犹之卜追寇而得兆。有夫出征，而丧其雄，知为御寇之利也。胜败既决，《周易》虽有"元亨，利涉大川"之辞，不必用也。韩原之战为壬戌，所谓"先甲三日，后甲三日"者，未必有合，亦勿用也。且以贞风悔山，落实取材，兼体象时令已决之，而果获狐蛊之君矣。晋与楚战，而有国败王伤之辞，亦于事最切者也。《周易》所谓"复亨，出入无疾，朋来无咎，反复其道，七日来复，利有攸往"者，皆不必用，而果射王中目矣。若公子重耳筮得国，屯、豫皆有利建侯之辞，而筮史不知取，乃泥于夏商之《易》，谓其皆闭而无为，此不善用三《易》者也。

屯之比，毕万与卫縶皆遇之，而占大异。毕万，华公高之后，筮仕于晋，得此卦，卦与爻皆有"利建侯"之文。而辛廖故隐之不言，惟以二卦名卦象，合为六体四义，而曰公侯之卦也。公侯之子孙，必复其始，则建侯在其中矣，此一占法也。孟縶跛足而年长，先筮立元，得屯，又筮立縶，得屯之比，史朝遂兼梦与二卦断之，分一爻之辞为两，縶利居，元利建侯，此又一占法也。占已明，故不必论其体象，然以象观之，震为足，变坤，正是足弱之象，磐桓亦象难行之状，则象与辞亦有时而巧合。

庄叔筮子豹，遇明夷之谦。卜楚丘曰："是将行，而归为子祀，以谗人入，其名曰牛，卒以馁死。"爻辞有三日不食，而叔孙豹果以三日不食馁死，此筮之奇中者也。卜人之辞多强解，其云纯离为牛，世乱谗胜，胜将适离，故曰其名曰牛，尤无义理，似后人附会。今观叔孙之所以馁死，由竖牛。牛之所以生，由宿于庚宗之妇人。试以卦象推之，明夷者，明入地中也。自三至五互震，震为动、为车、为足，行之象也。日入地中，是止宿之时也。下卦为离，为中女，二至四互坎，为中男，是止宿而淫媾之象也。离变艮，艮为少男，妇人生子之象也。艮为背，又为鼠，为黔喙之属。而牛之貌，黑而上偻，深目而豭喙，上偻象背高，深目象鼠，豭喙象黔喙之属。艮为门阙，为阍寺，而牛掌内竖，正为门阙阍寺之职也。《洪范》以言为火，离变艮，火焚山，有谗言交乱之象。杜注谓艮为言，非也。互卦有坎，坎在艮上，为艮所止，有绝其饮食之象，卦象未尝不可推也。叔孙穆子以名卿而不克令终，其祸始于庚宗一宿，是自折其翼也。虽曰生时即有此象，然离变为艮，艮者止也，纵其如焚之欲，不能如山之止，是以妖梦即生，牛祸遂来。因卜人止能知祸由于谗而不能推祸始于淫，故补论之。

晋文公欲纳襄王，筮之，遇大有之睽。此因先卜得黄帝战于阪泉之兆，疑不敢当，故复筮之。其辞曰："公用享于天子。"卜偃曰："战克而王飨，吉孰大焉。"此卜筮合占之法也。又曰："且是卦也，天为泽以当日，天子降心以逆公，不亦可乎?"此二卦体象合占之法也。又曰："大有去睽而复，亦其所也。"谓去睽卦，还论大有，乾在离下，亦有天子降心之象，此又专论本卦体象之法也。可知占法在人变通。

周史筮陈敬仲，遇观之否，爻辞与二卦之体象，及变卦之互象皆具，最为详悉，可为占筮之法。

崔杼筮取棠姜，遇困之大过，其辞之凶甚明，陈文子犹必以体象言之，曰："夫从风，风陨妻，不可取也。"然后引繇辞而释之。可知占法重体象也。筮取妻，得入宫不见妻之辞，可谓巧合。其后果不见妻，无所归而缢，可谓奇中。犹之卫庄公卜繇，阖门塞窦，乃自后逾，其后亦奇中也。

筮辞有反其吉凶以告者，南蒯筮得黄裳元吉是也。子服惠伯曰："忠信之事则可，不然必败。"因言黄裳元吉之理，且曰《易》不可以占险，其于《易》也深矣。南蒯方以为大吉，宜其不黄、不裳、不元而致败。然则《易》误南蒯乎？非也。《易》为君子谋，不为小人谋。今之为小人谋者已至，彼自误之耳。深思浅谋之人，迩身而远志，家臣而君图，其欲生杞于圃也久矣。即正告以危厉凶灾，其肯翻然戢志乎？崔杼之繇何如也，彼犹曰嫠也何害，先夫当之矣。

季友将生，桓公使卜楚丘之父卜之，曰："男也。其名曰友，在公之右，间于两社，为公室辅。季氏亡，则鲁不昌。"又筮之，遇大有之乾，法当占"六五，厥孚交如，威如吉。"因占卜已明，但曰"同复于父，敬如君所"。谓乾为君父，离变为乾，故曰同复于父，见敬与君同。此详于卜，略于筮，又是一占法。若以爻辞占，鲁信任季氏最专，交最固，季世秉政最有威，亦与爻辞应也。

赵鞅卜救郑，救郑则当伐宋，卜兆已知不吉。阳虎以《周易》筮之，遇泰之需，《泰·六五》曰："帝乙归妹，以祉元吉。"曰："宋方吉，不可与也。微子启，帝乙之元子也。宋郑，甥舅也。若帝乙之元子归妹而有吉禄，我安得吉？"乃止。此爻辞已明，故不必复论体象。若以体象占泰之悔，坤变坎水在天上，宋，子姓。子是水位，亦为宋吉。

晋献公筮嫁伯姬于秦，遇归妹之睽，嫁女而得归妹，卦与事协矣。归妹之睽，是昏姻而变为寇仇也。爻辞不过曰"女承筐无实，士刲羊无血，无攸利"而已，卦象则有丧师之事。故史苏略述爻辞，详言体象。"震之离，亦离之震，为雷为火，为嬴败姬。车说其輹，火焚其旗，不利行师，败于宗丘。"且云"归妹睽孤，寇张之弧"，此又别一占法。并变卦之爻辞亦占之，归重在睽卦也。若姪其从姑以下，当非卜人之辞耳。晋侯既获，犹得归晋者，实由伯姬登台履薪之请，则先张弧，后说弧，其辞亦应矣。然则嫁伯姬，未为不吉也。惠公曰："先君若从史苏之占，吾不及此。"韩简为言象数之理，明吉凶由人，即不嫁伯姬，亦有此祸。卜筮能知吉凶，不能变吉凶也。

晋公子重耳遇屯之豫，筮史皆曰不吉。谓震动遇坎，险阻闭塞不通，此误也。司空季子占之，二卦皆利建侯。"我命筮曰尚有晋国，筮告我曰利建侯，得国之务，吉孰大焉。"此以其辞之显者占之。而筮不止占辞也，有卦名焉，有贞悔之体象焉，有互卦之体象焉。象有本象，又有他象焉，辞有轻重宾主焉。屯，厚也。豫，乐也。震，为雷，亦为车，为威武，为长子。坎为水，亦为劳。坤为土，亦为母，为顺，为众，为文。屯之辞，“利建侯”，主也，次则“元亨利贞”也。其曰“勿用有攸往”，谓小事不济，一夫之行，其轻者也。豫之辞，“利建侯”，主也。次则“行师”，谓居乐而出威也。占法虽无一定，在占者随时变通，以求合于所占之事，而事亦应之。《易》曰：“变而通之以尽利，鼓之舞之以尽神。”内外传诸占辞，亦有极变通鼓舞之妙者矣。

晋公子黑臀自周归于晋，晋筮立之，遇乾之否，下三爻皆变，曰：“配而不终，君三出焉。”乾变坤，上乾不变，如君有臣以为配也。乾变否，天地不交，三世后子孙不终为君也。三爻有变，故君三出于周。此止论二卦之体象，不引二卦之《彖》辞，又一占法也。

董因筮晋文公，得泰之八，曰：“是谓天地配亨，小往大来，今其时矣。”按：泰之八，犹云艮之八，谓上三阴爻不变，是谓泰之坤也。旧说谓泰无动爻，果无动爻当云遇泰，如遇屯、遇蛊、遇复之例矣。何云泰之八乎？三爻变者，当合二卦《彖》辞占之，此所变者皆内卦，故但以本卦《彖》辞占之。且乾变坤，亦得为天地配也。小往大来，应子圉去而文公来也。今以卦象推之，泰变纯坤，得土有众之象。且《坤·彖》亦与文公事合，“利牝马之贞”，以柔顺为利。如蒲城不校，怀嬴怒，降服而囚是也。“君子有攸往，先迷后得，主利”，如在齐而欲怀安，后始去之是也。“东北丧朋”，如曹、卫、郑不礼。“西南得朋”，如秦、楚、狄皆籍其力也。“安贞吉”则将入国而为君，所谓“乃终有庆”者也。

《易》虽占九六，不占七八，至五爻皆变，惟一爻不动，似留一以待用，亦有可占七八之理。《易》道尚其变也。今掷钱之卦，遇五爻变者，或应于独静之爻，或亦不尽然。蓍卦难以例定，当视其爻辞与事合者用之。如不合，占二卦体象，或互卦与之卦《彖》辞可也。占爻辞者，亦可兼体象与互卦也。穆姜将往东宫，筮遇艮之八，史曰：“是谓艮之随，随其出也。”姜自引

《随》之《象》辞以占，知其无元亨利贞之德，自取恶，何能无咎？必死于此，弗得出。《启蒙》谓法当占随之六二。史妄引《随》之《象》辞以对为非。今考传史以《随》之卦名阿穆姜耳。《象》辞则穆姜自引，盖六二“系小子，失丈夫”，似与通侨如事暗合，故史讳之。穆姜亦不欲引此，聊引《象》辞释之，以解惭耳。然弃位而姣，妇人而与于乱，亦不能言讳矣。然则元亨利贞无咎，其犹南蒯之黄裳元吉，反辞以告乎？非也。南蒯之恶未成，改图犹可以趋吉；穆姜之恶已著，补过亦何能免凶。当不以此反告也。然穆姜废居东宫，所以筮者，冀其犹得出耳。六二之辞，未终其事，仍当以卦之体象断之。雷藏泽中，休息之象也。东宫为震地，雷似可复发声。二至四互艮，从重艮变来，复有艮以止之，虽欲动而不能，所以终不得出也。若四爻变之卦，无留一待用之义，不当以二不变爻占，惟当占体象兼卦名互卦耳。

二爻变，胡氏引陈抟为宋太祖筮，盖遇明夷之离也。此卦与宋事甚有验。宋以火德，而遇明夷，明体有伤矣。四爻、上爻变，六四入于左腹，获明夷之心于出门庭，似言心腹门庭间有内变。上六“不明晦，初登于天，后入于地”，似言太祖初登极后不令终，其应太宗传位之际乎？坤变离，坤为土，离为流离，四上爻变，其应徽、钦失中原而北迁，举族皆流离乎？变重离，似应高宗有建炎之号。离之三至五互兑，兑为金，徽宗所谓日射晚霞金世界者也。二至四互巽，巽东南，其应迁都临安乎？火有木而薪传，巽为木，高宗讳构亦有木，临安所以犹能延祚也。金在重离中，宋何以不能灭金？金不畏火而畏水，火铄而金精，水沉而金没，奇渥温氏来，兑金与泽俱沉矣。然重离互大过，有泽灭木之象，木灭而火熄，宋之大忧也。末主所以有崖山溺海之应乎？火之数，二七合为九，重离有二九，北宋、南宋皆九主，正符之。火之象末锐而成烟，故北有徽、钦，南有瀛国公、益王、卫王。陈图南之筮，岂偶然哉！

变占余义说

《洪范》七稽疑，占筮惟用二，曰贞、曰悔。卦不变者，内卦为贞，外卦为悔。爻有变者，本卦为贞，之卦为悔。然则古人占法，惟占贞悔之体象耳。盖伏羲画卦，有天、地、水、火、雷、风、山、泽之本象，又有他象以广之，又有互体之象以济之，则象亦可以周于用，故曰圣人立象以尽意。卦名不知起于何时，虽曰衰世之意，然观蛊、复之辞，皆连卦名为韵语，则其由来已久。名则有其事，如因饮食而起讼师，似古时已有之，故曰设卦以尽情伪。至于系辞焉以尽其言，则其后来者矣。爻有辞，始于周公，则卦有辞，其始于夏王乎？虽有辞，仍兼体象，亦有专论体象者。言之所传者浅，象之所示者深也。

用互卦象见于传者，观之否，否二至四有艮象，故曰："风为天，于土上，山也。有山之材，而照之以天光。"又曰："若在异国，必姜姓也。姜，太岳之后也，山岳则配天。"屯之豫，屯三至五，豫二至四，皆有艮象，豫三至五，皆有坎象。水在山上为泉源，流而不竭，故曰泉源以资之。互卦与卦同生，四画而成，与四象相交，成十六卦，出于自然，故贞悔体象有不能尽者，往往取验于互象。

杜预云："凡筮者用《周易》，则其象可推。非此而往，则临时占者，或取于象，或取于气，或取于时日旺相，以成其占。若尽附会以爻辞，则构虚而不经。"此说是也。杜解遇复云："复阳长之卦，阳气起子，南行推阴，故曰南国蹙。南国势蹙，则离受其咎。离为诸侯，又为目，阳气激南，有飞矢之象，故曰射其元，王中厥目。此取诸气，取诸象也。岁云秋矣，我落其实而取其材，此取诸时也。"

古人卜筮不过三，卜筮不相袭，恐其渎也。晋献公欲以骊姬为夫人，卜之不吉，筮之吉。岂恶其惑溺渎筮，故不以告与？抑亦如南蒯之占，反辞以谕，而公不悟与？公曰："从筮。"卜人曰："筮短龟长，不如从长。"杜注云："物生而后有象，象而后有滋，滋而后有数。龟象筮数，故龟长筮短。"此理诚有之，不特此也。龟一灼即兆成，筮必十有八变而成卦。且一爻变，其余惟有三十二卦。二爻变，其余惟有十六卦。三爻变，其余惟有八卦。四爻变，止余四。五爻变，止余二。可以臆揣知，不如龟兆之疾速。故《洪范》有龟从筮逆，而无筮从龟逆，亦此意也。然龟虽长，臧会以偻句卜，竟以僭获吉，得为臧氏后。会曰"偻句不余欺也"，则龟亦有时而短。杜氏曰："传言卜筮之验，吉凶由人。"朱子曰："偻句成欺，黄裳亦误。"

《易》于《蒙·彖》戒渎筮，比之《彖》则曰："原筮，元永贞，无咎。"是得吉卦，疑不敢当者，再筮以自审也。然则卦有甚吉，或辞有不明，与事不合，难以占决者，皆当用原筮之法也。此义先儒未言也。

占法有随卜人之解说而应，不必依其本义也。辞凶而卜人善为隐之，如得离之九四，但曰突如其来，如谓目前即有吉事，果以吉应也。《易》固有此理。吉凶应以机，其随卜人之解说而应者，如占科名，而得屯之六三"即鹿无虞，惟入于林中"，其人以为无望矣。卜人曰："非也。即鹿者，即预鹿鸣宴也。无虞者，不必忧虞也。惟入于林中者，仍联捷，得馆选，入于词林之中也。"后果应。又有占科名，遇困之六三，而奇验者，爻辞有"朱绂方来"，后榜名前为朱绂，后为方来，己名在其中间。《易》之巧应乃如此。然则解《易》是一理，占《易》又是一理。解《易》则论某爻有德无德，当位失位，有应无应。若占时则皆无所用之，如以解《易》之理占《易》，则谬矣。或曰："《易》道至尊，如以是言《易》，似儿戏，《易》不已亵乎?"曰："不然。人在气数之中，事应以几，适逢其会，大抵皆然，不必卜筮也。"如一士尝陷缧绁中，后得释，往赴试，适遇演戏，士曰："我试撞戏一出，便知得失矣。"及观戏，遇一大凶事，一犯临刑赴法场，士即急走，曰："我中矣。"人问何故。曰："我犯人也。犯由牌上书犯人一名，非我而谁?"果入彀。凡卜筮有应者，亦即撞戏之理也。吉凶虚象，岂不在人之解说哉!

卜筮之道，先人谋而后鬼谋，事有当行当止，断以义，无事谋诸鬼神也。志曰："圣人不烦卜筮。"又曰："卜以决疑，不疑何卜。"惟事有犹豫，或关重大，乃以筮决之。若琐屑小事，无庸筮也，未来之休咎亦听之。问诸鬼神，多忧多疑，方寸徒增胶扰。《易》曰："君子所居而安者，《易》之序。所乐而玩者，爻之辞。"毕竟观象玩辞之时多，观变玩占之时少。

朱子当庆元时，草奏稿，极陈权奸蔽主之害，激于忠愤之气也。门人恐贾祸，更迭以谏，请以蓍决。乃筮之，遇遁之同人，其辞曰："遁尾厉，勿用有攸往。"朱子默然，乃焚奏章，号遁翁。近世犹有以此事议朱子者，可异也。此时而不用筮，则圣人何为而作《易》?《易》已告之危厉矣，必冒昧以往，其危当不止朱子一人。君子用罔与小人用壮者，当分其咎矣。

筮以蓍，未必得百茎灵蓍也，蒿之类皆可代，即他物亦可代。古人有用茅筳篿者，揲蓍之别法也。今则皆用掷钱占法，民俗通行，尤为简易。百物皆五行之精，不占则已，占则瓦可卜，鸡可卜，投珓抽签，听声测字，皆有可前知之道。揲蓍求卦，重其为神圣之制作耳。问四千九十六卦，焦延寿系之以词，谓之《易林》，非圣人而作《易》，不亦妄乎？曰：不必然也。即今《易》之象爻辞，或吉或凶，岂真有一定不可移之义哉？当时圣人意有所到，即系以此辞，使别有所见，易以他词，未尝不可。卦爻与辞皆活动之物，惟占者之所值。如签有诗，随人所得，故宋时有以《易林》占大事而得奇验者，非《易林》之灵，亦非焦氏之灵，盖造物之灵与人心之灵相合，有时适与辞相值耳。读《易》占《易》者，又当知此理。

卜筮所以教人趋吉避凶，而由事前事后观之，一若吉凶有定数，非人所能违者，何也？事变之来，有非人所意料。如周公使管叔监殷，管叔即以殷畔，其象已见于大宝龟，此诚人事无如何者也。若叔孙豹始生，卜者知其以谗人入，将以馁死，其祸胎于庚宗一宿，此岂可诿之于数乎？崔杼违筮而娶棠姜，非止贪其色也，借棠姜以饵庄公，将行大恶于君也。凶人而天夺之鉴，以棠姜之孤无咎人，其后酿成家祸者，即无咎也。其所据之蒺藜乎？

倚庆封为腹心而济恶，其后灭崔氏者即庆封也。是所谓困于石者乎？家破族灭，妻缢而已从之，爻辞之奇应，未有如此者。凶人而凶终，宜也。若献公、惠公多败德，韩原之战，雄狐见获，犹方薄罚。南蒯有乱心，以险事而占《易》，其不能趋吉也固宜。赵鞅欲伐宋救郑，卜筮皆不吉，正所谓龟、筮共违于人，用静吉，用作凶者。鞅能用静，是以免于败。所谓趋吉避凶者当如此。历观传中诸事，善恶皆由人，岂曰有数哉？叔孙豹事，尤人所易蹈者。《易》曰："忧悔吝者存乎介。"当忧之于几微之间耳。震无咎者存乎悔，如穆姜者，虽欲悔而无由矣。

外篇

凡论图书卦画所包函，推广他事可旁通者，俱载此篇，是为《河》、《洛》之蕴。

河洛精蕴卷之四

河洛未分未變方圖

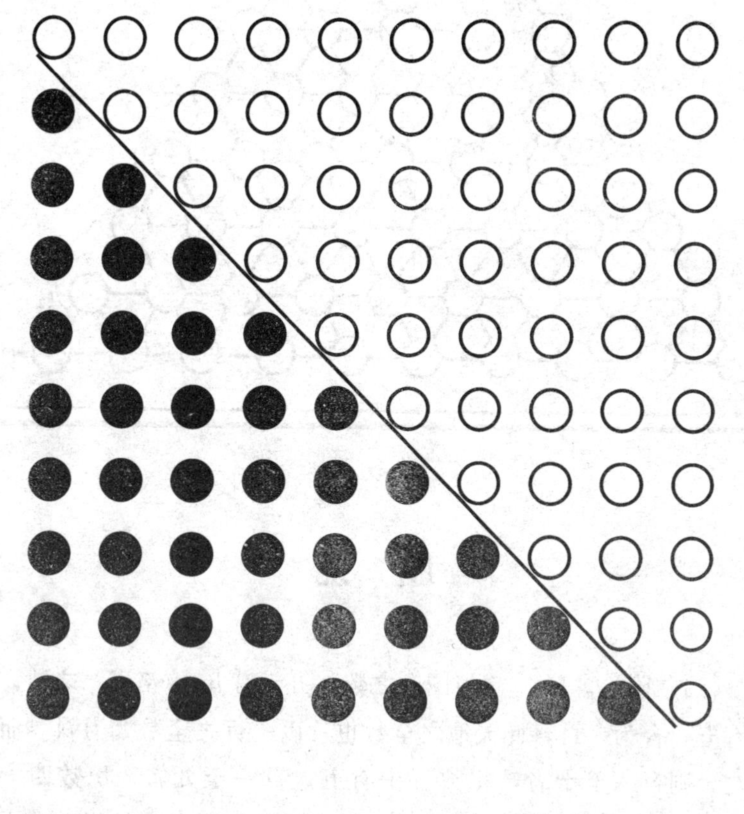

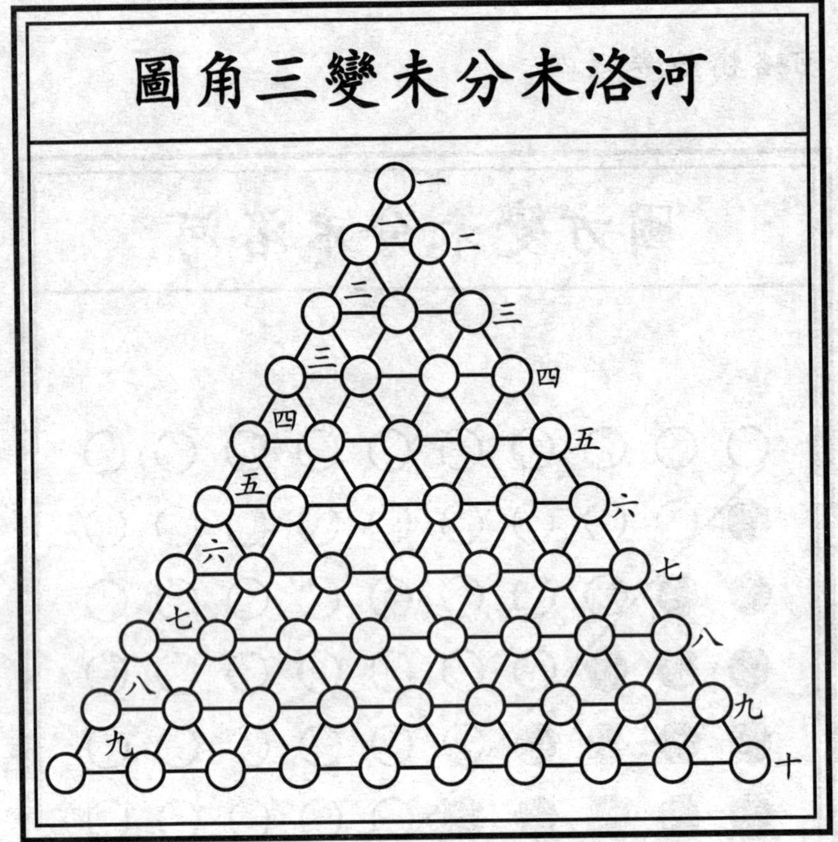

图　说

《启蒙附论》曰："《河图》之数，五十有五，《洛书》之数，四十有五，合为一百，此天地之全数也。以一百之全数，为斜界而中分之，则自一至十者，积数五十有五。自一至九者，积数四十有五。二者相交，而成《河》、《洛》数之两三角形矣。凡积数自少而多，必以三角，而破百数之全方，以为三角，其形不离乎此。"

又曰："《河图》之数，自一至十，《洛书》之数，自一至九，象之已分者也。《图》则生数居内，成数居外，《书》则奇数居正，偶数居偏，位之已变者也。如前图破全方之百数，以为

《河》、《洛》二数。又就点数十位中函幂形之九层，以为《河》、《洛》合一之数，则虽其象未分，其位未变，而阴阳相包之理、三极互根之道，已粲然默寓于其中矣。”

又曰：“《河图》、《洛书》，出于两时，分为两象，今反一图括之可乎？曰：十中函九，故数终于十而位止于九，此天地自然之纪，而图、书所以相经纬而未尝相离也。非有十者以为之经，则九之体无以立。非有九者以为之纬，则十之用无以行。不知图、书之本为一者，则亦不知其所以二矣。或曰《河图》、《洛书》，有定位矣。今以为有未变者何与？曰：《易大传》之言《河图》也，曰：天一地二、天三地四、天五地六、天七地八、天九地十。顺而数之，此其未变者也。又曰：天数五，地数五，五位相得而各有合。分而置之，此其定位者也。如《易》卦一每生二，以至六十有四，则其未变者也。乾南坤北，离东坎西，则其定位者也。不知未变之根，则亦不足以识定位之妙矣。”

谨按：《河图》、《洛书》，本同根源，因已分而推未分，因已变而推未变，天地人物莫不皆然。如人之始胎，五官百骸之位置已先具。鸟之方卵，头足尾翼之形象已先生。一粒之粟，而根茎苗穗含于布种之初。一核之仁，而本干枝叶肇于方萌之始。由是而推，天之日月星辰，地之岳渎湖海，不有默定于冯冯翼翼之先者乎？此皆《河》、《洛》未分未变之理也。既分既变，而万事万物又有无穷之变化，皆包括其中矣。先儒言《易》之蕴，未推及此，特录此二图为外篇之首。又有点数应《河图》十位，幂数应《洛书》九位，各二图，今略之。

《洛书》二八必交始成造化说

《洛书》之二八，先天八卦之巽、震也。试使二居东北，八居西南，则自北而东南，一、二、三、四居之，自西北而正南，六、七、八、九居之，五居中以接乎四与六焉。自少而多一至九，自多而少九至一，岂不顺序？其卦则震、巽易位，在左者由坤母而长女、中女、少女，在右者自乾父而长男、中男、少男，亦为顺序，然不成造化矣。《洛书》之数，则不能使纵横斜角皆十五点。卦画之象，则一阳在下者杂于阴仪，一阴在下者杂于阳仪，故造化之理，必有交易，始成其为造化。其交易者，二巽居西南，八震居东北，即男女构精，万物化生之道也。八卦皆有男女之象，独长男、长女，为人道所以始。盖艮、兑者，初生之男女，未有知识者也。坎、离者，毁齿之男女，天癸未通者也。乾、坤者，既老之男女，不能生育者也。惟震、巽如男之二八，女之二七，天癸既通，精血始成。于是相火与风木相合，少阳与厥阴相随，而人道生生不息焉。皆由二八之相交，此造化自然之理也。雷风相薄，万物化生，巽而动，刚柔皆应，谓之恒，天道之所以恒久不已也。然则生机由相火之动，震木实相火之体，命门为相火之宅，巽木亦相火所寄，人身既由此火而生，亦由此火而灭，可不慎保其有生之真元哉？

后天则艮、坤之位也，坎水之后，继以燥土，离火之后，继以湿土，亦是二八相易。

先天为《序卦》之根说

《启蒙附论》曰："先天图者，《序卦》之根也。《序卦》之法，以两卦相对为义。有相对而翻覆不可变者，乾、坤、坎、离、颐、大过、中孚、小过是也。有相对而翻覆可变者，屯、蒙以后，既、未济以前，五十六卦皆是也。就五十六卦之中，则翻覆而二体不易者十二卦，需、讼、师、比、泰、否、同人、大有、晋、明夷、既济、未济也。翻覆而二体皆易者十二卦，随、蛊、咸、恒、损、益、震、艮、渐、归妹、巽、兑也。其翻覆而止于一体易者三十二卦，则自屯、蒙至涣、节，皆是也。盖翻覆而不可变者，法八卦之乾、坤、坎、离也。翻覆而可变者，法八卦之震、艮、巽、兑也。就翻覆可变之中，其二体不易者，又皆乾、坤、坎、离相交者也。其一体不易者，亦皆交于乾、坤、坎、离者也。惟震、艮、巽、兑相交之卦，则二体皆易焉。颐、中孚、大过、小过，虽为震、艮、巽、兑相交之卦，而翻覆不可变者。

颐、中孚具离之象，大过、小过具坎之象也。故《序卦》以之附于坎、离、既济、未济，为其具离、坎之象焉耳。”

“先天图八卦两两相对，《序卦》之根也。乾与坤对，坎与离对，震与巽对，艮与兑对，相对而不相变，所以定《序卦》之体也。然既相对，则必相交。四正之卦相交，则虽翻覆而其体不易。四维之卦相交，则翻覆而其体遂易矣。若四正之卦与四维之卦杂交，则易者半，不易者半，所以极《序卦》之用也。是故天地定位，《上经》所以始于乾、坤，中于否、泰也。山泽通气，雷风相薄，《下经》所以始于咸、恒，中于损、益。水火不相射，上下经所以终于坎、离、既济、未济也。”

《折中》曰：“卦之所以序者，必自有故，而孔子以义次之。就其所次，亦足以见天道之盈虚消长，人事之得失存亡，国家之兴衰理乱。然须知若别为之序，则其理亦未尝不相贯。如蓍筮之法，一卦可变为六十四卦，随其所遇，而贞与悔皆可以相生，然后有以周义理而极事变，故曰天下之能事毕也。孔子盖因《序卦》之次以明例，所以举其一隅焉尔。神而明之，则知《易》道之周流而趋时无定，且知筮法之变通而触类可长，此义盖《易》之旁通至极处也。”详见《序卦明义》，今不录。

谨按：《序卦》者，《周易》之序也。若夏《易》名《连山》而首艮，则有成终成始之义，而他卦别有其序矣。商《易》名《归藏》而首坤，则有以下为基，以冬为始，以藏为根之义，而他卦又别有其序矣。可知《易》道趋时无定，变通无穷，故曰《易》不可为典要也。《折中》此条，诚为《易》之旁通至极处，一部《易》皆当如此看可也。

《序卦》以乾、坤为始，以既济、未济为终。而互卦至末，惟有乾、坤、既济、未济四卦，宇宙始终之理也。不终于既济，而终于未济，所谓物不可穷，终则始也。先儒有前瞻无始，后穷无终之说，果尔则上下两篇，何为皆以有天地发端乎？有者，始有之辞也，有始则必有终矣。但天地始终之数，当非人所能测。邵子《皇极经世》，一家之言，存而不论可也。

三十六宫圖

乾　坤　屯（蒙）　需（訟）　師（比）　小畜（履）

泰（否）　同人（大有）　謙（豫）　隨（蠱）　臨（觀）　噬嗑（賁）

剝（復）　无妄（大畜）　頤　大過　坎　離

咸（恒）　遯（大壯）　晉（明夷）　家人（睽）　蹇（解）　損（益）

夬（姤）　萃（升）　困（井）　革（鼎）　震（艮）　漸（歸妹）

豐（旅）　巽（兌）　渙（節）　中孚　小過　既濟（未濟）

三十六宫说

邵子诗云："乾遇巽时为月窟，地逢雷处见天根。天根月窟间来往，三十六宫都是春。"所谓三十六宫，即六十四卦也。上经三十卦，不可反易者六卦，乾、坤、颐、大过、坎、离。可反易者二十四卦，半之十二卦，六加十二，凡十八卦。下经三十四卦，不可反易者二卦，中孚、小过。可反易者三十二卦，半之十六卦，二加十六，亦十八卦。合之三十六卦。以六十四卦横图圆图分之，阳仪阴仪不可反易者，各四卦，其余相对适均，合之亦三十六也。若以八卦言之，凡一奇为一画，一偶为二画，总计之，奇十二，偶二十四，合之亦三十六也。揲蓍挂扐之策象之，三变之余，去其初挂之一，老阳十二，象乾之三画而四因之也，老阴二十四，象坤之六画而四因之也，少阴十六，象巽、离、兑之四画，而四因之也，少阳二十，象震、坎、艮之五画，而四因之也。三十六者，四九之数也。八卦奇偶相对，而计其画，乾与坤，震与巽，坎与离，艮与兑，皆得九，此三十六宫之又一说也。

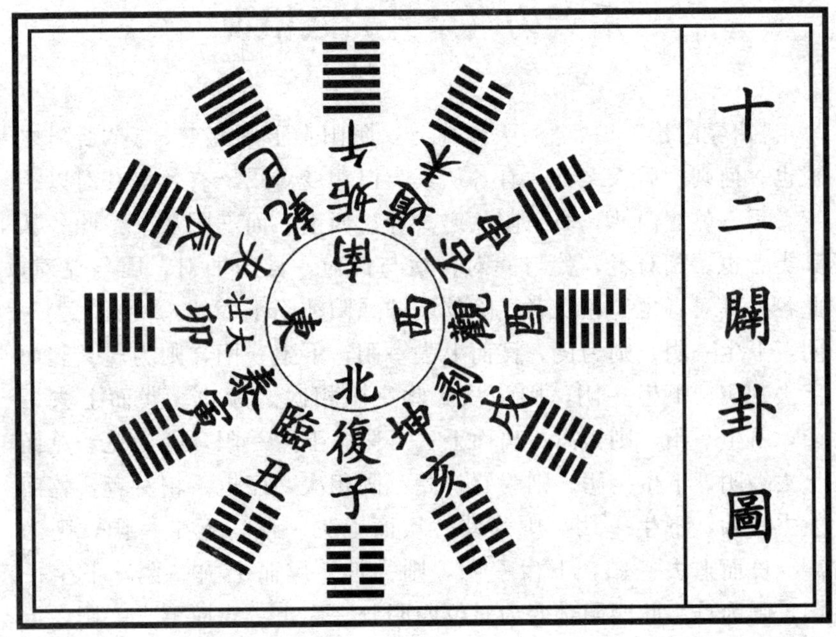

十二辟卦说

辟，君也。阴阳消长进退，一月各有一卦为君也。一阳为复，十一月。二阳为临，十二月。三阳为泰，正月。四阳为大壮，二月。五阳为夬，三月。六阳为乾，四月。一阴为姤，五月。二阴为遁，六月。三阴为否，七月。四阴为观，八月。五阴为剥，九月。六阴为坤，十月。此十二辟卦，虽始于《京房易传》，然以卦配月，经文已言之。“临至八月有凶”，临为十二月之卦，二阳四阴，临反为观，观为八月，四阴二阳，阴阳有胜复之理，故至于八月而凶也。古人以夏四月为正月，谓正阳之月也。正阳为纯阳，故四月为乾。其他剥、复、夬、姤，皆取阴阳消长为义。《复》“先王以至日闭关”，是十一月为复。其言“七日来复”，谓自姤卦一阴始生，至此七爻，而一阳来复，又以一爻当一日，此别一义也。汉儒言卦气，又有公侯卿大夫之卦，则无意义矣。

后天为《杂卦》之根说

《启蒙附论》曰：“后天图八卦，阴阳上下画互变，《杂卦》之根也。何则？后天之卦，有各从其类以相变者焉，有各得其对以相变者焉。乾居西北，而三阳从之。坤居西南，而三阴从之。此各从其类者也。相对者，乾与巽对，坎与离对，艮与坤对，震与兑对，此各得其对者也。相从者，除乾、坤纯阳纯阴不变外，坎而上去一阴，下生一阴，则为艮。艮而上去一阳，下生一阳，则为震。震而上去一阴，下生一阴，则为坎。此三阳相次之序也。巽而上去一阳，下生一阳，则为离。离而上去一阳，下生一阳，则为兑。兑而上去一阴，下生一阴，则为巽。此三阴相次之序也。相对者，乾而上去一阳，下生一阴，则为巽。坎而上去一阴，下生一阳，则为离。艮而上去一阳，下生一阴，则为坤。震而上去一阴，下生一阳，则为兑。此四阳卦变为对位四阴卦之序也。巽而下去一阴，上生一阳，则为乾。离而下去一阳，上生一阴，则为坎。坤而下去一阴，上生一阳，则为艮。兑而下去一阳，上生一阴，则为震。此四阴卦变为对位四阳卦之序也。然寻其对位相变之根，则又自父母、男女、长少而来。盖四阴卦兑为最少，离为中，巽为长，坤为老。四阳卦艮为最少，坎为中，震为长，乾为老。凡变者自少而老，故兑而上去一阴，下生一阳，则变为乾矣。离而上去一阳，下生一阴，则变为坎矣。巽而上去一阳，下生一阴，则变为艮矣。坤而上去一阴，下生一阳，则变为震矣。四阳卦之变，自阴而来，故又变而为对位之四阴也。艮而下去一阴，上生一阳，则变为巽矣。坎而下去一阴，上生一阳，则变为离矣。震而下去一阳，上生一阴，则变为坤矣。乾而下去一阳，上生一阴，则变为兑矣。四阴卦之变，自阳而来，故又变而为对位之四阳也。”

谨按：后天八卦，虽曰乾统三男，坤统三女，而所以统者不同。乾则居首，而三男从之。坤不居首，亦不居尾，而在中女、少女之间。于是乾对长女，坤对少男，而长男亦对少女，惟中女正对中男，此其错综变化之妙，由先天八卦变易而来。五行则水火相对，阳土阴土自相对，阳金则对阴木，阴金则对阳木也。此以卦画推之，上去一画，下生一画。阴阳同类者，仍以类从。如上下异类者，则得其对方异类之卦。于是乾的对巽，坎的对离，艮的对坤，震的对兑，自成后天之配偶。又以四阴卦之少、中、长、老，而得四阳卦之乾、坎、艮、震。四阳卦之少、中、长、老，而得四阴卦之巽、离、坤、兑，又自成后天阴阳之次序。四阴卦之少、中、长、老，即《河图》之四、三、二、一也。上去一画，下生一画，即为乾、坎、艮、震之根。四阳卦之少、中、长、老，即《河图》之六、七、八、九也。下去一画，上生一画，即为巽、离、坤、兑之根。错综变化之妙又如此，皆千古所未发明也。

《杂卦》即互卦也。互卦之法，或上去一画，而下生一画；或下去一画，而上生一画，则其体遂变矣。互体所成，凡十六卦，其阳卦从阳卦，阴卦从阴卦者八，乾、坤、颐、大过、蹇、解、家人、睽也。其阳卦交阴卦，阴卦交阳卦者亦八，剥、复、夬、姤、渐、归妹、既济、未济也。以交互之法求之，乾而上去一阳，下生一阳，或下去一阳，上生一阳，仍是乾矣。坤而上去一阴，下生一阴，或下去一阴，上生一阴，仍是坤矣。惟震而上去一阴，下生一阴，则变为坎，下去一阳，上生一阳，则变为艮。巽而上去一阳，下生一阳，则变为离，下去一阴，上生一阴，则变为兑。坎而上去一阴，下生一阴，则变为艮，下去一阴，上生一阴，则变为震。离而上去一阳，下生一阳，则变为兑，下去一阳，上生一阳，则变为巽。艮而上去一阳，下生一阳，则变为震，下去一阴，上生一阴，则变为坎。兑而上去一阴，下生一阴，则变为巽，下去一阳，上去一阳，则变为离。此八变者皆阳得阳卦，阴得阴卦。故乾之变，则乾也。坤之变，则坤也。震之变，则雷水解也，山雷颐也。巽之变，则风火家人也，泽风大过也。坎之变，则水山蹇也，雷水解也。离之变，则火泽睽也，风火家人也。艮之变，则山雷颐也，水山蹇也。兑之变，则泽风大过也，火泽睽也。皆因其能相变，故能相合也。又乾而上去一阳，下生一阴，则变为巽，下去一阳，上生一阴，则变为兑。坤而上去一阴，下生一阳，则变为震，下去一阴，上生一阳，则变为艮。震而上去一阴，下生一阳，则变为兑，下去一阳，上生一阴，则变为坤。巽而上去一阳，下生一阴，则变为艮，下去一阴，上生一阳，则变为乾。坎而上去一阴，下生一阳，或下去一阴，上生一阳，皆变为离。离而上去一阳，下生一阴，或下去一阳，上生一阴，皆变为坎。艮而上去一阳，下生一阴，则变为坤，下去一阴，上生一阳，则变为巽。兑而上去一阴，下生一阳，则变为乾，下去一阳，上生一阴，则变为震。此八变者，皆阳得阴卦，阴得阳卦。故乾之变，则天风姤也，泽天夬也。坤之变，则地雷复也，山地剥也。震之变，则雷泽归妹也，地雷复也。巽之变，则风山渐也，天风姤也。坎之变，则既济也，未济也。离之变，则未济也，既济也。艮之变，则山地剥也，风山渐也。兑之变，则泽天夬也，雷泽归妹也。亦皆因其能相变，故能相合也。《易》互卦之法尽于此，此其卦所以止于十六也。

谨按：画卦至四画，始有十六互卦之象。此则就三画卦去一画生一画，反覆推之，而十六卦已定于此，是又为互卦搜寻根源，古今所未发者也。

合而观之，凡阳卦相变者，震变坎艮也，坎变震、艮也，艮又变震、坎也。凡阴卦相变者，巽变离、兑也，离变巽、兑也，兑又变巽、离也。凡阳卦变阴卦者，乾变巽、兑也，震变坤、兑也，坎变离也，艮变坤、巽也。凡阴卦变阳卦者，坤变震、艮也，巽变乾、艮也，离变坎也，兑变乾、震也。《易》中所谓互卦者，止于此。而其错综次序，皆具于后天也。”以互卦推《杂卦传》，详见《杂卦明义》。

互卦说

《启蒙》曰：“八卦之上各生一奇一偶，而为四画者十六，于经无见，邵子所谓八分为十六者是也。又为两仪之上，各加八卦，又为八卦之上，各加两仪也。”

《折中》曰：“四画十六者，为八卦之上，各加两仪，又为四象之上，各加四象也。于经虽无见，然及六十四卦既成之后，以其自二至五，四爻互之，或自初至四，或自三至上，或自四而又至初，或自五而又至二，或自上而又至三，错综颠倒互之，皆得乾、坤、既济、未济、剥、复、夬、姤、渐、归妹、大过、颐、解、蹇、睽、家人诸卦，适合十六卦之数，孔子于《杂卦》发其端矣。汉儒互卦之说，盖本诸此也。邵子诗云：‘四象相交成十六事。’即以此四画者为四象相交者尔。学者误以上文天地否泰十六卦当之，失其指矣。”

谨按：邵子之诗，本为方图而作，以八卦与否、泰、损、咸、恒、益、既济、未济为十六事。四象者，天地为一象，山泽为一象，雷风为一象，水火为一象，此四象犹云四类尔。相交者，四隅斜对相交也，此邵子之本意。若两仪生四象，邵子谓阴阳刚柔为四象，与今说二老二少原不同，则非谓十六互卦也。今推出十六互卦之妙，则发先儒所未发者也。

《启蒙》曰：“四画之上，各生一奇一偶，而为五画者三十二，邵子所谓十六分为三十二者是也。又为八卦之上，各加八卦，又为八卦之上，各加四象也。”

《折中》曰：“五画三十二者，自初至三，可互一卦。自三至五，又可互一卦。六十四卦既成之后，依此法错综颠倒互之，则得复、姤、颐、大过、屯、鼎、恒、益、丰、涣、坎、离、蒙、革、同人、师、临、遁、咸、损、节、旅、中孚、小过、大壮、观、大有、比、夬、剥、乾、坤诸卦，亦适合三十二之数。先儒亦有以是说互卦者，如损、益皆互颐，颐象离为龟，故损、益二五言十朋之龟之类。”

谨按：五画又有互法，而以四画互十六卦者为主，此为四象加八卦，八卦加四象，彼为四象自相交也。

四象相交为十六卦图

互成复	互成颐	互成既济	互成家人	互成归妹	互成睽	互成夬	互成乾
少阴交太阴	少阴交少阳	少阴交少阴	少阴交太阳	太阳交太阴	太阳交少阳	太阳交少阴	太阳交太阳

互成坤	互成剥	互成蹇	互成渐	互成解	互成未济	互成大过	互成姤
太阴交太阴	太阴交少阳	太阴交少阴	太阴交太阳	少阳交太阴	少阳交少阳	少阳交少阴	少阳交太阳

图 说

《杂卦明义》曰："此互卦之根也，惟其方成四象时，所互有此十六卦，故六十四卦成后，以中爻互之，只此十六卦。即以六爻循环互之，亦只此十六卦。四画互成十六卦，又以其中二画观之，则互乾、坤、剥、复、大过、颐、姤、夬者，皆中二爻为太阳、太阴者也。互渐、归妹、解、蹇、睽、家人、既济、未济者，皆中二爻为少阳、少阴者也。故十六卦归于四象而已。"

谨按：《系辞传》言"杂物撰德，辨是与非，则非其中爻不备"，而中四爻所成十六互卦，与卦画同体，与两仪四象同原。汉儒以互卦说《易》，后人谓其穿凿，然互卦为本卦之变体，可资占筮之用，《春秋》内外传有明征矣。

六十四卦中四爻互卦图

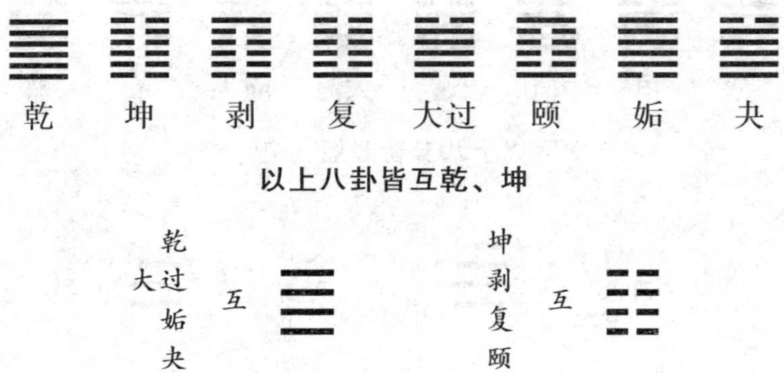

解　蹇　睽　家人　渐　归妹　既济　未济

以上八卦皆互既济、未济

解
睽
归妹
未济
互

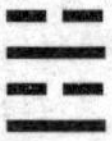

蹇
家人
渐
既济
互

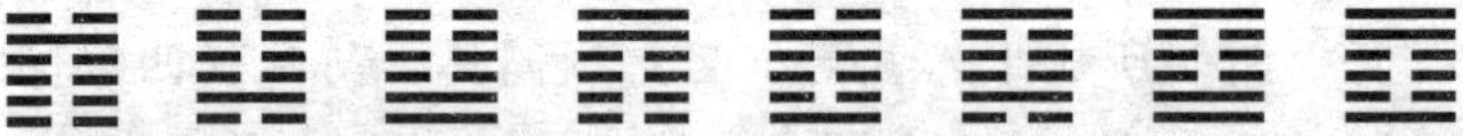

比　师　临　观　屯　蒙　损　益

以上八卦皆互剥、复

比
观
屯
益
互

师
临
蒙
损
互

咸　恒　大壮　遁　大有　同人　革　鼎

以上八卦皆互姤、夬

咸
遁
同人
革
互

恒
大壮
大有
鼎
互

大畜　无妄　萃　升　随　蛊　否　泰

以上八卦皆互渐、归妹

无妄
萃
随
否
互

大畜
升
蛊
泰
互

涣　节　小过　中孚　丰　旅　离　坎

以上八卦皆互大过、颐

小过
丰
旅
离
互

涣
节
中孚
坎
互

震　艮　谦　豫　噬嗑　贲　晋　明夷

以上八卦皆互解、蹇

艮
谦
贲
明夷
互

震
豫
噬嗑
晋
互

兑　巽　井　困　小畜　履　需　讼

以上八卦皆互睽、家人

巽井小畜需　互

兑困履讼　互

十六卦互成四卦图

乾仍互乾　　渐　互未济

坤仍互坤　　归妹互既济

剥　互坤　　解　互既济

复　互坤　　蹇　互未济

大过互乾　　睽　互既济

颐　互坤　　家人互未济

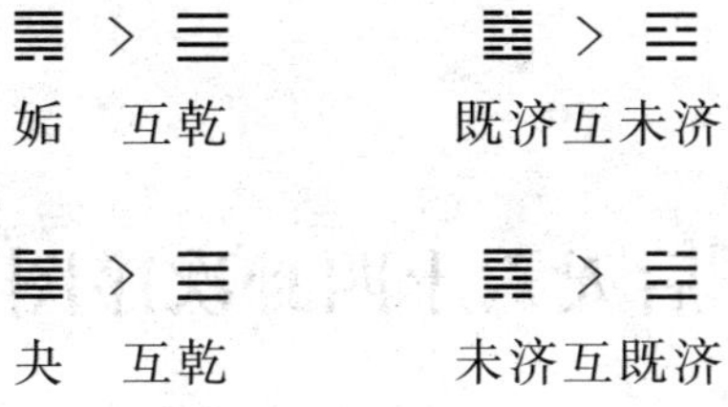

䷫ > ䷀　　　䷾ > ䷿

姤　互乾　　　既济互未济

䷪ > ䷀　　　䷿ > ䷾

夬　互乾　　　未济互既济

图　说

《杂卦明义》曰："互乾、坤、既济、未济之十六卦，即诸卦之所互而成者也。故十六卦又只成乾、坤、既济、未济四卦，犹十六卦之归于四象也。盖四象即乾、坤、既济、未济之具体。故以太阳三叠之即乾，以太阴三叠之即坤，以少阴三叠之即既济，以少阳三叠之即未济。乾、坤、既济、未济，统乎《易》之道矣，故《序卦》、《杂卦》皆以是终始焉。"

谨按：文王之《易》，以乾、坤始，以既济、未济终。六十四卦互之，其究亦归于四卦，即宇宙终始之理也。四卦又以乾、坤为体，既济、未济为用。乾、坤互之常不变，既济、未济互之常循环，终则有始也。要之总归于《河图》之四象，以二太立不易之体，以二少为交易变易之用，实则天地水火四物而已。

后天六十四卦次序图

乾为天	天风姤	天山遁	天地否
风地观	山地剥	火地晋	火天大有皆属阳金
坎为水	水泽节	水雷屯	水火既济
泽火革	雷火丰	地火明夷	地水师皆属水
艮为山	火山贲	山天大畜	山泽损
火泽睽	天泽履	风泽中孚	风山渐皆属阳土
震为雷	雷地豫	雷水解	雷风恒
地风升	水风井	泽风大过	泽雷随皆属阳木
巽为风	风天小畜	风火家人	风雷益
天雷无妄	火雷噬嗑	山雷颐	山风蛊皆属阴木
离为火	火山旅	火风鼎	火水未济
山水蒙	风水涣	天水讼	天火同人皆属火
坤为地	地雷复	地泽临	地天泰
雷天大壮	泽天夬	水天需	水地比皆属阴土
兑为泽	泽水困	泽地萃	泽山咸
水山蹇	地山谦	雷山小过	雷泽归妹皆属阴金

图 说

此后天八宫之卦，所以致用者也。先天八宫，其贞皆本宫卦，其悔皆先天横图之序。此所以立体，非所以致用。盖《易》道尚其变，下卦皆同，上卦皆顺序则无变，无变则不能致用，此则从先天八卦变出致用之法，以变爻为主，其变自下而上，大约如十二辟卦之法而有不同。

盖辟卦惟用乾、坤二卦，以十二卦配十二月。剥变则为纯坤，夬变则为纯乾。此则山地剥之后，退下一爻为四爻变，火地晋。又退下一爻，归其本宫，为三爻变，火天大有。则中间六卦，皆属之乾矣。泽天夬之后，退下一爻为四爻变，水天需。又退下一爻，归其本宫，为三爻变，水地比。则中间六卦，皆属之坤矣。他宫皆仿此变法，皆自然之理。

以变爻为主，则可以定世应，以象人事之有彼我矣。八宫皆依八卦之五行，则六十四卦皆有所属矣。四十八爻分布干支，以五行生克分六亲，以六亲该万事，而可以周无穷之用矣。

又以三钱代四十九蓍，以备四象，以六掷代十八变，尤为简易。此四圣以后，用《易》之别法，始见《京房易传》，未详始自何人，实后人补前人未备之一端也。

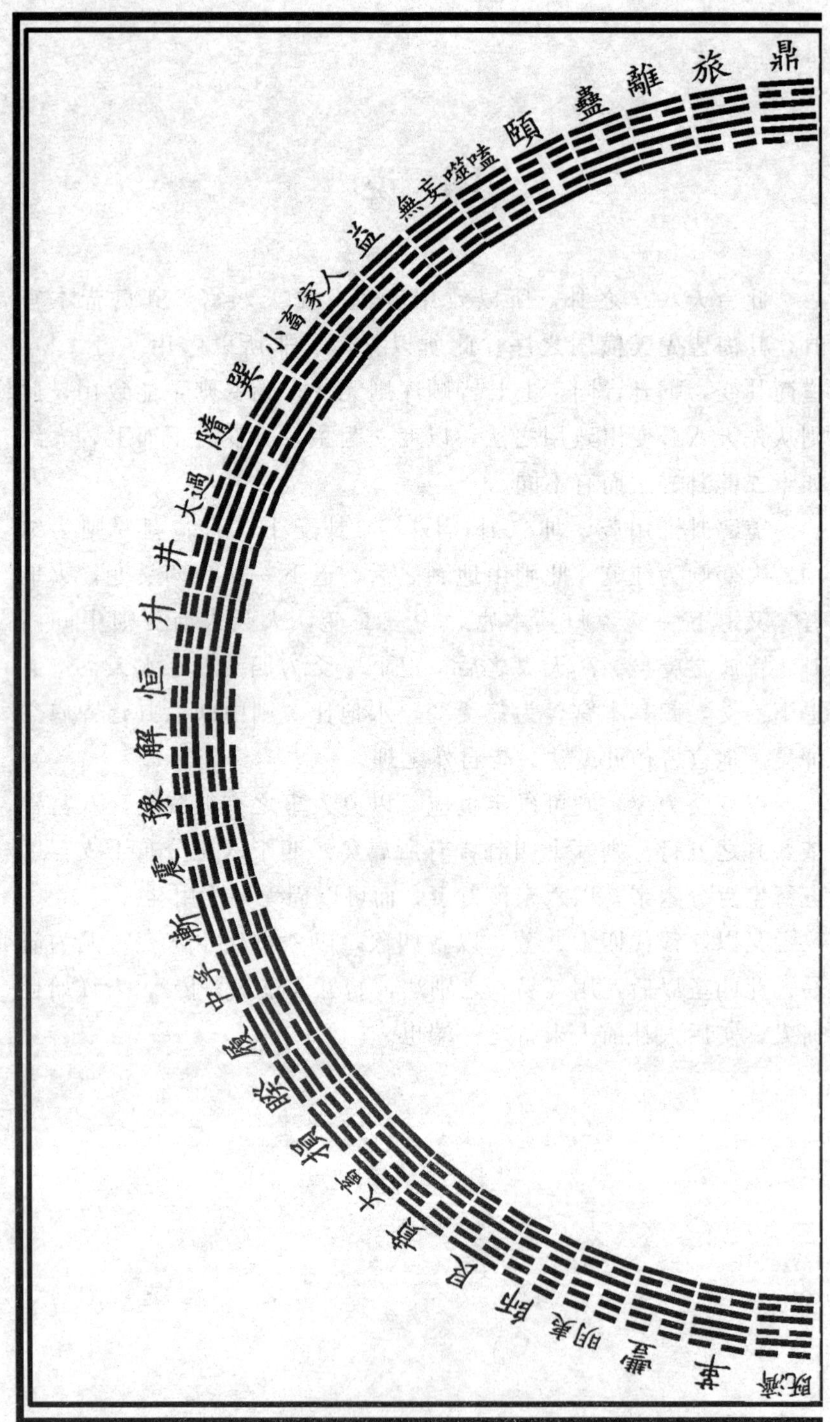

鼎
旅
離
蠱
頤
噬嗑
無妄
益
家人
小畜
巽
隨
大過
井
升
恒
解
豫
震
漸
中孚
履
睽
損
大畜
復
臨
明夷
鼎
坤
既濟

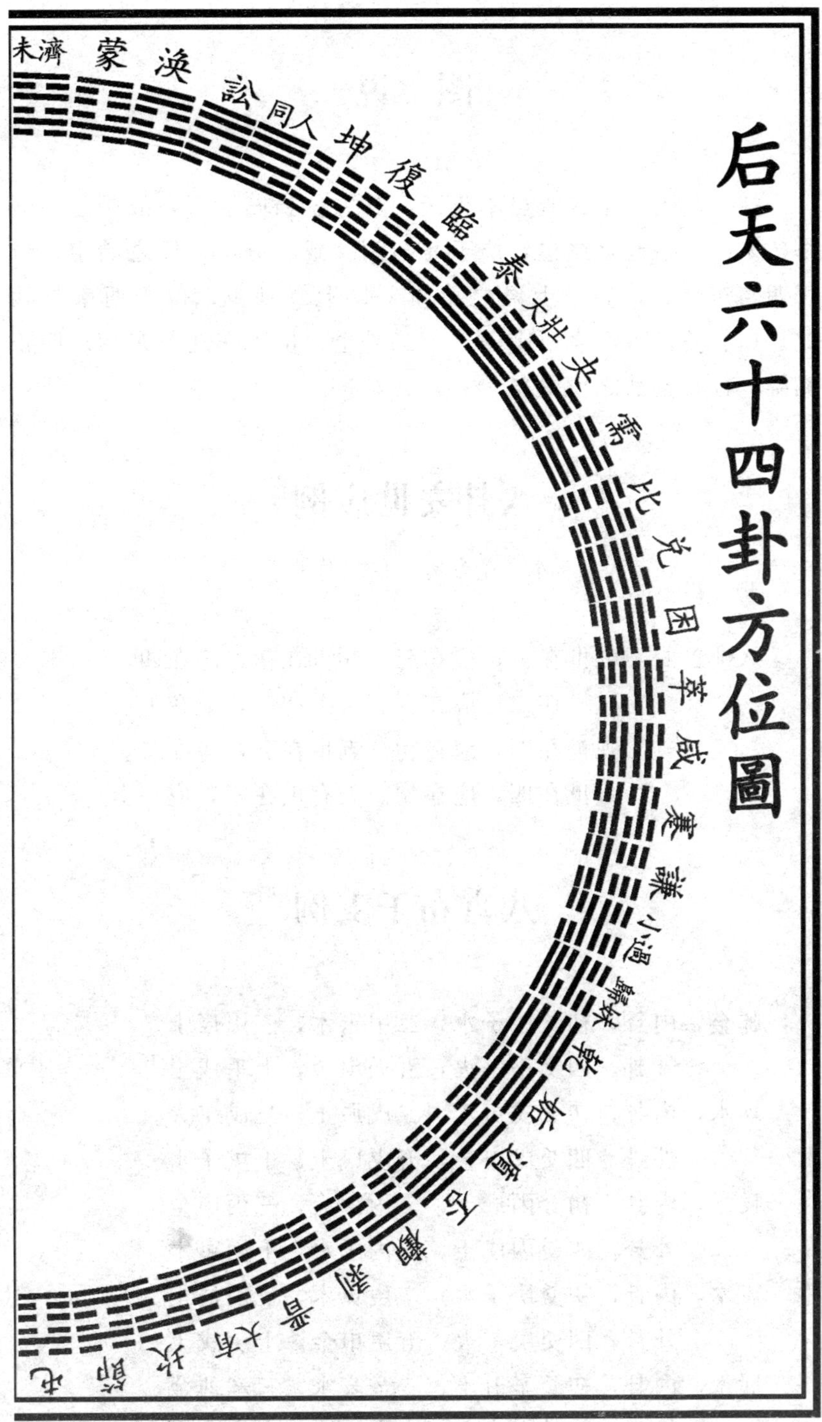
后天六十四卦方位圖
未濟
蒙
渙
訟
同人
坤
復
臨
泰
大壯
夬
需
比
兌
困
萃
咸
蹇
謙
小過
歸妹
乾
姤
遯
否
觀
剝
晉
大有
坎
節
屯

图　说

按：后天六十四卦虽本先天，其方位当归后天，故图之。既济、未济，下经之终也，位于北与南。咸、恒，下经之始也，位于西与东。泰、否，上经之第十一、十二卦也，位于西南与西北。损、益，下经之第十一、十二卦也，位于东北与东南。四正相维，皆有自然之位置矣。

八卦安世应例

举乾宫为例，他宫仿此。

八纯首卦　乾世在上，应在三。姤世在初，应在四。
遁世在二，应在五。否世在三，应在上。
观世在四，应在初。剥世在五，应在二。
晋世在四，应在初。大有世在三，应在上。

八宫布干支例

乾金，内卦，初爻甲子水，二甲寅木，三甲辰土。
外卦，四爻壬午火，五壬申金，上壬戌土。
坎水，内卦，初爻戊寅木，二戊辰土，三戊午火。
外卦，四爻戊申金，五戊戌土，上戊子水。
艮土，内卦，初爻丙辰土，二丙午火，三丙申金。
外卦，四爻丙戌土，五丙子水，上丙寅木。
震木，内卦，初爻庚子水，二庚寅木，三庚辰土。
外卦，四爻庚午火，五庚申金，上庚戌土。
巽木，内卦，初爻辛丑土，二辛亥水，三辛酉金。
外卦，四爻辛未土，五辛巳火，上辛卯木。

离火，内卦，初爻己卯木，二己丑土，三己亥水。
外卦，四爻己酉金，五己未土，上己巳火

坤土，内卦，初爻乙未土，二乙巳火，三乙卯木。
外卦，四爻癸丑土，五癸亥水，上癸酉金。

兑金，内卦，初爻丁巳火，二丁卯未，三丁丑土。
外卦，四爻丁亥水，五丁酉金，上丁未土。

八宫支神属六亲例

五类并己身为六亲

乾、兑宫卦：以土为父母，金为兄弟，水为子孙，
木为妻财，火为官鬼。

艮、坤宫卦：以火为父母，土为兄弟，金为子孙，
水为妻财，木为官鬼。

震、巽宫卦：以水为父母，木为兄弟，火为子孙，
土为妻财，金为官鬼。

坎宫卦：以金为父母，水为兄弟，木为子孙，
火为妻财，土为官鬼。

离宫卦：以木为父母，火为兄弟，土为子孙，
金为妻财，水为官鬼。

飞伏例

凡六亲有不上卦者，于本宫首卦寻之，谓之伏。伏于某爻之下谓之飞，伏与飞论生克。

变卦六亲例

凡变卦支神，与本卦所属五行论六亲。

掷钱例

凡钱以背为阳，面为阴。

三背为重，以“○”记爻。

三面为交，以“×”记爻。

一背两面为单，以“—”记爻。从省则作一点“、”。

一面两背为拆，以“--”记爻，从省则作两点“、、”。

“○”为老阳，变少阴“、、”。

“×”为老阴变少阳“、”。

总　说

附八曜杀说

此以世、应、五行、六亲，参之时令、月日、旬空、月破诸法，断事之休咎。其乾纳甲壬，坤纳乙癸，艮纳丙，兑纳丁，坎纳戊，离纳己，震纳庚，巽纳辛。此六画卦之纳法，与三画异也。爻虽布干支，惟重支，不重干，干同而支异也。或用本日之干，起青龙、朱雀、勾陈、螣蛇、白虎、玄武，谓之六神，视所占事当用者用之，否则勿论。盖六神之美恶无权，地支之生克有权也。各宫第七卦谓之游魂，第八卦谓之归魂，然吉凶不系于此。此法与揲蓍异，则不可以彖、爻辞参之，美恶亦不系于卦名也。占法别有《卜易圆机》详之。

又地理家有八曜杀之说，亦出于六亲之卦。如乾卦四爻午火为官鬼，火克金，故为杀。八纯卦有八杀，诀曰：“坎龙坤兔震山猴，巽鸡乾马兑蛇头。艮虎离猪为八杀，墓宅逢之立便休。”凡来龙坐山俱忌见之，主犯刑戮。叶九升云：“坎宫有二鬼爻，戌亦坎宫曜杀也。”

河洛精蕴卷之五

卦变说

《易》有三，夏曰《连山》，以艮为首。商曰《归藏》，以坤为首。夏《易》艮之后不可考，商《易》则坤之后继以乾。孔子所谓吾得坤、乾，又曰："坤、乾之义，吾以是观之"者也。文王演《易》，以为《易》道尚其变，不必拘守一义。以坤先乾者，自卑而高之义；以乾先坤者，天尊地卑之常。且臣不可先君，妇不可先夫，是以易坤、乾为乾、坤，此演《易》开篇第一义也。乾、坤之后次屯，屯之文屮出地而屈其下，象勾萌之始达，为万物之始生，诚当以此次乾、坤。伏羲画卦，阴阳奇偶必相对，此不易之体也。使如乾、坤之例，离必对坎，巽必对震，则水雷屯之后，将继以火风鼎乎？文王以为此对待之体，非流行之用，不可以为《易》。天道人事皆有反复往来之理，故当兼反对二义。不可反者以对为序，可反者虽有相对之理，必以相反为序。伏羲画卦，不可反易者，乾、坤、坎、离。可反易者，震、艮、兑、巽。六十四卦，不可反易者，乾、坤、颐、大过、坎、离、中孚、小过。可反易者，屯、蒙以后五十六卦。乾、坤、坎、离为上篇之始终，颐似离，大过似坎者附之。又有可反而阴阳奇偶即相对者，惟既济、未济二卦，则以为下篇之终。而中孚似离，小过似坎者附之。如是，则上篇虽止三十卦，而以反对计之，十八卦也。下篇虽有三十四卦，而以反对计之，亦十八卦也。上篇首乾、坤，天道之夫妇也。下篇首咸、恒，人道之夫妇也。互卦之末，惟有乾、坤、既济、未济四卦，以此包括二篇之始终，以象天地之始终，而终则复有始也。凡此规模次第，文王必经深思熟复，而后始变坤、乾之《易》，以为乾、坤之《易》，则于五十六卦之中有因反易之理。而《彖》辞有曰往曰来者，自是《易》中所有之义。往来不出相反之卦，似亦易见之理，何以先儒于卦变，纷纷有异论耶？泰小往大来，分明是否反为泰。三阴往而居外，三阳来而居内也。否大往小来，分明是泰反为否。三阳往而居外，三阴来而居内也。否、泰反类，因其易见者言之。他卦有言往来者，《复》“七日来复”，此对《剥》之“不利有攸往”。剥、复皆一阳，以初上为来往也。《解》：“利西南，无所往，其来复，吉。有攸往，夙吉。”此因卦有九二、九四二阳，九二即蹇之九五，故曰来，九四即蹇之九三，故曰往。孔子作传，有当以反易取义者，亦曰往曰来。变文则曰上曰升，犹之言往也，曰下曰反，犹之言来也。凡言来者皆自外卦而居内，言往者皆自内卦而居外。《无妄》“刚自外来而为主于内”，此语尤分明，其他皆可类推矣。此类虞翻谓之卦变，因反易而有变动，诚可谓之卦变。程子不取卦变之说，谓凡卦皆自乾、坤来，此似大军游骑，太远无归。朱子《本义》则有两说，书首作图，一阴一阳之卦各六，皆自复、姤而来。五阴五阳，卦同图异。二阴二阳之卦各十有五，皆自临、遁而来。四阴四阳，卦同图异。三阴三阳之卦各二十，皆自泰、否而来。虽有此图，《本义》中却不与图应，必有推之难通者矣。《本义》卦变例，以两爻相比，阴阳变易，谓自某卦而来。夫两爻相比而变易者，惟有三四两爻，谓卦一反复，则三易为四，四易为三。若初与二，二与三，四与五，五与上，无互变之理。况一卦又有自两卦三卦来者，则其说益支离纷错。故《本义》虽有此二说，恐皆非确论也。《讼》“刚来而得中”，孔疏云：辅嗣必以为九二者，凡上下二象，在于下象者则称来。故贲卦云：“柔来而文刚。”是离下艮上而称柔来，今此云刚来而得中，故知九二也。且凡云来者，皆据异类而来，九二在二阴之中，故称来。此已知求来字之义矣。所来之地即在目前，惜其不知取也。《无妄》“刚自外来”，王氏宗传云：“初九之刚，实自乾来，故曰刚自外来。”此说殊可异。无妄之外卦，既成乾体矣，何能又以一爻为初九？如自九四来乎，则缺四爻矣，自上九来乎，则缺上爻矣。一人之身，而能分一体于人，其本体犹在，有是理乎？无妄反大畜，文王所定，孔子因发明之，乃不求外卦于大畜，而求之本卦耶？然则卦变竟无知其说者乎？曰：有之。有薛温其者，在朱子之前，说蹇卦云："诸卦皆指内为来，外为往，则此往得中，谓五也。蹇、解相循，覆视蹇卦则为解，九二得中，则曰其来复吉，乃得中也。往者得中，中在外也。来复得中，中在内也。"按此说正得卦变之义，举蹇、解以为例，凡反易之卦皆相循也，皆可覆视也，即二卦而他卦皆可通矣。此说房审权载之《义海》中，惜其名不甚显，朱子亦未见其说。今定此说为主，并通考文王演《易》，所以用反对为次序之故，往来上下，自是《易》中堂堂正正之一义，若非纤巧凿智者比。先儒意向有偏，是以舍近而求诸远尔。逐卦考之于后。

卦变考

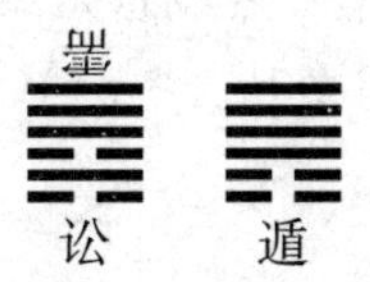

讼，有孚窒惕，中吉，刚来而得中也。

《本义》卦变自遁而来，为刚来居二而当下卦之中。

今按：文王之《易》，以反对为序。讼之反为需，讼之九二，即需之九五，自需外卦而来，于内卦得中，故曰"刚来而得中"。然则需之九五，即讼之九二，何以第言位乎天位以正中，不言刚往得中，何也？曰：义可知，故省之。且下文言"利涉大川，往有功"，则往字在其中矣。讼自遁来，易其二、三两爻无意义，后皆仿此。

泰　归妹

泰，小往大来。

《本义》言坤往居外，乾来居内。又自归妹来，则六往居四，九来居三也。

今按：坤往居外，乾来居内，是经之本义，然经意是否反为泰，非泛举坤、乾两卦也。自归妹来一义，则曲徇两爻相比之变法耳。经言小，统指三阴。言大，统指三阳。岂可以归妹之中间一阴当小，一阳当大乎？然则两爻相比为变例，推之泰、否不可行，何不以否反为泰、泰反为否？即是卦变，经文显然，不烦解说，推之他卦，无不可旁通乎？

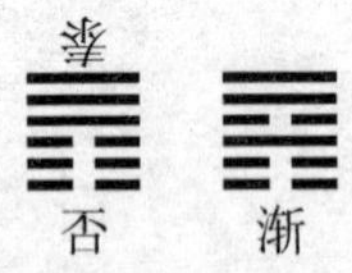

否　渐

否，大往小来。

《本义》乾往居外，坤来居内，又自渐卦而来，九往居四，六来居三也。

今按：乾往居外，坤来居内，是经之本义。然经意是泰反为否，非泛举乾、坤两卦也。自渐来一义，说同泰卦。

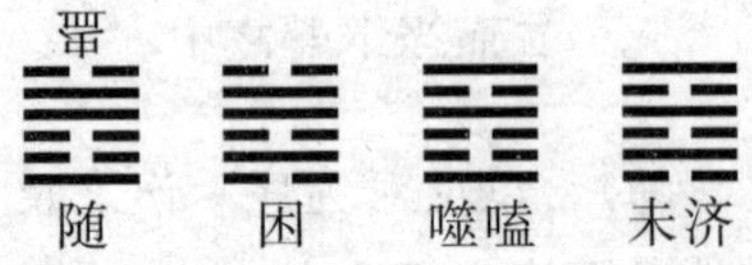

随　困　噬嗑　未济

随，刚来而下柔。

《本义》本自困卦九来居初，又自噬嗑九来居五，而自未济来者，兼此二变，皆刚来随柔之义。

今按：蛊反为随，蛊之上九来为初九，在二阴之下，是刚来随柔也。义本明白直捷，一卦自一卦来，安有二卦三卦之理？九五之刚，《彖》中不论也。凡言来者，皆是内卦，九五未有称来者。

随

蛊　贲　井　既济

蛊，刚上而柔下。

《本义》：或曰刚上柔下，谓卦变自贲来者，初上二下，自井来者，五上上下，自既济来者兼之，亦刚上而柔下。

今按：随反为蛊，随之初九自下而上为上九，随之上六自上而下为初六也。随之义在于刚来随柔，故不曰柔上而刚下。蛊则须兼言之。咸、恒则二卦对举，各有其故也。

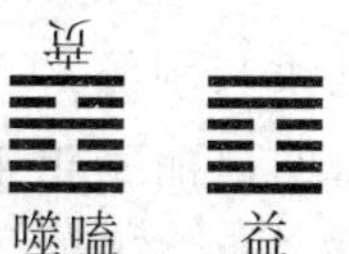

噬嗑，柔得中而上行。

《本义》本自益卦六四之柔，上行以至于五而得其中。

今按：贲反为噬嗑，贲之六二上行为六五也。凡言上，皆自内卦而上于外卦，四与五同在外卦，不得言上，后凡言柔进而上行者仿此。又按，石氏介曰："凡柔则言上行，刚则言来，柔下刚上，定体也。刚来，如讼、无妄、涣等，刚体本在上而来下，上行，如晋、睽、鼎、噬嗑等，柔体本在下，今居五位为上行。"此说似知类聚经文，以求义例矣，不知刚之所以言来者，必其反卦先有刚在外卦也。柔之所以言上行者，必其反卦先有柔在内卦也。讼、涣之九二，由需、节之九五也。无妄之初九，由大畜之上九也。晋、睽、鼎、噬嗑之六五，由明夷、家人、革、贲之六二也。不然，则上下无恒。刚柔相易，不可为典要，孔子言之矣。岂有刚常居上，柔常居下之理？使上下有定体，则当其位者，不必言上下往来矣。而经中又有言刚上柔下柔来者，又将何以解之邪？吁！文王之《易》，以反对为次序，始读《易》即知之，从近身一卦取卦变，以求合经文，如拾芥之易，而先儒皆忽之。目能察秋毫，而泰山蔽于一掌，固有此事理也。

贲，柔来而文刚，故亨。分刚上而文柔，故小利有攸往。

《本义》卦自损来者，柔自三来而文二，刚自二上而文三。自既济而来者，柔自上来而文五，刚自五上而文上。

今按：噬嗑反为贲，噬嗑之六五来为六二，以文初三之刚，又分噬嗑之初、四，上为上与三，以文四、五之柔也。贲为文饰，刚柔交错，必以离明为主，此即重离之卦。四爻刚变为柔，以一柔文二刚者，得离体之正，以二刚文二柔者，得离体之似，故论下体则亨，论上体则仅小利有攸往。以其柔与刚等，离体未真，必若重离之卦，皆以一柔文二刚，乃为重明以丽乎正也。文明之卦，重离为盛，次则为贲，以其上下皆有离也。若使一阳二阴之下，无一阳以间之，则不见有文饰之象，故独于此卦名贲。贲之反为噬嗑，亦同此三刚三柔。然下体为震，象颐动而噬物，故以噬颐中之物取象。反之则觉刚柔交错，文章烂然，故贲之名不可易也。然则三爻之刚，上下所共，下则为文刚之一，上则为文柔之一。在噬嗑则上而居四，在贲则下而居三，似不可以为上，此处殊难措词。刚字之上著一分字，曰分刚上而文柔，则是分噬嗑之初与四，初上而四，亦若从之以上，其实是下，非上也。此圣人属文，炼句炼字之工妙，读者鲜能知之。分刚上而文柔，说者皆谓艮以一刚文二柔，不知一刚二柔，凡艮体皆然。必其下又有一刚以象离，乃谓之文。不然则柔来而文刚，刚上而文柔，二语正相对，又多一分字，岂不为赘乎？或曰二阳夹二阴，可谓象离乎？曰：何为不可？大过是厚画底坎，颐是厚画底离，朱子言之矣。噬嗑二阳夹三阴，几象颐，而曰颐中有物，是其明证也。然则贲象重离，三之刚上下所共，亦学者所当知也。

复，反复其道，七日来复。

今按：此卦先儒不言卦变，其实是卦变也。剥反为复，复之初九，即剥之上九，今来复也，若剥则不利有攸往矣。《彖》传曰："复亨，刚反。"反即来也。

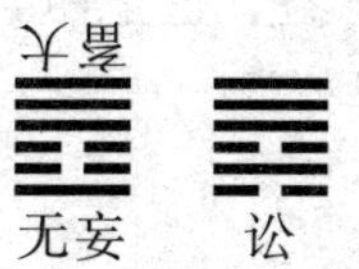

无妄，刚自外来，而为主于内。

《本义》为卦自讼而变，九自二来而居于初，又为震主，动而不妄者也。

今按：大畜反为无妄，大畜之上九，自外卦而来为初九，以为内卦之主也。此语甚分明，可为卦变之凡例。诸卦之言往来上下者，义皆如此。《程传》谓坤初爻变而为震，刚自外而来也。夫卦爻惟揲蓍乃有变动，若非揲蓍，则三百八十四爻，各有定位，安得有往来？即乾、坤为六子之父母，亦不得无故往来，使诸卦纷然淆乱也。若王宗传谓无妄之初九，自外卦之乾来，前已辨之。

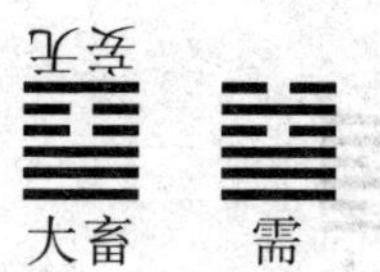

大畜，刚上而尚贤。

《本义》卦自需而来，九自五而上。以卦体言，六五尊而尚之。

今按：无妄反为大畜，无妄之初九，自下而上为上九也。

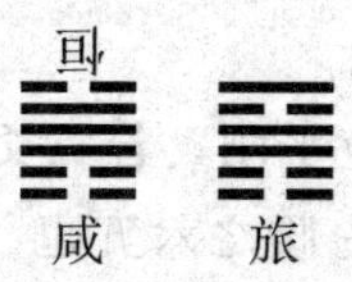

咸，柔上而刚下。

《本义》或以卦变言柔上刚下之义，曰咸自旅来，柔上居六，刚下居五也，亦通。

今按：恒反为咸，恒之初六上为咸之上六，恒之九四下为咸之九三也。

恒，刚上而柔下。

《本义》或以卦变言刚上柔下之义，曰恒自丰来，刚上居二，柔下居初也，亦通。

今按：咸反为恒，咸之九三，上为恒之九四，咸之上六，下为恒之初六也。卦有反易，生于先天图四维之卦，震反为艮，艮反为震，巽反为兑，兑反为巽。咸、恒、损、益，正是四卦互相反者，故皆以上下对举言之，文义甚明。

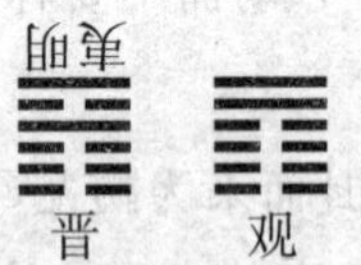

晋，柔进而上行。

《本义》其变自观而来，为六四之柔，进而上行以至于五。

今按：明夷反为晋，明夷之六二，上行为晋之六五也。《程传》云凡卦离在上者，柔居君位，多云柔进而上行，噬嗑、睽、鼎是也。今按，六五之上行，必于反卦先有六二为之根，不然，从何处进而上行？

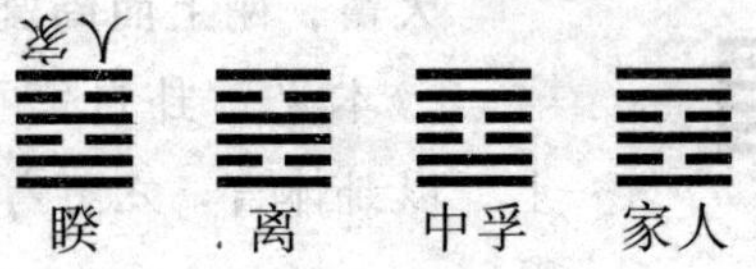

睽，柔进而上行。

《本义》：自离来者，柔进居三，自中孚来者，柔进居五，自家人来者兼之。

今按：此惟论五爻之柔，故下云得中而应乎刚，若三爻之柔不论也。家人之反为睽，家人之六二，上行为睽之六五也。《本义》虽有自家人来之一说，然其所以来者则异矣。曷不从家人一翻看，即是柔进而上行乎？

蹇，利西南，往得中也。不利东北，其道穷也。

《本义》卦自小过而来，阳进则往居五而得中，退则入于艮而不进。

今按：解反为蹇，解之九二，为蹇之九五而得中也。若解之震，今变为艮，则入于东北险阻之地而道穷矣。薛氏温其谓蹇、解相循之说，深得卦变之义，已见前。或问卦变往来之说，亦可用之解爻辞乎？此卦言往来者独多，初六往蹇来誉，九三往蹇来反，六四往蹇来连，九五大蹇朋来，上六往蹇来硕，亦将谓解、蹇相循，兼以解卦之爻论往来乎？曰：不可。文王序卦，有反复之义，故《彖》辞须以反卦论往来。周公系爻辞，则爻位已定，往来不出本卦，初爻无来，不往即为来，上爻无往，不来即为往，言岂一端，各有所当。后儒辩卦变者，惟有见于爻位已定之理，而不知文王序卦，孔子解《彖》，正谓其有反复不定之义也。先儒各以臆见说卦变者，独遗贴身一卦有反复之义，则往非其所往，来非其所来，且有似于揲蓍求卦时，爻有变动矣。吁！经义难明，乃若是哉！

解，利西南，往得众也。其来复，吉，乃得中也。有攸往，夙吉，往有功也。

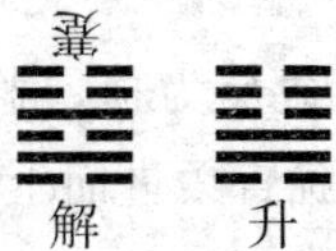

《本义》卦自升来，三往居四，入于坤体，二居其所而又得中，故利于西南平易之地。若无所往，则宜来复其所而安静。若尚有所往，则宜早往早复，不可久烦扰也。又曰坤为众，得众谓九四入坤体，得中有功，皆指九二。

今按：蹇反为解，蹇之九三，往为解之九四，得五上二阴爻，是为得众。因蹇卦言利西南，不利东北，以东北艮方为险阻，西南坤方为安平。此解难时，避险就平，故亦以坤方言之。坤固为众，一阳得二阴，亦为众也。蹇之九五，来为解之九二，是来复乃得中。蹇时以在外为中，解时以在内为中，各有所宜也。有攸往夙吉，又申戒往者之辞。惟速则吉，因其由艮变震，恐其有不速动之失，故戒之。雷雨交作，天之速于救旱也。救焚拯溺，被发缨冠，人之速于解难也。如楚有白公胜之难，国人望叶公如望岁望父母，此时可不早往乎？不早往，则恐失事机，而生他变，失众而无功矣。注疏与《程传》，皆言早往，《本义》又添出早复戒烦扰一义，恐非经意。近儒说此云二阳皆主解者，四自三往，二则来复。复者无所往也，往者有攸往也。无所往者，以不往为吉。有攸往者，以速往为吉。不往之吉，二乃得中也。往之吉，三往得众而有功也，有功即指得众。按：此说深得经意。盖卦有二阳，九四主往，九二主来，九四如守封疆之臣，九二如守社稷之臣。宜在外者，以速往得众为吉。宜在内者，以来复得中为吉。岂外臣可弃封疆而早来归耶？故夙吉之辞，为九四之往者设，不为九二之来者设也。而《本义》谓得中有功皆指九二，遂有早往早复，不可久烦扰之说，亦由卦变之义不明，不知解自蹇来，往来自有定义，误谓九二来复者，尚有所往也。

损，损下益上，其道上行。

按：《本义》不言卦变，其实是卦变也。益反为损，益之初九上行为损之上九，是损下以益上也。上行，犹言柔进而上行。

益，损上益下，民说无疆。自上下下，其道大光。

按：损反为益，损之上九，自上下下，而为益之初九，是损上以益下也。《本义》不言卦变者，两爻相比，阴阳互换之法，至此而穷，不能指一卦以合经文也。于《损》卦云损下卦上画之阳，益上卦上画之阴。夫下卦是兑，何有上画之阳？上卦是艮，何有上画之阴？益卦言初画亦然，于义牵强难通。惟以二卦循环上下，只以初上二爻说损、益，乃可通。

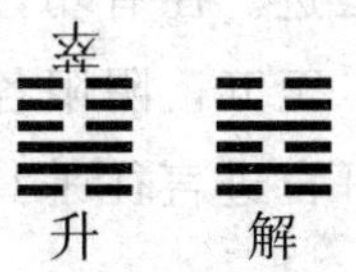

升，柔以时升。

《本义》卦自解来，柔上居四。

今按：萃反为升，萃之坤升而居上也。三爻皆柔，不能独指六四，犹之泰之小往，不能独指四爻为小也。由其拘于卦变之例，不能得三阴同升之法故耳。以此言之，卦变之理，当以贴身者取之为是乎？抑以两画相连者取之为是乎？

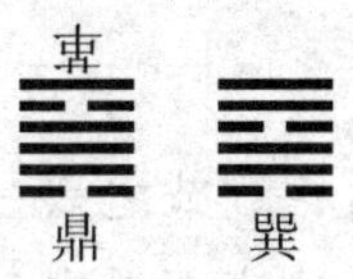

鼎，柔进而上行。

《本义》卦自巽来，阴进居五。

今按：革反为鼎，革之六二，上行为鼎之六五也。

归妹

渐　　涣　　旅

渐进得位，往有功也。进以正，可以正邦也，其位刚得中也。

《本义》卦变自涣而来，九进居三，自旅而来，九进居五，皆为得位之正。

今按：归妹反为渐，归妹之九二，进而为渐之九五，得位又得中也。恐人疑进得位兼六四言之，故又言其位刚得中也，所以别于六四也。孔子释卦变，自有一定之义例，凡言往、言上、言升、言进者，皆指反卦之下卦翻转而居上。其在下者，则言来、言下、言复、言反。此之进，即柔进而上行之进。往有功，犹解卦之往有功，与下卦无涉也。梁寅谓此卦自二至五，阴阳各得正位，所以进而有功。如此，则二爻、三爻皆可言进言往乎？与夫子之义例紊矣，皆由卦变之正义久晦故也。

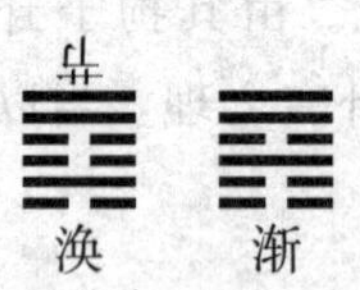

涣，亨。刚来而不穷，柔得位乎外而上同。

《本义》其变本自渐卦，九来居二而得中，六往居三，得九之位，而上同于四。

今按：节反为涣，节之九五，来为涣之九二，节之六三，为涣之六四，得位乎外，而上同于九五也。讼言刚来而得中，此言不穷，亦得中之变文。往则穷，来则不穷，不穷则得中可知矣。《本义》拘于卦变之例，谓六往居三，得九之位。夫以阴居阳，岂可谓之得位？三爻是内卦，何以言柔得位乎外？上同是四同于五，岂可谓三同于四？他日朱子亦自觉之，谓《本义》之说未稳。夫既知其不稳，卒未尝易之者，为卦变所拘牵故也，必不得已。试再举一卦，自未济来，九往居五，六来居四，或可稍通，然终属牵强，非自然之理。总之，卦爻非揲蓍，无上下变易之理。先儒惑于歧途，使卦变一义，留遗憾于千载，可慨也。

总 论

《易》言卦变，《本义》十九卦，今推之得二十二卦。卦变本自然之理，否、泰之往来，损、益之盈虚，剥、复之消长，蹇、解之危安，天道人事，原有此反复之理，故文王以此序卦。而《杂卦》一篇，比乐师忧，临、观与求，仍取义类之相反者言之，则卦变实生于此。是为静中之动，定中之变，在《易》中实一要义，不可视为绪余剩义而轻忽之也。五十六卦，皆可反复。言卦变者二十二卦，非谓其余无卦变也。各举所重言之，所谓“《易》不可为典要，惟变所适”是也。若使每卦言之，是可为典要之书矣，且亦有举一隅使人反三隅之意。如言九二刚来而得中，则知相反之卦，必为九五而得中。言六二柔进而得中，则知相反之卦，必为六五柔来而得中。此义至明白易知，亦更无歧途他说可言卦变，而先儒皆失之。惟薛氏温其谓蹇、解二卦，相循覆视。此如暗室一灯，惜其言之不详，不能推及他卦。又未言文王作《易》，所以用反对为次序之理。故今举二十二卦，绘图详说，以祛歧途之惑，以明坦易之理。若王氏宗传辩卦变之说，云：《易》家谓随自否来，蛊自泰来，不知乾、坤重为泰、否，焉有随、蛊自否、泰来之理？八卦既重之后，内外上下往来已备其中，又乌有所谓内外上下往来之义？是欲破《易》家之支离，不得其所以破之之道者也。夫往来上下内外，文王、孔子言之，岂无其故乎？王氏自说无妄刚自外来，云无妄之刚，实自乾来。夫画卦、重卦，自下而上，焉有内卦自外卦来之理？无妄自有初九，何待外卦之乾？外卦三阳，何能分一画于初九？经义虽难通，必有可通之道。苟得之，下卦实有自上卦来之理。若犹未也，而欲訾《易》家之支离，是犹同浴而讥裸裎也。

辩来氏错综二字之谬

西蜀梁山来氏知德说《易》，以错综二字为主。所谓错者，即相对之卦。所谓综者，即相反之卦。夫错如文理交互，一左一右。综如织丝提挈，一低一昂。若乾、坤对立如门扇，未尝相交，何以谓之错？屯、蒙倒转似翻车，不止上下，安得谓之综？其《易》卦变为卦综，自是来氏之谬。若其取相反之卦说往来上下，本文王、孔子之意，前人已有言之者矣。来氏谓孔子既没，《易》道已亡，二千年如长夜，自诩太甚。故《折中》博采诸家，独摈斥不收，良有以也。

卦象说

朱子曰：《易》之有象，其取之有所从，其推之有所用，非苟为寓言也。然两汉诸儒必欲究其所从，则既滞泥而不通。王弼以来，直欲推其所用，则又疏略而无据。二者皆失之一偏，而不能阙其所疑之过也。且以一端论之，乾之为马，坤之为牛，《说卦》有明文矣。马之为健，牛之为顺，在物有常理矣。至于案文责卦，若屯之有马而无乾，离之有牛而无坤，乾之六龙，则或疑于震，坤之牝马，则当反为乾，是皆有不可晓者。是以汉儒求之《说卦》而不得，则遂相与创为互体、变卦、五行、纳甲、飞伏之法，参互以求，而幸其偶合。其说虽详，然其不可通者，终不可通，其可通者，又皆附会穿凿，而非有自然之势。唯其一、二之适然，而无待于巧说者，为若可信。然上无所关于义理之本原，下无所资于人事之训戒，则又何必苦心极力以求于此，而欲必得之哉？故王弼曰：“义苟应健，何必乾乃为马。爻苟合顺，何必坤乃为牛。”而程子亦曰：“理无形也，故假象以显义。”此其所以破先儒胶固支离之失，而开后学玩辞玩占之方则至矣。然观其意，又似直以《易》之取象，无复有所自来。但如《诗》之比兴，孟子之譬喻而已。如此，则是《说卦》之作，为无所与于《易》，而近取诸身，远取诸物者，亦为剩语矣。故疑其说亦若有未尽者，因窃论之，以为《易》之取象，固必有所自来，而其为说，必已具于太卜之官，顾今不可复考，则姑阙之。而直据辞中之象，以求象中之意，使足以为训戒而决吉凶。如王氏、程子与吾《本义》之云者，其亦可矣。固不必深求其象之所自来，然亦不可直谓假设而遽欲忘之也。又曰："看《易》若是靠定象去看，便滋味长。若只恁地悬空看，也没甚意思。"又曰："说《易》得其理，则象数在其中。固是如此。然溯流以观，却须先见象数的当下落，方说得理不走作，不然事无实证，则虚理易差也。"又曰："《易》之象似有三样，有本画自有之象，如奇者象阳，偶者象阴是也。有实取诸物之象，如乾、坤六子，以天地雷风之类象之是也。有只是圣人自取象来明是义者，如白马翰如，载鬼一车之类是也。"又曰："《易》有象辞，有占辞，有象占相浑之辞。"

按朱子论卦象，不泥象亦不废象，且云事无实证，则虚理易差，其说已周详完密矣。论象有三样，其为圣人自取明义者尤多端，如噬嗑似颐中有物，颐似口，咸、艮似人身，家人似一家之人，鼎似鼎，小过似飞鸟。在下体者取诸足，在上爻者取诸首，固象之显然者。若其以意取之，或偶然有取于是物，即易以他象他辞，亦未尝不可，此则又在读者之善会意矣。《本义》释卦象，不欲过求深，恐有附会穿凿之失。然汉儒以五行、纳甲、飞伏推之者诚过，若互卦与卦画俱来，占事者亦兼取之。卦爻变而象亦变，如乾之坤为"群龙无首"，坤之乾为"利永贞"是也。则互卦与卦变二项，推卦象者不可废。今以象之事类，分为十有七如后。

卦象考

天文类

天

☰ 乾，为天，天行健。

䷄ 云上于天，需。

䷅ 天与水违行，讼。

䷈ 风行天上，小畜。

䷉ 上天下泽，履。

䷊ 天地交，泰。

䷋ 天地不交，否。

䷌ 天与火，同人。

䷍ 火在天上，大有。

䷘ 天下雷行，物与无妄。

䷙ 天在山中，大畜。

䷠ 天下有山，遁。

䷡ 雷在天上，大壮。

䷪ 泽上于天，夬。

䷫ 天下有风，姤。

日

☲ 离，为日。

明

䷝ 明两作，离。

䷢ 明出地上，晋。

䷣ 明入地中，明夷。

月

☵ 坎，为月。

斗

䷶ 丰，六二，丰其蔀，日中见斗。

九四，丰其蔀，日中见斗。

沬

䷶ 丰，九二，丰其沛，日中见沬。

云

䷂ 云雷，屯。

䷄ 云上于天，需。

䷈ 小畜，密云不雨，自我西郊。

䷽ 小过，六五，密云不雨，自我西郊。

风

☴ 巽，为风。

䷈ 风行天上，小畜。

䷑ 山下有风，蛊。

䷟ 雷风，恒。

䷤ 风自火出，家人。

䷩ 风雷，益。

䷫ 天下有风，姤。

䷸ 随风，巽。

䷺ 风行水上，涣。

䷼ 泽上有风，中孚。

雷

☳ 震，为雷。

䷂ 云雷，屯。

䷏ 雷出地奋，豫。

䷐ 泽中有雷，随。

䷔ 雷电，噬嗑。

䷗ 雷在地中，复。

䷘ 天下雷行，物与无妄。

䷚ 山下有雷，颐。

䷟ 雷风，恒。

䷡ 雷在天上，大壮。

䷧ 雷雨作，解。

䷩ 风雷，益。

䷲ 洊雷，震。

䷵ 泽上有雷，归妹。

䷶ 雷电皆至，丰。

䷽ 山上有雷，小过。

震

䷲ 震，亨，震来虩虩，笑言哑哑，震惊百里，不丧匕鬯。

初九，震来虩虩，后笑言哑哑。

六二，震来厉。

六三，震苏苏，震行无眚。

六四，震遂泥。

六五，震往来厉。

上六，震索索，视矍矍。震不于其躬，于其邻。

电

☲ 离，为电。

䷶ 雷电皆至，丰。

䷔ 雷电，噬嗑。

雨

䷧ 雷雨作，解。

䷈ 小畜，密云不雨，自我西郊。

上九，既雨既处。

䷥ 睽，上九，往遇雨则吉。

䷪ 夬，九三，独行遇雨，若濡有愠。

䷱ 鼎，九三，方雨亏悔，终吉。

䷽ 小过，六五，密云不雨，自我西郊。

霜

䷁ 坤，初六，履霜，坚冰至。

岁时类

十　年

䷂ 屯，六二，女子贞不字，十年乃字。

䷗ 复，上六，用行师，终有大败，以其国君凶，至于十年不克征。

䷚ 颐，六三，十年勿用。

三　年

䷾ 既济，九三，高宗伐鬼方，三年克之。

䷿ 未济，九四，震用伐鬼方，三年有赏于大国。

三　岁

䷌ 同人，九三，伏戎于莽，升其高陵，三岁不兴。

䷜ 坎，上六，系用徽纆，寘于丛棘，三岁不得。

䷮ 困，初六，入于幽谷，三岁不觌。

䷶ 丰，上六，窥其户，阒其无人，三岁不觌。

䷴ 渐，九五，妇三岁不孕。

八　月

䷒ 临，至于八月有凶。

寒

☰ 乾，为寒，为冰。

月几望

䷈ 小畜，上九，月几望。　䷼ 中孚，六四，月几望。

䷵ 归妹，六五，月几望。

旬

䷶ 丰，初九，遇其配主，虽旬无咎。

七　日

䷗ 复，七日来复。

䷲ 震，六二，亿丧贝。跻于九陵，勿逐，七日得。

䷾ 既济，六二，妇丧其茀，勿逐，七日得。

三　日

䷣ 明夷，初九，君子于行，三日不食。

先甲后甲

䷑ 蛊，先甲三日，后甲三日。

先庚后庚

䷸ 巽，九五，先庚三日，后庚三日。

巳　日

䷰ 革，六二，巳日乃革之。

终　日

䷀ 乾，九三，君子终日乾乾。

䷾ 既济，六四，终日戒。

不终日

䷏ 豫，六二，介于石，不终日。

昼　日

䷢ 晋，康侯用锡马蕃庶，昼日三接。

日　中

䷶ 丰，勿忧，宜日中。

六二，日中见斗。

九三，日中见沬。

九四，日中见斗。

日　昃

䷝ 离，九三，日昃之离。

夕

䷀ 乾，九三，君子终日乾乾，夕惕若。

莫　夜

䷪ 夬，九二，惕号，莫夜有戎，勿恤。

地理类

地

☷ 坤，为地，地势坤。

䷆ 地中有水，师。

䷇ 地上有水，比。

䷊ 天地交，泰。

䷋ 天地不交，否。

䷎ 地中有山，谦。

䷏ 雷出地奋，豫。

䷒ 泽上有地，临。

䷓ 风行地上，观。

䷖ 山附于地，剥。

䷗ 雷在地中，复。

䷢ 明出地上，晋。

䷣ 明入地中，明夷。

䷬ 泽上于地，萃。

䷭ 地中生木，升。

火

☲ 离，为火。

䷌ 天与火，同人。

䷍ 火在天上，大有。

䷕ 山下有火，贲。

䷝ 明两作，离。

䷤ 风自火出，家人。

䷥ 上火下泽，睽。

䷰ 泽中有火，革。

䷱ 木上有火，鼎。

䷷ 山上有火，旅。

䷾ 水在火上，既济。

䷿ 火在水上，未济。

水

☵ 坎，为水。

䷅ 天与水违行，讼。

䷆ 地中有水，师。

䷇ 地上有水，比。

䷜ 水洊至习坎。

䷦ 山上有水，蹇。

䷮ 泽无水，困。

䷯ 木上有水，井。

䷺ 风行水上，涣。

䷻ 泽上有水，节。

䷾ 水在火上，既济。

䷿ 火在水上，未挤。

泽

☱兑，为泽。

䷉ 上天下泽，履。

䷐ 泽中有雷，随。

䷒ 泽上有地，临。

䷛ 泽灭木，大过。

䷞ 山上有泽，咸。

䷥ 上火下泽，睽。

䷨ 山下有泽，损。

䷪ 泽上于天，夬。

䷬ 泽上于地，萃。

䷮ 泽无水，困。

䷰ 泽中有火，革。

䷵ 泽上有雷，归妹。

䷹ 丽泽，兑。

䷻ 泽上有水，节。

䷼ 泽上有风，中孚。

山

☶ 艮，为山。

䷃ 山下出泉，蒙。

䷎ 地中有山，谦。

䷑ 山下有风，蛊。

䷕ 山下有火，贲。

䷖ 山附于地，剥。

䷙ 天在山中，大畜。

䷚ 山下有雷，颐。

䷞ 山上有泽，咸。

䷠ 天下有山，遁。

䷦ 山上有水，蹇。

䷨ 山下有泽，损。

䷳ 兼山，艮。

䷴ 山上有木，渐。

䷷ 山下有火，旅。

䷽ 山上有雷，小过。

西南东北

䷁ 坤，西南得朋，东北丧朋。

䷦ 蹇，利西南，不利东北。

䷧ 解，利西南。

南

䷣ 明夷，九三，明夷于南狩。

䷭ 升，南征，吉。

田

䷀ 乾，九二，见龙在田。

郊

䷄ 需，初九，需于郊。

䷌ 同人，上九，同人于郊。

䷈ 小畜，密云不雨，自我西郊。

䷽ 小过，六五，密云不雨，自我西郊。

野

䷁ 坤，上六，龙战于野。　　䷌ 同人，于野。

邑

䷅ 讼，九二，不克讼。归而逋，其邑人三百户。

䷇ 比，九五，王用三驱，失前禽，邑人不诫。

䷊ 泰，上六，勿用师，自邑告命。

䷎ 谦，上六，利用行师，征邑国。

䷢ 晋，上九，维用伐邑。

䷪ 夬，告自邑。

䷭ 升，九三，升虚邑。

䷯ 井，改邑不改井。

城

䷊ 泰，上六，城复于隍。

墉

䷌ 同人，九四，乘其墉，弗克攻。

䷧ 解，上六，公用射隼于高墉之上。

隍

䷊ 泰，上六，城复于隍。

易与疆场之场同

䷡ 大壮，六五，丧羊于易。 ䷷ 旅，上九，丧牛于易。

道

䷉ 履，九二，履道坦坦。

大涂

䷲ 震，为大涂。

径路

☶ 艮，为径路。

陆

䷪ 夬，九五，苋陆。

䷴ 渐，九三，鸿渐于陆。

上九，鸿渐于陆。当作阿。

丘园

䷕ 贲，六五，贲于丘园。

丘

䷺ 涣，六四，涣有丘。

陵

䷌ 同人，九三，升其高陵。 ䷴ 渐，九五，鸿渐于陵。

䷲ 震，六二，跻于九陵。

岐山

䷭ 升，六四，王用亨于岐山。

西　山

䷐ 随，上六，王用亨于西山。

谷

䷮困，初六，入于幽谷。

䷯ 井，九二，井谷。

刚　卤

☱ 兑，为刚卤。

坎　窞

䷜ 坎，初六，入于坎窞。

六三，入于坎窞。

穴

䷄ 需，六四，出自穴。

上六，入于穴。

䷽ 小过，六五，公弋取彼在穴。

磐

䷴ 渐，六二，鸿渐于磐。

石

䷏ 豫，六二，介于石。

䷮ 困，六三，困于石。

小　石

䷳ 艮，为小石。

泉

䷃ 山下出泉，蒙。

䷯ 井，九五，寒泉食。

渊

䷀ 乾，九四，或跃在渊。

河

䷊ 泰，九二，用冯河。

川（详后涉）

干

䷴ 渐，初六，鸿渐于干。

沙

䷄ 需，九二，需于沙。

沟渎

䷜ 坎，为沟渎。

涂

䷥ 睽，上九，见豕负涂。

泥

䷄ 需，九三，需于泥。　　䷯ 井，初六，井泥。

井

䷯ 井，改邑不改井，无丧无得。往来井井，汔至，亦未繘井，羸其瓶。

初六，井泥不食，旧井无禽。

六二，井谷射鲋，瓮敝漏。

九三，井渫不食，为我心恻。可用汲，王明，并受其福。

六四，井甃。

九五，井洌，寒泉食。

上六，井收勿幕。

冰

☰ 乾，为冰。　　䷁ 坤，初六，履霜，坚冰至。

人道类

父母男女

☰ 乾，为父。

☷ 坤，为母。

☳ 震，一索而得男，故谓之长男。

☴ 巽，一索而得女，故谓之长女。

☵ 坎，再索而得男，故谓之中男。

☲ 离，再索而得女，故谓之中女。

☶ 艮，三索而得男，故谓之少男。

☱ 兑，三索而得女，故谓之少女。

祖　妣

䷽ 小过，六二，过其祖，遇其妣。

父　子

䷲ 震，为长子。

䷃ 蒙，九二，子克家。

䷑ 蛊，初六，干父之蛊，有子，考无咎。

　　九三，干父之蛊，小有悔，无大咎。

　　六四，裕父之蛊，往见吝。

　　六五，干父之蛊，用誉。

䷤ 家人，九三，家人嗃嗃，悔厉吉。妇子嘻嘻，终吝。

母

䷑ 蛊，九二，干母之蛊，不可贞。

王　母

䷢ 晋，六二，受兹介福，于其王母。

女

䷂ 屯，六二，女子贞不字，十年乃字。

䷃ 蒙，六三，勿用取女，见金夫，不有躬，无攸利。

䷓ 观，六二，窥观，利女贞。

䷞ 咸，取女吉。

䷫ 姤，女壮，勿用取女。

䷴ 渐，女归吉，利贞。

婚　媾

䷂ 屯，六二，屯如邅如，乘马班如，匪寇婚媾。

　　六四，乘马班如，求婚媾。

䷃ 蒙，九二，纳妇吉。

䷕ 贲，六四，贲如皤如，白马翰如，匪寇婚媾。

䷥ 睽，上九，匪寇婚媾。

䷲ 震，上六，婚媾有言。

䷊ 泰，六五，帝乙归妹，以祉元吉。

䷵ 归妹，初九，归妹以娣。

　　六三，归妹以须，反归以娣。

　　九四，归妹愆期，迟归有时。

　　六五，帝乙归妹，其君之袂不如其娣之袂良。

　　上六，女承筐，无实。士刲羊，无血。无攸利。

夫　妇

䷤ 家人，利女贞。

　　初九，闲有家，悔亡。

　　六二，无攸遂，在中馈，贞吉。

　　九三，家人嗃嗃，悔厉，吉。妇子嘻嘻，终吝。

　　六四，富家，大吉。

九五，王假有家，勿恤，吉。

上九，有孚威如，终吉。

䷈ 小畜，九三，夫妻反目。

䷛ 大过，九二，老夫得其女妻。

九五，老妇得其士夫。

䷟ 恒，六五，恒其德贞，妇人吉，夫子凶。

䷴ 渐，九三，夫征不复，妇孕不育。

䷮ 困，六三，入于其宫，不见其妻，凶。

妇

䷈ 小畜，上九，妇贞厉。

䷴ 渐，九五，妇三岁不孕。

䷾ 既济，六二，妇丧其茀，勿逐，七日得。

臣　妾

䷹ 兑，为妾。

䷱ 鼎，初六，得妾以其子。

䷠ 遁，九三，畜臣妾吉。

丈　人

䷆ 师，丈人吉。

大　耋

䷝ 离，九三，则大耋之嗟。

丈夫小子

䷐ 随，六二，系小子，失丈夫。

六三，系丈夫，失小子。

䷴ 渐，初六，小子厉。

弟　子

䷆ 师，六五，长子帅师，弟子舆尸。

童　蒙

䷃ 蒙，匪我求童蒙，童蒙求我。

初六，发蒙，利用刑人，用说桎梏，以往吝。

九二，包蒙吉。

六四，困蒙吝。

六五，童蒙吉。

上九，击蒙。

䷓ 观，初六，童观。

君　臣

䷽ 小过，六二，不及其君，遇其臣。

䷦ 蹇，六二，王臣蹇蹇，匪躬之故。

䷩ 益，上九，得臣无家。

君

䷆ 师，上六，大君有命，开国承家。

䷒ 临，六五，知临，大君之宜。

䷉ 履，六三，武人为于大君。

天　子

䷍ 大有，九三，公用亨于天子。

王

䷆ 师，九二，王三锡命。

䷇ 比，九五，王用三驱。

䷓ 观，六四，观国之光，利用宾于王。

䷝ 离，上九，王用出征。

䷤ 家人，九五，王假有家。

䷪ 夬，扬于王庭。

䷯ 井，九三，王明并受其福。

䷩ 益，六二，王用亨于帝。

䷐ 随，上六，王用亨于西山。
䷭ 升，六四，王用亨于岐山。
䷬ 萃，王假有庙。
䷺ 涣，王假有庙。

公

䷍ 大有，九三，公用亨于天子。
䷩ 益，六三，有孚中行，告公用圭。
　　六四，中行，告公从。
䷧ 解，上六，公用射隼于高墉之上。
䷽ 小过，六五，公弋取彼在穴。

侯

䷂ 屯，利建侯。
　　初九，利建侯。
䷏ 豫，利建侯。
䷢ 晋，康侯用锡马蕃庶，昼日三接。

主

䷥ 睽，九二，遇主于巷。
䷶ 丰，初九，遇其配主，虽旬无咎。
　　九四，遇其夷主吉。

史　巫

䷸ 巽，九二，用史巫纷若。　　䷹ 兑，为巫。

工

䷸ 巽，为工。

虞

䷂ 屯，六三，即鹿无虞。

宫　人

䷖ 剥，六五，以宫人宠。

阍　寺

䷳ 艮，为阍寺。

同　人

䷌ 同人，同人于野，亨。

初九，同人于门。

六二，同人于宗。

九五，同人先号咷而后笑。

上九，同人于郊。

朋

䷁ 坤，西南得朋，东北丧朋。

䷏ 豫，九四，勿疑，朋盍簪。

䷊ 泰，九二，朋亡。

䷗ 复，朋来无咎。

䷦ 蹇，九五，大蹇朋来。

䷧ 解，九四，解而拇，朋至斯孚。

䷐ 随，初九，出门交有功。

䷺ 涣，九四，涣其群。

友

䷨ 损，六三，三人行，则损一人。一人行，则得其友。

宗

䷌ 同人，六二，同人于宗。　　䷥ 睽，六五，厥宗噬肤。

宾

䷓ 观，六四，利用宾于王。　　䷫ 姤，九二，不利宾。

客

䷄ 需，上六，有不速之客三人来，敬之，终吉。

主　人

䷣ 明夷，初九，有攸往，主人有言。

童　仆

䷷ 旅，六二，得童仆贞。　　九三，丧其童仆贞。

众

䷁ 坤，为众。　　䷢ 晋，六三，众允，悔亡。

人品类

高　宗

䷾ 既济，九三，高宗伐鬼方，三年克之。

䷿ 未济，九四，震用伐鬼方，三年有赏于大国。

帝　乙

䷊ 泰，六五，帝乙归妹，以祉元吉。

䷵ 归妹，六五，帝乙归妹，其君之袂，不如其娣之袂良。

箕　子

䷣ 明夷，六五，箕子之明夷，利贞。

大　人

䷀ 乾，九二，利见大人。

九五，利见大人。

䷅ 讼，利见大人。

䷋ 否，六二，包承小人吉，大人否，亨。

九五，休否，大人吉。

䷦ 蹇，利见大人。

上六，利见大人。

䷬ 萃，利见大人。

䷭ 升，用见大人。

䷮ 困，大人吉。

䷰ 革，九五，大人虎变。

䷸ 巽，利见大人。

君子小人

䷀ 乾，九三，君子终日乾乾，夕惕若。

䷁ 坤，君子有攸往，先迷后得，主利。

䷆ 师，上六，小人勿用。

䷈ 小畜，上九，君子征凶。

䷋ 否，否之匪人，不利君子贞。

六二，包承，小人吉。

䷌ 同人，利君子贞。

䷍ 大有，公用亨于天子，小人弗克。

䷎ 谦，亨，君子有终。

初六，谦谦君子。

九三，劳谦，君子有终吉。

䷓ 观，初六，童观，小人无咎，君子吝。

九五，观我生，君子无咎。

上九，观其生，君子无咎。

䷖ 剥，上九，君子得舆，小人剥庐。

䷠ 遁，九四，好遁，君子吉，小人否。

䷡ 大壮，九三，小人用壮，君子用罔。

䷣ 明夷，初九，君子于行，三日不食。

䷧ 解，六五，君子维有解吉，有孚于小人。

䷰ 革，上六，君子豹变，小人革面。

䷾ 既济，九三，小人勿用。

幽　人

䷉ 履，九二，履道坦坦，幽人贞吉。

䷵ 归妹，九二，利幽人之贞。

武　人

䷉ 履，六三，武人为于大君。

䷸ 巽，初六，进退，利武人之贞。

匪　人

䷇ 比，六三，比之匪人。　　䷋ 否，否之匪人。

恶　人

䷥ 睽，初九，见恶人，无咎。

寇　盗

☵ 坎，为盗。

䷂ 屯，六二，匪寇婚媾。

䷃ 蒙，上九，不利为寇，利御寇。

䷄ 需，九三，致寇至。

䷕ 贲，六四，匪寇婚媾。

䷥ 睽，上九，先张之弧，后说之弧，匪寇婚媾。

䷧ 解，六三，负且乘，致寇至。

䷴ 渐，九三，利御寇。

人事类

言

䷁ 坤，六四，括囊，无咎无誉。

䷳ 艮，六五，艮其辅，言有序，悔亡。

䷞ 咸，上六，咸其辅颊舌。

䷪ 夬，九四，闻言不信。

䷮ 困，有言不信。

䷄ 需，九二，小有言，终吉。

䷴ 渐，初六，小子厉，有言无咎。

䷣ 明夷，初九，有攸往，主人有言。

䷲ 震，笑言哑哑。

上六，婚媾有言。

履

䷉ 履，初九，素履，往无咎。

九二，履道坦坦，幽人贞吉。

九五，夬履贞厉。

上九，视履考祥，其旋元吉。

行

䷪ 夬，九三，独行遇雨。

九四，其行次且。

䷫ 姤，九三，其行次且。

䷣ 明夷，初九，君子于行，三日不食。

涉

䷄ 需，利涉大川。

䷅ 讼，不利涉大川。

䷌ 同人，利涉大川。

䷎ 谦，初六，利涉大川。

䷑ 蛊，利涉大川。

䷙ 大畜，利涉大川。

䷚ 颐，六五，不可涉大川。

上九，利涉大川。

䷩ 益，利涉大川。

䷺ 涣，利涉大川。

䷼ 中孚，利涉大川。

䷿ 未济，六三，利涉大川。

䷛ 大过，上六，过涉灭顶，凶。

旅

䷷ 旅，小亨，旅贞吉。

初六，旅琐琐，斯其所取灾。

六二，旅即次，怀其资，得童仆贞。

九三，旅焚其次，丧其童仆贞，厉。

九四，旅于处，得其资斧，我心不快。

上九，旅人先笑后号咷。

富

䷤ 家人，六四，富家。 ䷊ 泰，六四，不富以其邻。

䷈ 小畜，九五，富以其邻。

市

䷔ 日中为市，致天下之民，聚天下之货，交易而退，各得其所，盖取诸《噬嗑》。

䷸ 巽，为近利市三倍。

耕

䷩ 包羲氏没，神农氏作，斫木为耜，揉木为耒，耒耨之利，以教天下，盖取诸《益》。

䷘ 无妄，六二，不耕获，不菑畲，则利有攸往。

事

䷁ 坤，六三，或从王事，无成有终。

䷅ 讼，六三，或从王事，无成。

䷑ 蛊，上九，不事王侯，高尚其事。

䷩ 益，初九，利用为大作。

六三，益之用凶事。

䷲ 震，六五，亿无丧，有事。

得　失

䷢ 晋，六五，悔亡，失得勿恤。

䷯ 井，无丧无得。

䷲ 震，震惊百里，不丧匕鬯。

䷘ 无妄，六三，无妄之灾，或系之牛。行人之得，邑人之灾。

䷥ 睽，初九，丧马勿逐，自复。

䷡ 大壮，六五，丧羊于易。

䷷ 旅，六二，得其童仆贞。

九三，丧其童仆贞。

九四，得其资斧。

上九，丧牛于易。

䷲ 震，六二，亿丧贝，跻于九陵，勿逐，七日得。

䷸ 巽，上九，丧其资斧。

䷾ 既济，六二，妇丧其茀，勿逐，七日得。

讼

䷅ 讼，有孚，窒惕，中吉，终凶。利见大人，不利涉大川。

初六，不永所事，小有言，终吉。

九二，不克讼，归而逋，其邑人三百户，无眚。

六三，食旧德，贞厉，终吉。或从王事，无成。

九四，不克讼，复即命，渝安，贞吉。

九五，讼，元吉。

上九，或锡之鞶带，终朝三褫之。

狱

䷔ 噬嗑，利用狱。

桎　梏

䷃ 蒙，初六，发蒙，利用刑人，用说桎梏，以往吝。

校

䷔ 噬嗑，初九，屦校灭趾。

上九，何校灭耳，凶。

徽　纆

䷜ 坎，上六，系用徽纆，寘于丛棘。三岁不觌，凶。

天　劓

䷥ 睽，六三，其人天且劓。天当作而，髡鬓毛也。

劓　刖

䷮ 困，九五，劓刖。

决　躁

☳ 震，为决躁。

☴ 巽，其究为躁卦。

健

☳ 震，其究为健。

进　退

☴ 巽，为进退。

䷸ 巽，初六，进退。

不　果

☴ 巽，为不果。

吝　啬

☷ 坤，为吝啬。

笑

䷌ 同人，九五，同人先号咷而后笑。

䷬ 萃，初六，若号，一握为笑。

䷲ 震，笑言哑哑。

初九，后笑言哑哑。

䷷ 旅，上九，旅人先笑后号咷。

鼓　歌

䷝ 离，九三，不鼓缶而歌，则大耋之嗟。

䷼ 中孚，六三，得敌，或鼓或罢，或泣或歌。

忧

䷜ 坎，为加忧。

䷶ 丰，勿忧。

䷳ 艮，六二，不拯其随，其心不快。

䷷ 旅，九四，得其资斧，我心不快。

愁

䷢ 晋，六二，晋如，愁如。

摧

䷢ 晋，初六，晋如，摧如。

惕

䷀ 乾，九三，夕惕若。

䷅ 讼，惕，中吉。

䷈ 小畜，六四，惕出无咎。

䷉ 履，九四，履虎尾，愬愬终吉。

䷪ 夬，九二，惕号，莫夜有戎，勿恤。

号

䷪ 夬，孚号有厉。

九二，惕号。

上六，无号，终有凶。

䷬ 萃，初六，若号，一握为笑。

戒

既济，六四，繻有衣袽，终日戒。

嗟

萃，六三，萃如，嗟如。

离，九三，则大耋之嗟。

六五，戚嗟若。

涕泣

离，六五，出涕沱若，戚嗟若。

萃，上六，赍咨涕洟。

屯，上六，泣血涟如。

中孚，六三，或泣或歌。

号咷

同人，九五，同人先号咷而后笑。

旅，上九，旅人先笑后号咷。

羞

否，六三，包羞。

恒，九三，不恒其德，或承之羞。

心病

坎，为心病。

耳痛

坎，为耳痛。

疾

无妄，九五，无妄之疾，勿药有喜。

豫，六五，贞疾，恒不死。

䷨ 损，六四，损其疾，使遄有喜。

䷠ 遁，九三，系遁，有疾厉。

䷱ 鼎，九二，我仇有疾，不能我即。

䷶ 丰，六二，往得疑疾。

䷹ 兑，九四，介疾有喜。

焚死弃

䷝ 离，九四，突如其来如，焚如，死如，弃如。

棺　椁

䷛ 古之葬者，厚衣之以薪，葬之中野，不封不树，丧期无数。后世圣人易之以棺椁，盖取诸《大过》。

隐　伏

☵ 坎，为隐伏。

鬼

䷥ 睽，上九，载鬼一车。

身体类

身

䷳ 艮，艮其背，不获其身。

六四，艮其身。

䷺ 涣，六三，涣其躬。

䷦ 蹇，六二，王臣蹇蹇，匪躬之故。

首

☰ 乾，为首。

䷇ 比，上六，比之无首。

䷝ 离，上九，有嘉折首。

䷣ 明夷，九三，明夷于南狩，得其大首。
䷾ 既济，上六，濡其首。
䷿ 未济，上九，有孚于饮酒，无咎，濡其首。

顶

䷛ 大过，上六，过涉灭顶，凶。

寡　发

☴ 巽，为寡发。

广　颡

☴ 巽，为广颡。

面

䷰ 革，上六，小人革面。

頄

䷪ 夬，九三，壮于頄。

鼻

䷔ 噬嗑，六二，噬肤灭鼻。

目

☲ 离，为目。
☴ 巽，为多白眼。
䷈ 小畜，九三，夫妻反目。

眇

䷉ 履，六三，眇能视。
䷵ 归妹，九二，眇能视。

视

䷲ 震，上六，视矍矍。

盱

䷏ 豫，六三，盱豫悔。

观

䷓ 观，初六，童观。六二，窥观。

辅颊舌

䷞ 咸，上六，咸其辅颊舌。䷳ 艮，六五，艮其辅。

口舌

☱ 兑，为口。☱ 兑，为口舌。

颐

䷔ 噬嗑，颐中有物，曰噬嗑。

䷚ 颐，初九，舍尔灵龟，观我朵颐。

六二，颠颐。

六三，拂颐。

六四，颠颐。

上九，由颐。

须

䷕ 贲，六二，贲其须。

耳

☵ 坎，为耳。䷔ 噬嗑，上九，荷校灭耳。

耳　痛

☵ 坎，为耳痛。

心

䷞ 咸，九四，憧憧往来，朋从尔思。

䷳ 艮，九三，厉熏心。

腹

☷ 坤，为腹。

☲ 离，为大腹。

䷣ 明夷，六四，入于左腹，获明夷之心，于出门庭。

限 夤

䷳ 艮，九三，艮其限，列其夤，厉薰心。

背

䷳ 艮，艮其背，不获其身。

脢

䷞ 咸，九五，咸其脢。

手

☶ 艮，为手。

肱

䷶ 丰，九三，折其右肱。

指

☶ 艮，为指。

臀

䷮ 困，初六，臀困于株木。

䷫ 姤，九三，臀无肤。

䷪ 夬，九四，臀无肤。

肤

剥，六四，剥床以肤。 姤，九三，臀无肤。
夬，九四，臀无肤。

血

坎，为血卦，为赤。 涣，上九，涣其血，去逖出。
需，六四，需于血。 屯，上六，泣血涟如。
小畜，六四，血去惕出。

汗

涣，九五，涣汗其大号。

足

震，为足。

股

巽，为股。
咸，九三，咸其股，执其随。
明夷，六二，明夷，夷于左股。用拯马壮吉。

腓

咸，六二，咸其腓。 艮，六二，艮其腓。

拇

咸，初六，咸其拇。 解，九四，解而拇。

趾

噬嗑，初九，履校灭趾。
贲，初九，贲其趾，舍车而徒。
大壮，初九，壮于趾。

䷪ 夬，初九，壮于前趾。
䷳ 艮，初六，艮其趾。

跛

䷉ 履，六三，跛能履。　䷵ 归妹，初九，跛能履。

饮食类

饮　食

䷴ 渐，六二，饮食衎衎。
䷙ 大畜，不家食，吉。
䷮ 困，九二，困于酒食。
䷣ 明夷，初九，君子于行，三日不食。

口　实

䷚ 颐，观颐，自求口实。

朵　颐

䷚ 颐，初九，观我朵颐。

噬　嗑

䷔ 颐中有物，曰噬嗑。

噬　肤

䷔ 噬嗑，六二，噬肤灭鼻。　䷥ 睽，六五，厥宗噬肤。

噬腊肉

䷔ 噬嗑，六三，噬腊肉遇毒。

噬乾胏

䷔ 噬嗑，九四，噬乾胏。

噬乾肉

䷔ 噬嗑，六五，噬乾肉。

雉　膏

䷱ 鼎，九三，雉膏不食。

公　𫗧

䷱ 鼎，九四，鼎折足，覆公𫗧。

酒

䷜ 坎，六四，樽酒簋贰，用缶，纳约自牖。

䷿ 未济，上九，有孚于饮酒，无咎，濡其首。

臭

䷸ 巽，为臭。

衣服类

衣　裳

䷀ ䷁ 黄帝、尧、舜垂衣裳而天下治，盖取诸《乾》、《坤》。

黄　裳

䷁ 坤，六五，黄裳，元吉。

绂

䷮ 困，九二，朱绂方来。　　九五，困于赤绂。

鞶　带

䷅ 讼，上九，或锡之鞶带，终朝三褫之。

袂

䷵ 归妹，六五，其君之袂，不如其娣之袂良。

宫室类

宫　室

䷡ 上古穴居而野处，后世圣人易之以宫室，上栋下宇，以待风雨，盖取诸《大壮》。

屋

䷶ 丰，上六，丰其屋，蔀其家。

庐

䷖ 剥，上九，小人剥庐。

栋

䷛ 大过，栋桡。

九三，栋桡，凶。

九四，栋隆，吉。

庭

䷪ 夬，扬于王庭。

䷣ 明夷，六四，获明夷之心，于出门庭。

䷳ 艮，行其庭，不见其人。

阶

䷭ 升，六五，升阶。

门

䷏ 重门击柝，以待暴客，盖取诸《豫》。

☶ 艮，为门阙。

䷌ 同人，初九，同人于门。

䷻ 节，九二，不出门庭。

户

䷻ 节，初九，不出户庭。

䷶ 丰，上六，窥其户，阒其无人。

牖

䷜ 坎，六四，纳约自牖。

巷

䷥ 睽，九二，遇主于巷。

邻

䷈ 小畜，九五，富以其邻。

䷊ 泰，六四，不富以其邻。

䷲ 震，上六，震不于其躬，于其邻。

䷎ 谦，六五，不富以其邻。

䷾ 既济，九五，东邻杀牛，不如西邻之禴祭，实受其福。

旅　次

䷷ 旅，六二，旅即次。　　九四，旅焚其次。

货财类

玉

☰ 乾，为玉。　　䷱ 鼎，上九，鼎玉铉。

金

☰ 乾，为金。

䷔ 噬嗑，九四，得金矢。

六五，得黄金。

䷮ 困，九四，困于金车。

䷱ 鼎，六王，金铉。

圭

䷩ 益，六三，告公用圭。

布

☷ 坤，为布。

帛

䷕ 贲，六五，束帛戋戋。

贝

䷲ 震，六二，亿丧贝，跻于九陵。勿逐，七日得。

资

䷷ 旅，六二，怀其资。

九四，得其资斧。

䷸ 巽，上九，丧其资斧。

器用类

书　契

䷪ 上古结绳而治，后世圣人易之以书契，百官以治，万民以察，盖取诸《夬》。

车

䷐ 服牛乘马，引重致远，以利天下，盖取诸《随》。

䷮ 困，九四，困于金车。

䷕ 贲，初九，舍车而徒。

䷥ 睽，上九，载鬼一车。

大　车

䷍ 大有，九二，大车以载。

舆

☷ 坤，为大舆。

☵ 坎，其于舆也，为多眚。

䷡ 大壮，九四，壮于大舆之輹。

䷖ 剥，上九，君子得舆。

䷥ 睽，六三，见舆曳，其牛掣。

䷙ 大畜，九三，曰闲舆卫。

轮

☵ 坎，为弓轮。

䷿ 未济，九二，曳其轮。

䷾ 既济，初九，曳其轮。

辐

䷈ 小畜，九三，舆说辐。

輹

䷡ 大壮，九四，壮于大舆之輹。

䷙ 大畜，九二，舆说輹。

茀

䷾ 既济，六二，妇丧其茀，勿逐，七日得。

金　柅

䷫ 姤，初六，系于金柅。

舟 楫

䷺ 刳木为舟，剡木为楫。舟楫之利，以济不通，致远以利天下，盖取诸《涣》。

䷼ 中孚，利涉大川，乘木舟虚也。

䷾ 既济，六四，繻有衣袽，终日戒。

匕 鬯

䷲ 震，震惊百里，不丧匕鬯。

鼎

䷱ 鼎，初六，鼎颠趾，利出否。

九二，鼎有实。

九三，鼎耳革，其行塞，雉膏不食。

九四，鼎折足，覆公𫗧，其形渥。

六五，鼎黄耳，金铉。

上九，鼎玉铉。

釜

䷁ 坤，为釜。

柄

䷁ 坤，为柄。

樽

䷜ 坎，六四，樽酒簋。

簋

䷜ 坎，六四，樽酒簋。

䷨ 损，曷之用？二簋可用亨。

筐

䷵ 归妹，上六，女承筐无实。

缶

䷜ 坎，六四，贰用缶。

䷇ 比，初六，有孚盈缶。

䷝ 离，九三，不鼓缶而歌。

瓮

䷯ 井，九二，瓮敝漏。

瓶

䷯ 井，羸其瓶。

杵　臼

䷽ 断木为杵，掘地为臼。臼杵之利，万民以济，盖取诸《小过》。

床

䷖ 剥，初六，剥床以足。

六二，剥床以辨。

六四，剥床以肤。

䷸ 巽，九二，巽在床下。

上九，巽在床下。

枕

䷜ 坎，六三，险且枕。

机

䷺ 涣，九二，涣奔其机。

囊

䷁ 坤，六四，括囊。

绳

☴ 巽，为绳直。

罔　罟

☲ 作结绳，而为罔罟，以佃以渔，盖取诸《离》。

弓　矢

䷥ 弦木为弧，剡木为矢，弧矢之利，以威天下，盖取诸《睽》。

☵ 坎，为矫揉，为弓轮。

䷥ 睽，上九，先张之弧，后说之弧。

䷔ 噬嗑，九四，得金矢。

䷧ 解，九二，田获三狐，得黄矢。

䷷ 旅，六五，射雉，一矢亡。

弋

䷽ 小过，六五，公弋取彼在穴。

甲　胄

☲ 离，为甲胄。

戈　兵

☲ 离，为戈兵。

斧

䷷ 旅，九四，得其资斧。　䷸ 巽，上九，丧其资斧。

国典类

庙

䷬ 萃，王假有庙。　　䷺ 涣，王假有庙。

祭　祀

䷮ 困，九二，利用亨祀。

九五，利用祭祀。

䷬ 萃，六二，孚乃利用禴。

䷭ 升，九二，孚乃利用禴。

䷓ 观，盥而不荐，有孚颙若。

䷨ 损，曷之用？二簋可用亨。

䷢ 晋，六二，受兹介福于其王母。

用　牲

䷬ 萃，用大牲吉。

䷾ 既济，九五，东邻杀牛，不如西邻之禴祭，实受其福。

亨　帝

䷩ 益，六二，王用亨于帝，吉。

亨　山

䷐ 随，上六，王用亨于西山。

䷭ 升，六四，王用亨于岐山。

宾　王

䷓ 观，六四，观国之光，利用宾于王。

亨

䷍ 大有，九三，公用亨于天子，小人弗克。

锡　马

䷢ 晋，康侯用锡马蕃庶，昼日三接。

锡鞶带

䷅ 讼，上九，或锡之鞶带，终朝三褫之。

锡　命

䷆ 师，九二，王三锡命。

上六，大君有命，开国承家，小人勿用。

大　号

䷺ 涣，九五，涣汗其大号。

迁　国

䷩ 益，六四，利用为依迁国。

师田类

征　伐

䷝ 离，上九，王用出征，有嘉折首，获匪其丑。

䷎ 谦，六五，利用侵伐。

上六，利用行师，征邑国。

䷢ 晋，上九，晋其角，维用伐邑。

䷾ 既济，九三，高宗伐鬼方，三年克之。

䷿ 未济，九四，震用伐鬼方，三年有赏于大国。

行　师

䷆ 师，贞，丈人吉，无咎。

初六，师出以律，否臧凶。

九二，在师中吉，无咎，王三锡命。

六三，师或舆尸，凶。

六四，师左次，无咎。

六五，长子帅师，弟子舆尸，贞凶。

䷏ 豫，利建侯行师。

䷗ 复，上六，用行师，终有大败。以其国君凶，至于十年不克征。

戎

䷌ 同人，九三，伏戎于莽。升其高陵，三岁不兴。

䷪ 夬，不利即戎。

九二，惕号，莫夜有戎，勿恤。

克

䷌ 同人，九五，大师克相遇。

攻

䷌ 同人，九四，乘其墉，弗克攻。

狩

䷣ 明夷，九三，明夷于南狩，得其大首。

田

䷆ 师，六五，田有禽，利执言。

䷟ 恒，九四，田无禽。

䷧ 解，九二，田获三狐。

䷸ 巽，六四，田获三品。

三　驱

䷇ 比，九五，王用三驱，失前禽，邑人不诫。

即　鹿

䷂ 屯，六三，即鹿无虞，惟入于林中。

动物类

龙

☳ 震，为龙。

䷀ 乾，初九，潜龙。

　　九二，见龙在田。

　　九四，或跃在渊。

　　九五，飞龙在天。

　　上九，亢龙。

　　用九，见群龙无首。

䷁ 坤，上六，龙战于野，其血玄黄。

鱼

䷫ 姤，九二，包有鱼。

　　九四，包无鱼。

䷖ 剥，六五，贯鱼。

豚鱼

䷼ 中孚，豚鱼吉。

鲋

䷯ 井，九二，井谷射鲋。

鳖

☲ 离，为鳖。

蟹

☲ 离，为蟹。

蠃

☲ 离，为蠃。

蚌

☲ 离，为蚌。

龟

䷨ 损，六五，或益之十朋之龟，弗克违。

䷩ 益，六二，或益之十朋之龟，弗克违。

䷚ 颐，初九，舍尔灵龟。

马

☰ 乾，为马，为良马，为老马，为瘠马，为驳马。

☳ 震，其于马也，为善鸣，为馵足，为作足，为的颡。

☵ 坎，其于马也，为美脊，为亟心，为下首，为薄蹄，为曳。

䷙ 大畜，九三，良马逐。

白马

䷕ 贲，六四，贲如皤如，白马翰如。

马壮

䷣ 明夷，六二，夷于左股，用拯马壮，吉。

䷺ 涣，初六，用拯马壮，吉。

乘马

䷂ 屯，六二，屯如邅如，乘马班如。

六四，乘马班如。

上六，乘马班如。

牝马

䷁ 坤，利牝马之贞。

锡马

䷢ 晋，康侯用锡马蕃庶。

丧　马

䷥ 睽，初九，丧马勿逐，自复。

䷼ 中孚，六四，马匹亡。

牛

☷ 坤，为牛。

䷘ 无妄，六三，无妄之灾，或系之牛。行人之得，邑人之灾。

䷥ 睽，六三，见舆曳，其牛掣。

子母牛

☷ 坤，为子母牛。

牝　牛

䷝ 离，畜牝牛，吉。

童　牛

䷙ 大畜，六四，童牛之牿。

黄　牛

䷠ 遁，六二，执之用黄牛之革，莫之胜说。

䷰ 革，初九，巩用黄牛之革。

丧　牛

䷷ 旅，上九，丧牛于易。

角

䷢ 晋，上九，晋其角。　䷫ 姤，上九，姤其角。

羊

☱ 兑，为羊。

羝　羊

䷡ 大壮，九三，羝羊触藩，羸其角。

九四，藩决不羸。

上六，羝羊触藩，不能退，不能遂。

牵　羊

䷪ 夬，九四，牵羊悔亡。

刲　羊

䷵ 归妹，上六，士刲羊无血。

丧　羊

䷡ 大壮，六五，丧羊于易。

豕

☵ 坎，为豕。

䷥ 睽，上九，见豕负涂。

豮　豕

䷙ 大畜，六五，豮豕之牙。

羸　豕

䷫ 姤，初六，羸豕孚蹢躅。

狗

☶ 艮，为狗。

虎

䷉ 履，履虎尾，不咥人。

六三，履虎尾，咥人凶。

九四，履虎尾，愬愬终吉。

虎　视

䷚ 颐，六四，虎视眈眈，其欲逐逐。

虎　变

䷰ 革，九五，大人虎变。

豹　变

䷰ 革，上六，君子豹变。

鹿

䷂ 屯，六三，即鹿无虞。

狐

䷧ 解，九二，田获三狐，得黄矢。

䷾ 既济，初九，濡其尾。

䷿ 末济，小狐汔济，濡其尾。

初六，濡其尾。

禽

䷆ 师，六五，田有禽。

䷇ 比，九五，失前禽。

䷟ 恒，九四，田无禽。

䷯ 井，初六，旧井无禽。

飞　鸟

䷽ 小过，有飞鸟之象焉，飞鸟遗之音，不宜上宜下。

初六，飞鸟以凶。

上六，飞鸟离之，凶。

䷣ 明夷，初九，明夷于飞，垂其翼。

巢

䷷ 旅，上九，鸟焚其巢。

鸡

☴ 巽，为鸡。 ䷼ 中孚，上九，翰音登于天。

鹤

䷼ 中孚，九二，鸣鹤在阴，其子和之，我有好爵，吾与尔靡之。

雉

☲ 离，为雉。 ䷷ 旅，六五，射雉一矢亡。

鸿

䷴ 渐，初六，鸿渐于干。
六二，鸿渐于磐。
九三，鸿渐于陆。
六四，鸿渐于木，或得其桷。
九五，鸿渐于陵。
上九，鸿渐于陆，其羽可用为仪。

隼

䷧ 解，上六，公用射隼于高墉之上，获之，无不利。

鼠

☶ 艮，为鼠。 ䷢ 晋，六四，晋如鼫鼠。

黔 喙

☶ 艮，为黔。喙之属。

植物类

木

☴ 巽，为木。

䷛ 泽灭木，大过。

䷭ 地中生木，升。

䷯ 木上有水，井。

䷱ 木上有火，鼎。

䷴ 山上有木，渐。

☵ 坎，其于木也，为坚多心。

☲ 离，其于木也，为科上槁。

☶ 艮，其于木也，为坚多节。

䷴ 渐，六四，鸿渐于木，或得其桷。

株　木

䷮ 困，初六，臀困于株木。

杞

䷫ 姤，九五，以杞包瓜。

苞　桑

䷋ 否，九五，其亡其亡，系于苞桑。

杨

䷛ 大过，九二，枯杨生稊。　　九五，枯杨生华。

木　果

☰ 乾，为木果。　　䷖ 剥，上九，硕果不食。

果　蓏

☶ 艮，为果蓏。

瓜

䷫ 姤，九五，以杞包瓜。

稼

☳ 震，其于稼也，为反生。

苋

䷪ 夬，九五，苋陆。

竹

☳ 震，为苍筤竹。

萑 苇

☳ 震，为萑苇。

茅

䷊ 泰，初九，拔茅茹以其汇。

䷋ 否，初六，拔茅茹以其汇。

䷛ 大过，初六，藉用白茅，无咎。

旉

☳ 震，为旉。

蕃 鲜

☳ 震，为蕃鲜。

葛 藟

䷮ 困，上六，困于葛藟。

蒺 藜

䷮ 困，九四，据于蒺藜。

丛 棘

䷜ 坎，上六，寘于丛棘。

林中

䷂ 屯，六三，即鹿无虞，惟入于林中。

莽

䷌ 同人，九三，伏戎于莽。

藩

䷡ 大壮，九三，羝羊触藩。
九四，藩决不羸。
上六，羝羊触藩。

杂　类

圆

☰ 乾，为圆。

方

䷁ 坤，六二，直方大。

长

☴ 巽，为长。

高

☴ 巽，为高。

均

☷ 坤，为均。

文

☷ 坤，为文。

通

☵ 坎，为通。

乾 卦

☲ 离，为乾卦。

毁 折

☱ 兑，为毁折。

附 决

☱ 兑，为附决。

大 赤

☰ 乾，为大赤。

䷮ 困，九二，朱绂方来。

赤

☵ 坎，为赤。

䷮ 困，九五，困于赤绂。

黄

䷁ 坤，六五，黄裳。

䷝ 离，六二，黄离。

䷱ 鼎，六五，鼎黄耳。

䷧ 解，九二，得黄矢。

䷠ 遁，六二，执之用黄牛之革。

䷰ 革，初九，巩用黄牛之革。

白

☴ 巽，为白。

䷕ 贲，六四，贲如皤如，白马翰如。

上九，白贲。

黑

☷ 坤，其于地也，为黑。

苍

☳ 震，为苍筤竹。

濡

䷕ 贲，六四，贲如濡如。

冥

䷏ 豫，上六，冥豫。 ䷭ 升，上六，冥升。

鼿 卼

䷮ 困，上六，困于葛藟，于鼿卼。

总 论

上卦象分为十七类，以便学者之观考。汉时荀《九家易》所取象见《本义》，今略之。究而论之，卦画之刚柔上下，中正承乘，有应无应，当位不当位，皆象也。五为君而不必皆君，二为臣而不必皆臣。一卦一爻，人人皆可用也。其象如镜中之花，水中之月，不可谓有，亦不可谓无。由未有辞而观《易》，花月之影，止在卦画。由即有辞而观《易》，则花月之影，又兼在彖爻。以往事证之，如毕万之后必大，陈氏之代齐有国，崔杼之入宫不见妻，叔孙豹之三日馁死，固奇矣。晋献公筮嫁伯姬于秦，而得归妹之睽，其证应尤奇。惠公在秦许赂其君臣而皆不与，非承筐之无实乎？所谓女者非伯姬，乃应献公之子也。晋饥，秦输之粟，是士刲羊。秦饥，晋闭之籴，是视羊血如无血也。归妹睽孤，并其变爻之辞而亦验焉。烝贾君，是负涂之豭豕也。秦占以为雄狐，而晋占以为豭豕，固一类也。背惠食言，幽昧难测，非乘车之鬼魅乎？韩原被获，先张弧也。舍诸灵台，后说弧也。终得归国，遇雨之吉也。而实为婚媾释仇，则以伯姬登台履薪之请故也。此筮不应于近而应于远，使应于近，似约婚不终，伯姬不嫁秦矣。唯应于远，乃在西邻责言，韩原一战，既婚而寇，既寇而仍从婚也。周公设象，似属不经。婚礼妇见舅姑乃执贽，未闻先承筐也。壻奠雁，未闻刲羊也。至涂豕鬼车，尤不经之甚。后之筮得者，其征应之奇乃如此。则卦象洵如镜花水月，非有非无。凡卦象有可解者，以本卦、互卦、变卦之理解之。其不可强通者，则姑阙之。玩其辞，不泥其象，有占得之者，听其事之征应可也。必欲强而通之，鲜有不出于附会穿凿者矣。

来氏说《易》，专求之象者也。如以豚鱼将风而拜，鹤鸣将霜，鸡鸣将晓，皆物之有信者，故于中孚言之。又以明夷初爻变艮，则中间一画似鸟身，上下似翼，如小过之飞鸟。初爻变，故曰垂其翼。皆说之可取者。若其以卦错取象，错即对卦，如乾对坤、坎对离，何能象之？此则不可通而强求通，凿亦甚矣。

河洛精蕴卷之六

勾股原始

黄帝臣隶首作九数，勾股其一，以御高深远近。其说始见《周髀算经》。云：昔者周公问于商高曰："窃闻子大夫善数也，请问古者庖牺立周天历度，夫天不可阶而升，地不可尺寸而度，请问数安从出？"商高曰："数之法出于圆方，圆出于方，方出于矩，矩出于九九八十一。故折矩以为勾广三，股修四，径隅五。既方之外，半其一矩，环而共盘，得成三四五，两矩共长二十有五，是谓积矩，故禹之所以治天下者，此也。"

勾三股四弦五图

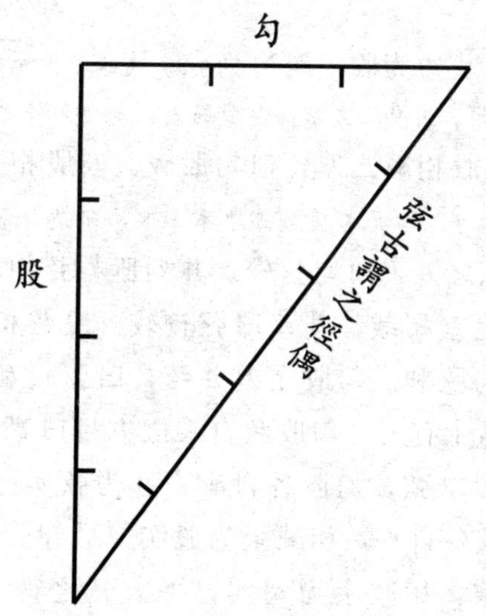

勾股幂图

其中方目亦谓之实，亦谓之积。

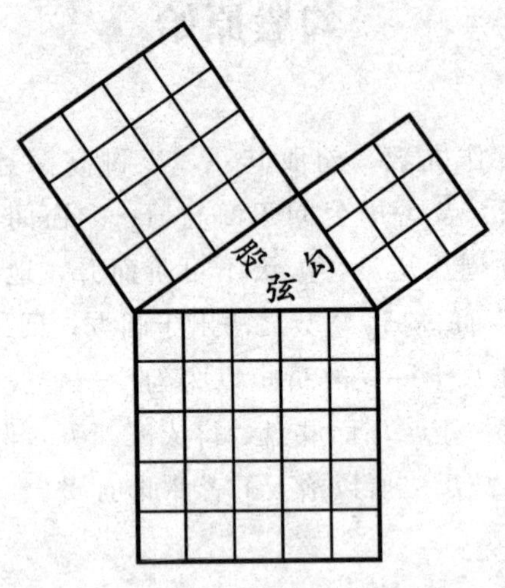

勾股名义

短边为勾，长边为股，斜边为弦。或随纵横之势，恒以横者为勾，纵者为股，不论长短。又有正方形，勾股同长，是为无较之勾股，任呼一边为勾，一边为股。勾股相减之差，曰勾股较。勾股相并之数，曰勾股和。或省文单举较字，即是勾股较。单举和字，即是勾股和。股弦之差，曰股弦较。勾弦之差，曰勾弦较。并勾股与弦相减之差，曰弦和较。弦与勾股之差相减，其差曰弦较较。股弦相并，曰股弦和。勾弦相并，曰勾弦和。勾股之差并弦，曰弦较和。勾股弦相并，曰弦和和。其名十有三。勾股弦自乘之方目曰幂，或曰实，其中容受曰积。勾股求弦，勾股各自乘，并为弦实。平方开之得弦。勾弦求股，勾弦各自乘，相减余为股实，平方开之得股。股弦求勾，股弦各自乘，相减余为勾实，平方开之得勾。以此三法为要，其余诸较诸和，皆有相求之法。犹可缓也。

论勾股之用至博

勾股可以测地，亦可以窥天。其理至精，其用至博。凡方圆三角诸形，皆依勾股立算。虽浑圆弧曲，亦必以勾股直线算之。虚空中绝无勾股之迹，亦可寻出勾股算之。日月星辰之高下，行度之迟疾，交食之浅深，御之以勾股则分秒莫能遁。若数十里间，立表测望，而知高深远近，犹其用之小者耳。近世天学家讲论綦详，究其根源，亦与《河图》、《洛书》、八卦、五行相联贯，学《易》者，何可不深究乎？

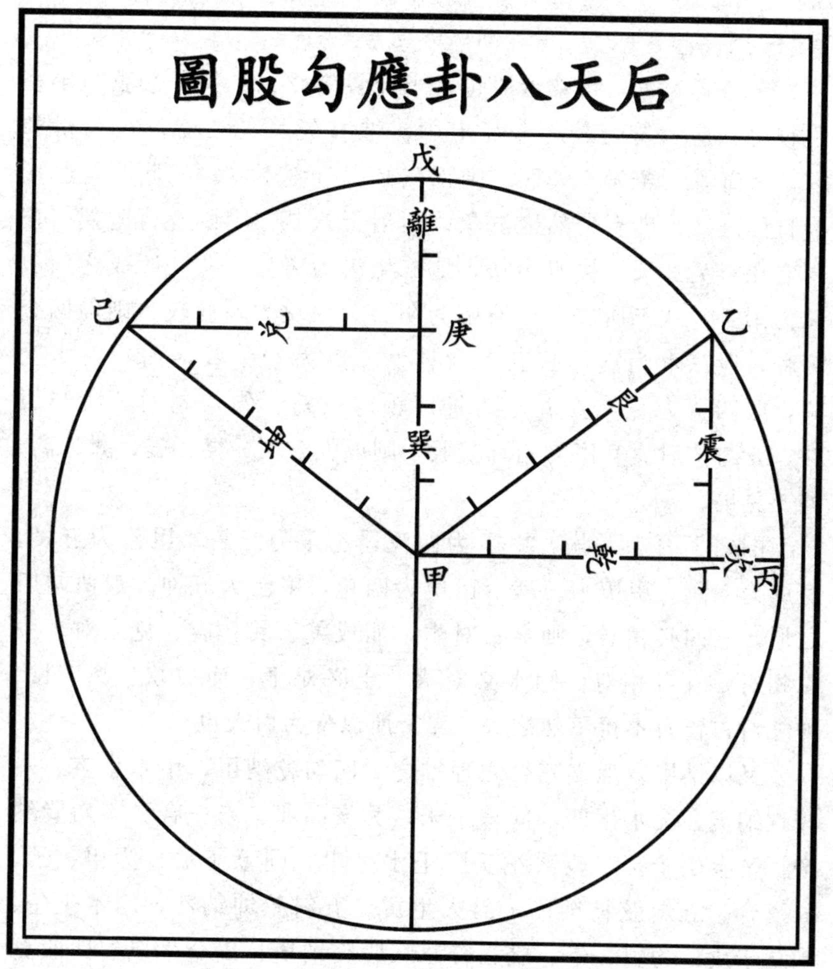

图说

后天八卦，乾与巽对，坎与离对，艮与坤对，震与兑对。水火两相对，阳土阴土自相对，阳金对阴木，阳木对阴金。此其理，算家弧矢勾股正象之。凡平圆中截出一为矢，则余弦必四，正弦必三。截出二为矢，则余弦必三，正弦必四，而半径恒为五。勾股法有二，一以短者为勾，长者为股。一以横者为勾，直者为股。此用横直之法，如图之甲至庚，亦作横论。己至庚，亦作直论。

余法者勾也，正弦者股也，半径者斜弦也。矢者余弦与半径之较也，是为勾弦较。全径十中，惟有矢一矢二者，正弦得整数，无奇零。若矢三矢四，则正弦必有奇零不尽。故此两勾股形为自然之数，即有自然之法象。而后天八卦，阴阳五行配偶，正与之相符矣。天一生水为坎，地二生火为离。故从一所成之勾股弦为阳卦，从二所成之勾股弦为阴卦。一坎为勾弦较，则勾四金为乾，股三木为震，弦五土为艮。二离为勾弦较，则勾三木为巽，股四金为兑，弦五土为坤。较与较对，勾与勾对，股与股对，弦与弦对。其序为勾较弦股，则成乾、坎、艮、震、巽、离、坤、兑矣。

图之丁丙为一坎，甲丁为四乾，乙丁为三震，甲乙为五艮，庚戊为二离，甲庚为三巽，己庚为四兑，甲己为五坤。观两勾股之形，三四必相对，则金必对木，而成乾、巽、震、兑之对。一二相对，五自相对，则水必对火，土必对土，而成坎、离、艮、坤之对，皆有不得不然之势，先天所以变为后天也。

又以纳甲及地支三合之理推之，四勾乾纳甲，甲木生亥。一较坎纳癸，癸水生卯，同墓于未，为亥、卯、未三合。三勾巽纳辛，辛金生子。二较离纳壬，壬水生申，同墓于辰，为申、子、辰三合。五斜弦艮纳丙，丙火生寅。五斜弦坤纳乙，乙木生午，同墓于戌，为寅、午、戌三合。三股震纳庚，庚金生巳。四股兑纳丁，丁火生酉，同墓于丑，为巳、酉、丑三合。坎与乾相比为偶，离与巽相比为偶，艮与坤相对为偶，震与兑相对为偶也。然则后天八卦，水火一而金木土各二，即平圆中弧矢勾股之理也。

河图五勾股说

图、书，点数也，即有线之理。图以两数相合，犹勾股以两线成矩也，有两线则弦线在其间矣。线之长短无定，而图之五方各合两线，皆以五为宗，相减皆得五，是以有法之合立之则，所以该夫无穷之勾股也。中央五与十之勾股，则西人所谓理分中末线者由此出，亦大奇矣。

一与六：勾一，股六，勾幂一，股幂三十六，弦幂三十七，勾股和七，勾股较五，和幂四十九，较幂二十五。

二与七：勾二，股七，勾幂四，股幂四十九，弦幂五十三，勾股和九，勾股较五，和幂八十一，较幂二十五。

三与八：勾三，股八，勾幂九，股幂六十四，弦幂七十三，勾股和十一，勾股较五，和幂一百二十一，较幂二十五。

四与九：勾四，股九，勾幂十六，股幂八十一，弦幂九十七，勾股和十三，勾股较五，和幂一百六十九，较幂二十五。

五与十：勾五，股十，勾幂二十五，股幂一百，弦幂一百二十五，勾股和十五，勾股较五，和幂二百二十五，较幂二十五。

各以弦幂开方求弦，尾数皆有奇零不尽。

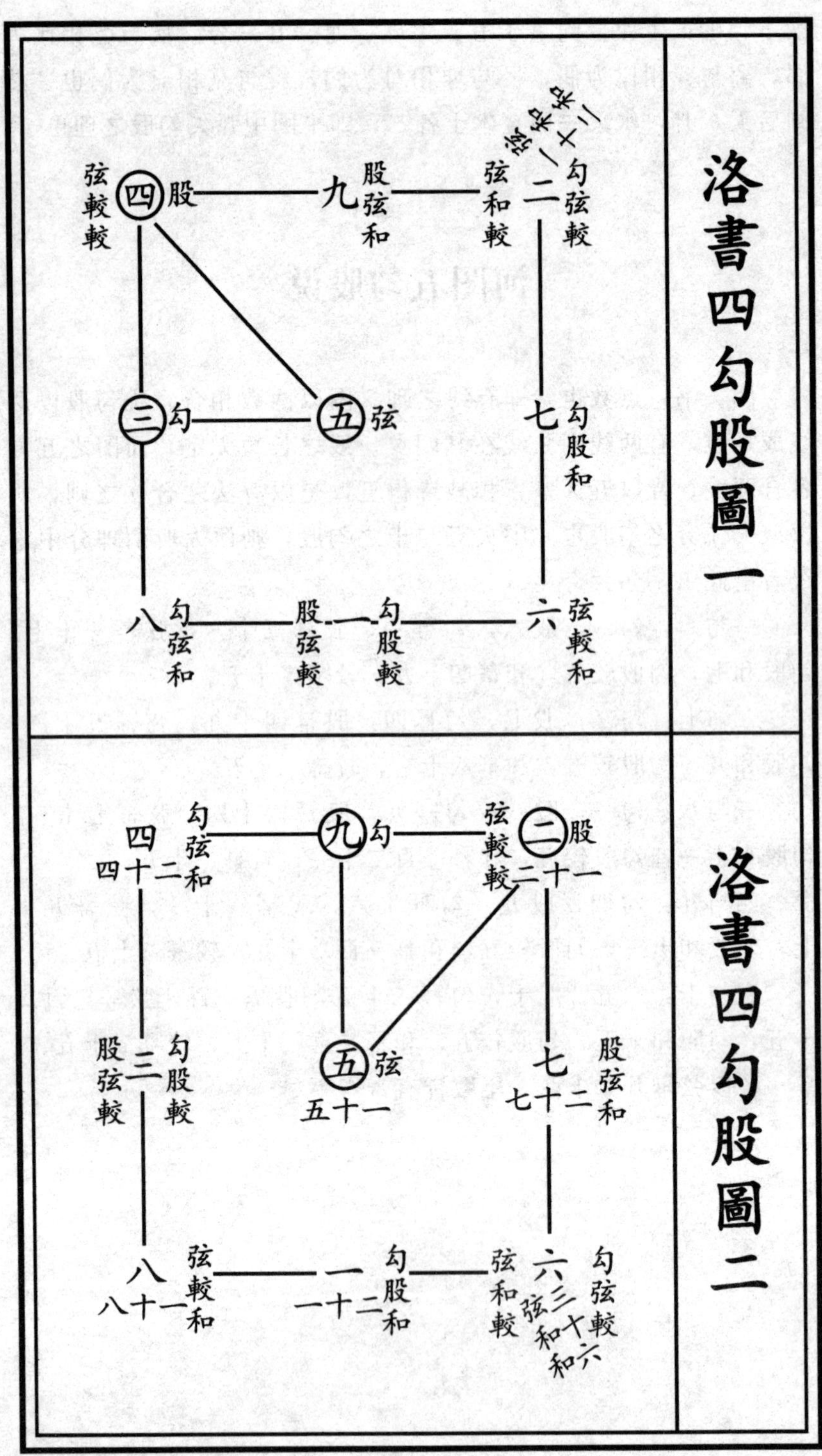
洛書四勾股圖一
四股
弦較較
九
股弦和
二
弦和較
勾弦較
三勾
五弦
七
勾股和
八
勾弦和
一
股弦較
勾股較
六
弦較和
洛書四勾股圖二
四
四十二
勾弦和
九勾
二股
二十一
弦較較
三
股弦較
勾股較
五弦
五十一
七
七十二
股弦和
八
八十一
弦較和
一
一十二
勾股和
六
三十六
弦和較
勾弦較
弦和和

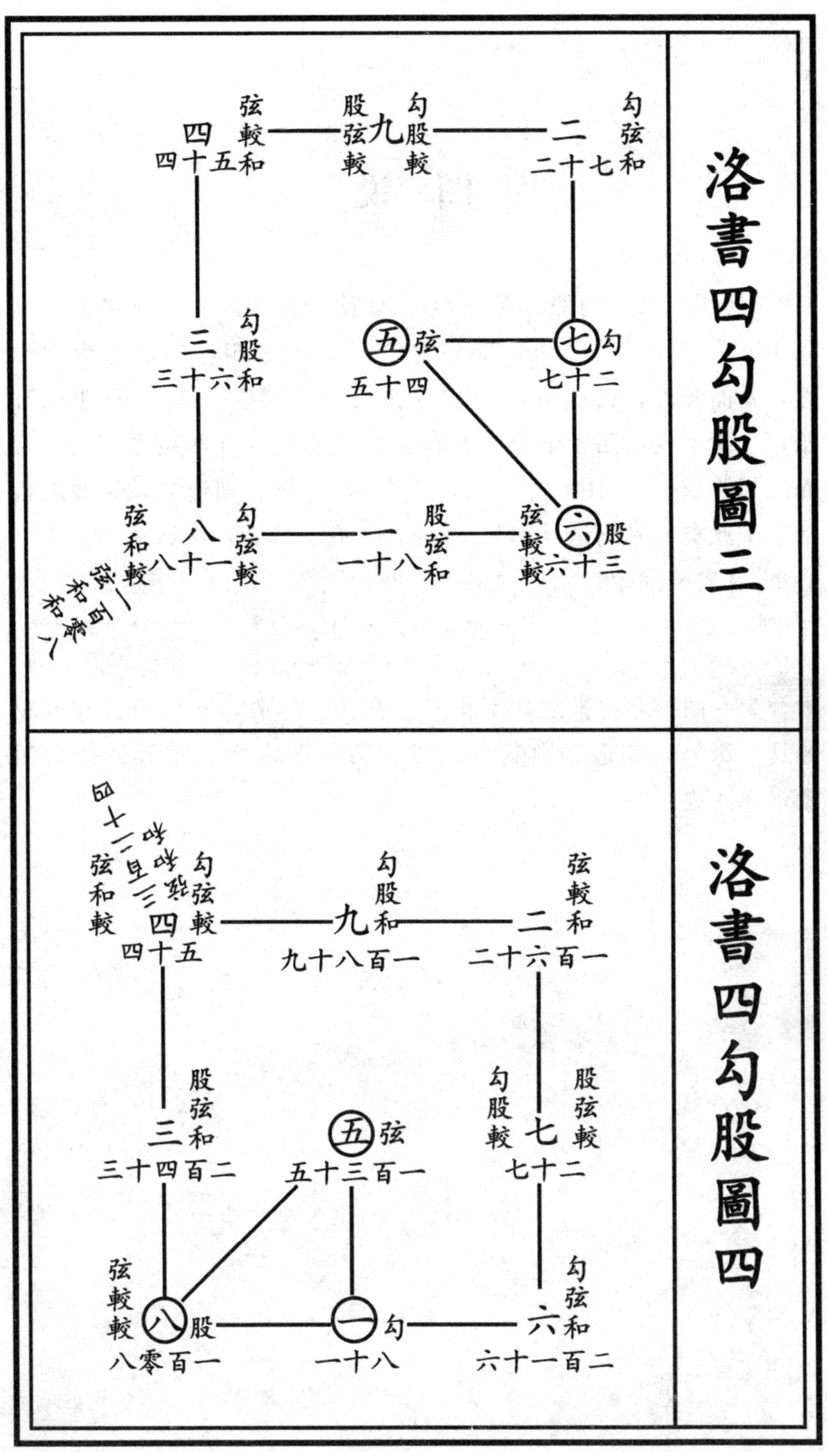
洛書四勾股圖三
四
弦較和
四十五
九
股弦較
勾股較
二
勾弦和
二十七
三
勾股和
三十六
五
弦
五十四
七
勾
七十二
八
弦和較
勾弦較
八十一
弦和和
一百零八
一
股弦和
一十八
六
弦較較
股
六十三
洛書四勾股圖四
四
弦和較
勾弦較
弦和和
二百二十四
四十五
九
勾股和
九十八百一
二
弦較和
二十六百一
三
股弦和
三十四百二
五
弦
五十三百一
七
勾股較
股弦較
七十二
八
弦較較
股
八零百一
一
勾
一十八
六
勾弦和
六十一百二

图 说

《河图》具五勾股，弦数藏于勾股二幂之间，至《洛书》则以中五为弦，幂二十五。而东之三，东南之四，二幂适得二十五，并而开方，得弦五，是勾股弦得整数者。自勾三股四弦五始，三者木也，四者金也，五者土也，是五行有形质之三物，合而成勾股弦也。《图》之三四对于东西，《书》则连之，勾股之机括出于此矣。先儒论《图》、《书》，未有及此者，度数之学，未究心也。《启蒙附论》始作《洛书》四勾股图，皆以三倍迭加之，三加为九，九加为二十七，二十七加为八十一。四加为十二，十二加为三十六，三十六加为一百零八。五加为十五，十五加为四十五，四十五加为一百三十五。本合为一图。今更推之，不止三方合为一勾股，八位中五和五较皆具，每易一勾股，则其方位皆如第一图之次以推移，分为四图，详注之。

平圆两勾股得整数图

（见附图）

戊己全径十，甲戊半径五。截丙戊一，辛壬二，作乙丁、乙庚两线，又作乙甲斜线。则乙丙勾三，丙甲股四，乙甲弦五，乙丁通弦六，乙庚通弦八，皆得整数。

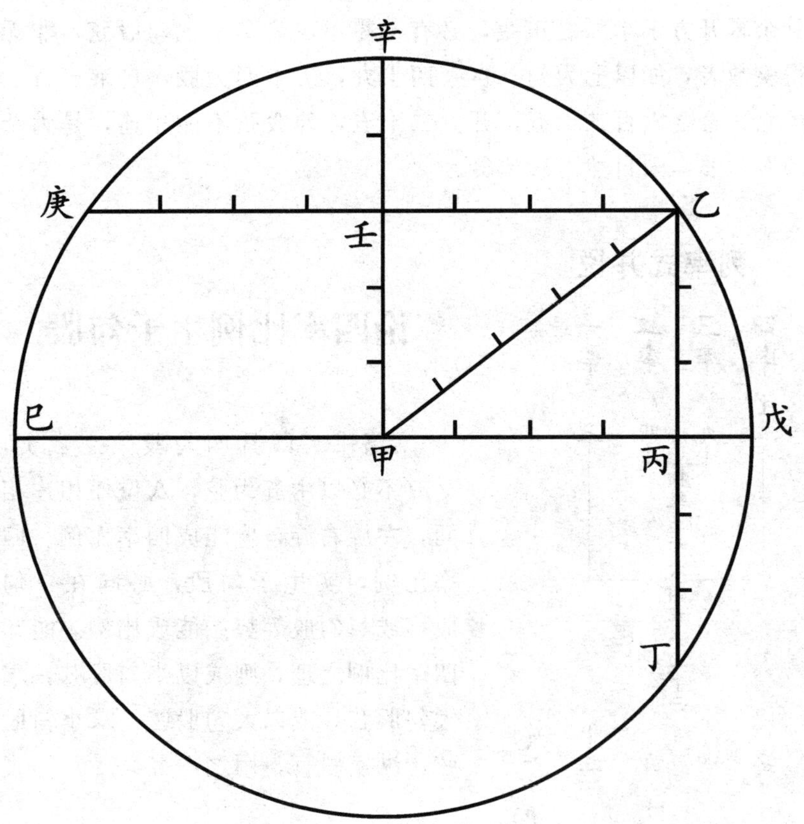

图说

《洛书》之北三方六、一、八相连，一升为十，自乘百，六、八两自乘方亦合得百。六者三之倍，八者四之倍，十者五之倍也。故平圆以十为全径，五为半径，能作三四勾股，六八通弦。以四为勾，三为股者，截矢一。以三为勾，四为股者，截矢二。惟此两勾股得整数，此五行自然之数，应后天之八卦。别有图见前。若截三以为矢而勾二，截四以为矢而勾一，则以勾幂减半径幂，其余幂开方求半弧之正弦，必有奇零不尽者矣。他勾股弦，非无得整数者，如以七为勾，自乘四十九，二十四为股，自乘五百七十六，合之六百二十五，开方二十五，勾股弦不能相连，是为杂勾股，非本来自然之法象矣。

列率式并说

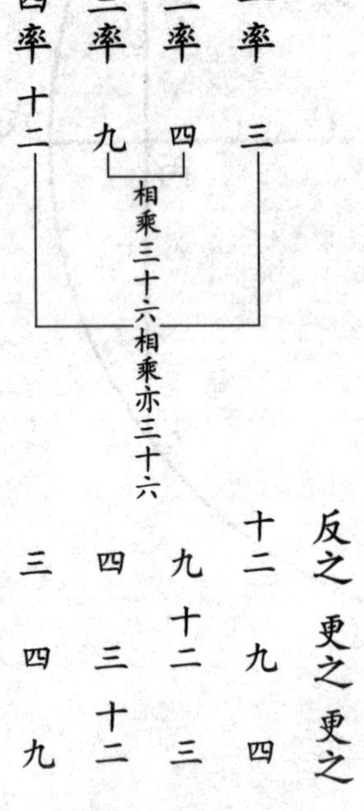

论四率比例生于勾股

《洛书》既具四勾股弦之数矣，又有不必以中五为弦，八位任相连相间，左旋右旋，皆能成四率比例。四率比例，实生于勾股，必同在一勾股，或与勾股等势始能成比例。能知四率比例之理，则或以小勾股弦，求大勾股弦，或以大勾股弦，求小勾股弦，纵横斜直，用之不穷矣。

一率二率者，原有之数也。三率者，今有之数，与一率同类者也。四率者，今所求得之数，与二率同类者也。此即古算家异乘同除之法，谓以异类者相乘为实，与今所有之同类者为法，而除实以得所求也。只是一与四相乘，与二、三相乘同积耳，此即勾股比例之理也。中二率可互易，而实如故。又可反之，以四率为一率，或更之以三率为一率，又更之以二率为一率，各视所求之类而易之。

洛书乘除比例法

按《启蒙附论》谓《洛书》为乘除之原，举一、三、七、九，二、四、六、八两例，此隔一位例也。今推相连，隔一隔二，皆可比例，而隔一者，更有三率连比例之法。

相连四率

一八三四：一与八，若三与二十四。二十四与三，若八与一。二十一与二十八，若三与四。四与三，若二十八与二十一。

八三四九：八与三，若二十四与九。九与二十四，若三与八。二十八与六十三，若四与九。九与四，若六十三与二十八。

三四九二：三与四，若九与十二。十二与九，若四与三。六十三与十四，若九与二。二与九，若十四与六十三。

四九二七：四与九，若十二与二十七。二十七与十二，若九与四。十四与四十九，若二与七。七与二，若四十九与十四。

九二七六：九与二，若二十七与六。六与二十七，若二与九。四十九与四十二，若七与六。六与七，若四十二与四十九。

二七六一：二与七，若六与二十一。二十一与六，若七与二。四十二与七，若六与一。一与六，若七与四十二。

七六一八：七与六，若二十一与十八。十八与二十一，若六与七。七与五十六，若一与八。八与一，若五十六与七。

六一八三：六与一，若十八与三。三与十八，若一与六。五十六与二十一，若八与三。三与八，若二十一与五十六。

隔一四率

一三九七：一与三，若九与二十七。二十七与九，若三与一。八十一与六十三，若九与七。七与九，若六十三与八十一。

三九七一：三与九，若七与二十一。二十一与七，若九与三。六十三与九，若七与一。一与七，若九与六十三。

九七一三：九与七，若八十一与六十三。六十三与八十一，若七与九。九与二十七，若一与三。三与一，若二十七与九。

七一三九：七与一，若六十三与九。九与六十三，若一与七。七与二十一，若三与九。九与三，若二十一与七。

二四八六：二与四，若八与十六。十六与八，若四与二。三十二与二十四，若八与六。六与八，若二十四与三十二。

四八六二：四与八，若六与十二。十二与六，若八与四。二十四与八，若六与二。二与六，若八与二十四。

八六二四：八与六，若三十二与二十四。二十四与三十二，若六与八。八与十六，若二与四。四与二，若十六与八。

六二四八：六与二，若二十四与八。八与二十四，若二与六。六与十二，若四与八。八与四，若十二与六。

隔二四率

一四七八：一与四，若七与二十八。二十八与七，若四与一。二十一与二十四，若七与八。八与七，若二十四与二十一。

四七八九：四与七，若二十八与四十九。四十九与二十八，若七与四。二十四与二十七，若八与九。九与八，若二十七与二十四。

七八九六：七与八，若四十九与五十六。五十六与四十九，若八与七。二十七与十八，若九与六。六与九，若十八与二十七。

八九三六：八与九，若五十六与六十三。六十三与五十六，若九与八。十八与九，若六与三。三与六，若九与十八。

九六三二：九与六，若三与二。二与三，若六与九。三十九与二十六，若三与二。二与三，若二十六与三十九。

六三二一：六与三，若二与一。一与二，若三与六。二十六与十三，若二与一。一与二，若十三与二十六。

三二一四：三与二，若二十一与十四。十四与二十一，若二与三。十三与五十二，若一与四。四与一，若五十二与十三。

二一四七：二与一，若十四与七。七与十四，若一与二。十二与二十一，若四与七。七与四，若二十一与十二。

总 说

上四率比例有三类，一类八率，一率设四比例数，凡九十六数，以见梗概。其实设数可任加，如一可为十为百为千，三可为十三、二十三、三十三。自此以往，可至无穷。是《洛书》以八位而具无穷之比例，即具无穷之勾股。前人有言，阳数以三左旋，阴数以偶右旋，推参天两地之说者，犹未究其倚数之妙矣。然此四率比例，西人谓之断比例，又有三率连比例，以三率而成四率，则具勾股和较相求以开方之法。而圆内之矢弦，圆外之切割，由此出焉。《洛书》亦具此数，开列如下。

隔一三率连比例

一三三九：一与三，若三与九。九与三，若三与一。一与十三，若十三与一百六十九。一百六十九与十三，若十三与一。

三九九七：三与九，若九与二十七。二十七与九，若九与三。三与三十九，若三十九与五百零七。五百零七与三十九，若三十九与三。

九七七一：九与二十七，若二十七与八十一。八十一与二十七，若二十七与九。四十九与七，若七与一。一与七，若七与四十九。

七一一三：七与二十一，若二十一与六十三。六个三与二十一，若二十一与七。一百四十七与二十一，若二十一与三。三与二十一，若二十一与一百四十七。

二四四八：二与四，若四与八。八与四，若四与二。二与十四，若十四与九十八。九十八与十四，若十四与二。

四八八六：四与八，若八与十六。十六与八，若八与四。四与二十八，若二十八与一百九十六。一百九十六与二十八，若二十八与四。

八六六二：八与十六，若十六与三十二。三十二与十六，若十六与八。八与五十六，若五十六与三百九十二。三百九十二与五十六，若五十六与八。

六二二四：六与十二，若十二与二十四。二十四与十二，若十二与六。六与四十二，若四十二与二百九十四。二百九十四与四十二，若四十二与六。

右隔一三率连比例之类八率，设数亦可无穷。

论三率连比例之理

三率连比例者，以中率为枢纽，重之而成四率也。《洛书》无重位，何以知其有连比例？以其奇偶数左右旋，有再加之比例而知之也。如一与三九，一其三为三，两其三为六，三其三为九。今三之后即得九，是再加也。其中有两三为之连，三三如九，与一九如九等积矣。二与四八，二其二为四，三其二为六，四其二为八。今四之后即得八，是再加也。其中有两四为之连，四四十六，与二八十六等积矣。此如乘方之法，初为方根，一乘之为平方，再乘之即为立方。如以二为方根，二二如四，二四如八。以三为方根，三三如九，三九二十七。平方立方之间，其数必骤增。

《洛书》奇偶相次，正如乘方，则有重叠之数隐于其间矣。重数相乘，即自乘正方。首尾相乘，长方也。而长方与正方必同积，如平圆中截一为小矢，则九为大矢，三为正弦，倍之为通弦。通弦即中二率重叠之数也。或先有小矢大矢之数，而求正弦。一九如九，约三三如九与之等积，则正弦必三矣。或先有小矢正弦，而求大矢。三三如九，约九一如九与之等积，则大矢必九矣。是赖三率连比例之法，可求弦与矢也。又变半径为中间相连两率，半径为十全数，如正弦与全数，若全数与余割，而余割线可得矣。有正弦可求余弦，余弦与全数，若全数与正割，而正割线可得矣。有正弦可求切线。正切与全数，若全数与余切，则余切线可得矣。盖正弦与余割，余弦与正割，正切与余切，其相乘之数，皆与半径全数自乘等积。是以可相求，皆三率连比例之理也。此皆弧矢割图造八线表之大用，《洛书》明以数理示人矣。

八线表者，正弦、正矢、余弦、余矢在圆内，正切、正割、余切、余割在圆外。大西洋天学家所造。其法分大圆为三百六十度，每一度分为六十分，第一分皆具八线，所以为一切测算之准绳。前此魏刘徽、晋祖冲之、元赵友钦，皆精割圆之术，求圆径之实数，然皆不能作表。西士始创为之，有《大测》一书专论之。其求十边三十六度之通弦，谓之理分中末线，得之甚奇。以今观之，其数出于《河图》中宫之五与十也。

理分中末线出《河图》中宫说

《河图》中宫十数为股，五数为勾，是股得勾之倍，勾得股之半也。勾自乘二十五，股自乘一百，合幂一百二十五。开方求弦，得一万一千一百八十〇三三九。以勾五加弦为勾弦和，一万六千一百八十〇三三九。以勾五减弦为勾弦较，六千一百八十〇三三九，其余为三千八百一十九六六一，是股十中减去勾弦较之数也。勾弦和为全线，股倍勾为大分，勾弦较为小分。列率之理，勾弦和与倍勾，若倍勾与勾弦较，首尾相乘，与中间相乘，其积皆一百也。又以倍勾为全线，勾弦较为大分，分余线三八一九六六一为小分，倍勾与勾弦较，若勾弦较与分余线，首尾相乘，与中间相乘，其积皆三八一九六六一也。八线表半径用全数如十，则勾弦较六一八〇三三九，即十边三十六度之通弦。得十边，即可求五边七十二度之通弦，其列率即《洛书》三率连比例之理。其所得十边通弦之数，实生于五与十，而五、十即《河图》之中宫，至平中有至奇焉。西人秘惜其法，谓此线为神分线，岂知神奇即在目前哉！

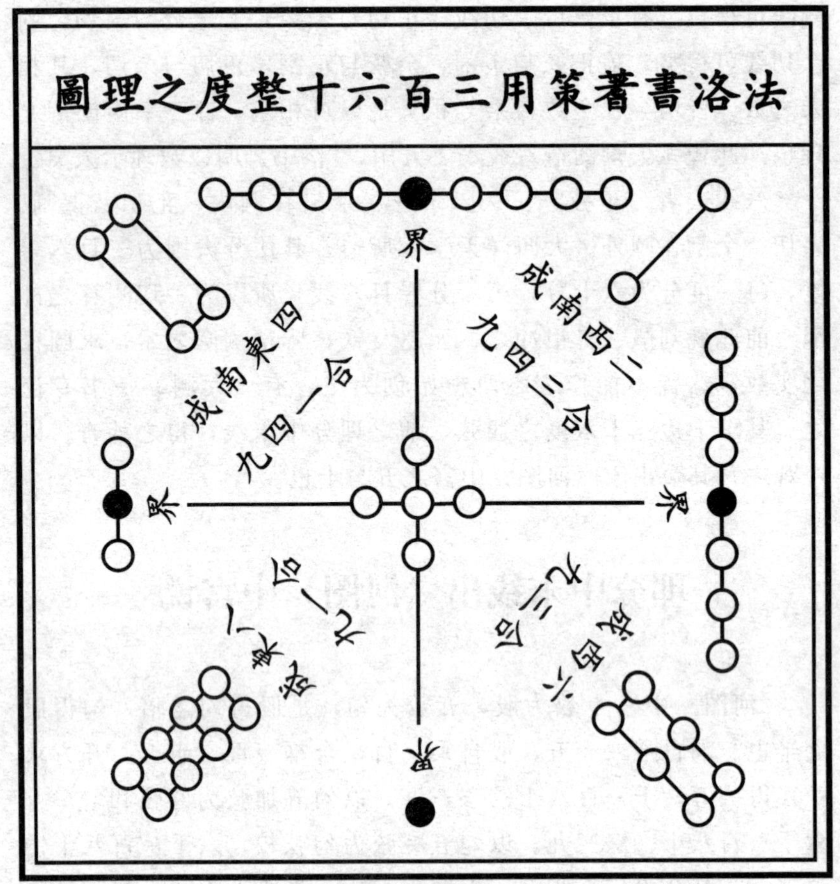

图 说

《易》曰："乾之策二百一十有六，坤之策一百四十有四。凡三百有六十，当期之日。"夫一岁之日，三百六十五日有奇，而以三百六十策当之，何也？举其成数言之也。古法以太阳一日行一度，故分周天为三百六十五度有奇。今法以奇零之数不便分析，悉用三百六十度为周天，谓之整度。四分之一九十度，谓之象限，取四象之义，此其理隐寓于《洛书》之中。盖《洛书》八方四十点，四方各取中一点虚之，以作十字界限，则四隅各得九点，以《河图》用十乘之，四九三百六十，正符周天之度矣。然则周天实止三百六十度，因太阳一日不满一度，而生五日有奇之零数。圣人言三百六十策当期之日者，犹云当期之度云尔。

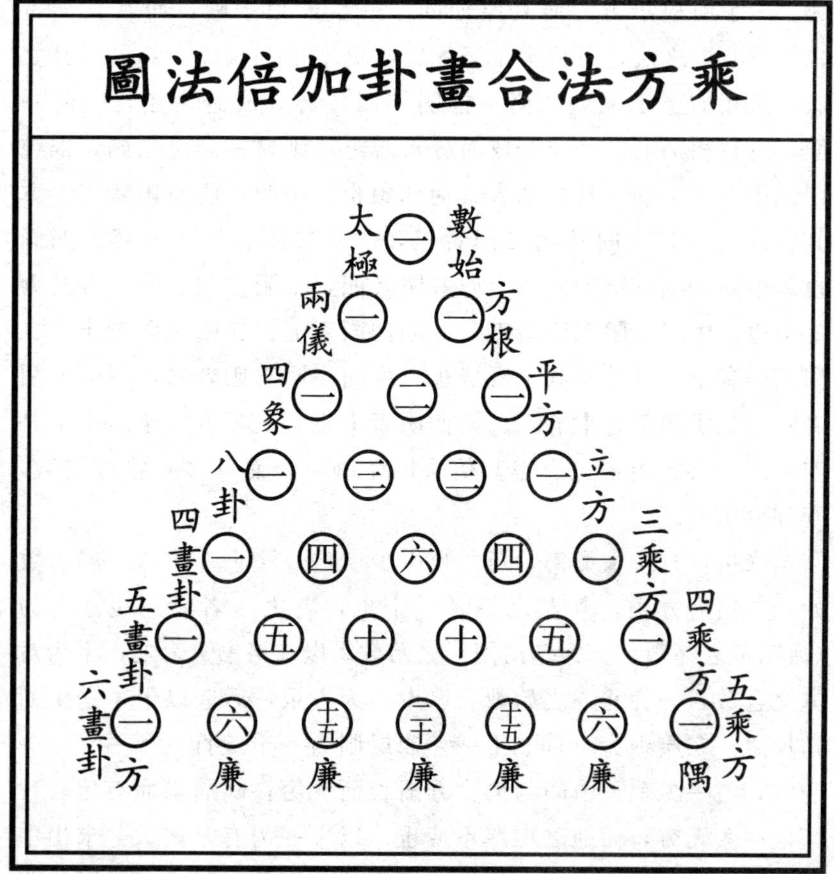

图说

《启蒙附论》曰：“此图用加一倍法，如第二层两一，生第三层中位之二，并左右两一成四，是倍二为四也。第三层一二，各生第四层中位之三，并左右两一成八，是倍四为八也。下仿此。出于数学中，谓之开方求廉率。其法以左一为方，右一为隅，而中间之数，则其廉法也。第三层为平方，第四层为立方，第五层、六层、七层为三乘四乘五乘方。于成卦之理，亦相肖合，何则？阳大阴小，阳如方，阴如隅，分居两端，阴阳合则生中间之两象，如平方之方隅合而生两廉，其长如方，其广如隅也。又乘则生中间之六卦，如立方之方隅合而生六廉。三平廉根于方，而其厚如隅。三长廉根于隅，而其长如方也。故开方之法，虽相乘至于无穷，莫不依方隅以立算。成卦之法，虽相加至于无穷，莫不根阴阳以定体。成卦之始，一阴一阳，每每相加而已。及卦成而分析观之，则自一画至六画，惟纯阴纯阳者常不动，其余则方其为四象也，中间一阴一阳者二。方其为八卦也，中间一阴二阳者三，一阳二阴者三。方其为四画也，中间一阴三阳者四，一阳三阴者四，二阴二阳者六。方其为五画也，中间一阴四阳者五，一阳四阴者五，二阴三阳者十，二阳三阴者十。及其六画之既成也，中间一阴五阳者六，一阳五阴者六，二阴四阳者十五，二阳四阴者十五，三阳者二十。朱子卦变之图，以此而定也。盖其倍法同于画卦，而其多寡错综之数，则卦变用之。”

谨按：开方求廉率，乃九数中少广之一法也。图以一层为数始，二层为方根，其左之一者一十也，右之一者零一也。十为《河图》之终数，一为《河图》之始数。以《洛书》言之，十为对方之合数，一为北方之始数。以十一为方根，后皆以十一迭乘而迭加之。三层则为一百二十一，四层则为一千三百三十一。左一为方，右一为隅，中间为廉。方渐长而无穷，隅居末而有定，犹天之高大无穷，而地之广厚不变也。以十一为有常之数，求出中间之廉，以为有定之率，任设若干积数，为若干长方，皆可除为方根，此算术设率之意也。而此十一之数，正象一阳一阴，由此可衍之无穷，皆为加倍之数，与太极生两仪，两仪生四象，四象生八卦者，不约而同，自然之理一也。五乘方以后，加至十一乘方，以合四千九十六卦之图见后。

六乘方至十一乘方图

六乘方至十一乘方图
二三三二　六 七　十十十十　乘 画一七一五五一七一方
二五七五二　七 八　十十十十十　乘 画一八八六　六八八一方
一一 百百 三八二二八三　八 九　十十十十十十　乘 画一九六四六六四六九一方
一二二二一 百百百百百 一四二一五一二四一　九 十　十十十十十十十十十　乘 画一　五　二　五　一方
一三四四三一 百百百百百百 十　一五六三六六三六五一　十 一　十十十十十十十十十十　乘 画一一五五　二二　五五一一方
二四七九七四二 百百百百百百百　十 十　一六二九九二九九二六一　一 二　十十十十十十十十十十十　乘 画一二六　五二四二五　六二一方

图　说

六画卦既成之后，引而伸之，触类而长之，一卦可变为六十四卦，凡四千九十六卦。而乘方之理，亦接前图，六乘方至十一乘方，如卦之七画加至十二画。其阴阳之错综，亦如中间廉数，合方廉隅之数，亦适合四千九十六也。十二阴十二阳者，各一。中间十一阴一阳者十二，十一阳一阴者十二。十阴二阳者六十六，十阳二阴者六十六。九阴三阳者二百二十，九阳三阴者二百二十。八阴四阳者四百九十五，八阳四阴者四百九十五。七阴五阳者七百九十二，七阳五阴者七百九十二。六阴六阳者九百二十四。

按：《易》之一卦变为六十四卦，因爻有九六而变，其变卦列之于旁，非累加于六画之上为十二画也。因《启蒙》有渐加之说，与乘方之理适符，故图之。其实卦变之用，如是而止。如乘方过多，高与天齐，亦无所用。《启蒙》又言累至二十四画无终极，似不必也。

河洛精蕴卷之七

律吕声音本于《河图》、《洛书》说

制律吕，正声音，王者重大之事，亦造化最微妙之理。昔之言律吕者多矣，未有言其根源在《河图》、《洛书》者。唯明宗室郑世子朱载堉始言黄钟律度，取法《河图》、《洛书》。神宗时，进《律吕精义》，其说曰："臣尝闻朱子曰，《史记》说律数，盖自然之理，与《先天图》一般。初闻此语，不晓其义，及闻何瑭之说，都御史何瑭，世子之祖舅，其说曰：度量权衡，取法于黄钟者，贵其与天地之气相应也。至于九其寸而为律，十其寸而为尺，则人之所为也。《汉志》不知约十为九，非即十而取九，乃欲加黄钟一寸为尺，谬矣。方悟《汉志》度本起于黄钟之长，则黄钟之长，即是一尺。古云长九寸、长八寸十分一之类，尺一而律同也。朱子所谓与《先天图》一般者，《先天图》出于《河图》、《洛书》者也。《洛书》之数九，故黄钟之律长九寸。因而九之，得八十一分，与纵黍之长相合。《河图》之数十，故黄钟之度长十寸。因而十之，得百分，与横黍之广相合。盖《河图》之偶、《洛书》之奇，参伍错综，而律度二数方备。此乃天地自然之妙，非由人力安排者也。"又曰："黄帝之尺，以黄钟之长为八十一分者，法《洛书》阳数也。寸皆九分，凡八十一分，《洛书》之奇自相乘之数也，是为律本。虞夏之尺，皆以黄钟之长为十寸者，法《河图》中数也。寸皆十分，凡百分，《河图》之偶自相乘之数也，是为度母。"又曰："一切算术，皆取法于《河图》、《洛书》。《河图》十位，天地之体数也。《洛书》九位，天地之用数也。是故算律之术，或有约十而为九者，著其用也。或有约九而为十者，存其体也。"

按：世子深明度数之学，亦达声音之理，此论发前代诸儒所未发。然而《图》、《书》之妙，不止用十用九，应律之体而已。一切声律数理，用律法度，及干支纳音，无一不出于此，后详言之。

算律不用三分损益说

郑世子曰："律家三分损一，三分益一，犹历家四分度之一，四分日之一，与夫方五斜七，周三径一等率，皆举大略言之，非精义也。新法算律与方圆，皆用勾股术，其法本诸《周礼》栗氏为量，内方尺而圆其外。夫内方尺而圆其外，则圆径与方斜同，知方之斜，即知圆之径矣。方尺即黄钟，圆径即蕤宾，由蕤宾可得南吕，由南吕可得应钟。既得应钟，则终始循环，诸律皆可相生，安有往而不返之理哉！"

按：世子既知黄钟是一尺，因栗氏为量，有内方尺而圆其外之文，悟出以天地方圆相函，而自然之数出其中，皆以勾股乘除开方之法求之，由倍律而正律，由正律而半律，共三十六律，皆有真率真数。每一率与三分损益相得者，微强而不甚相远，于是可循环相生，无仲吕不能复生黄钟之敝。因律管长短，推出管体厚薄，空围大小，外周内周，外径内径，平幂积实，皆方圆相函自然之真数。此数千年未泄之秘，世子始发之者也。今推之，方圆内外之体象，已藏于《河图》，勾股开方之算术，悉具于《洛书》。后详言之。

《河图》为律管长短空径大小之源说

《河图》有四层，最在内一层五点，次外一层十点，以五与十之点变为线，作两方形，以十函五，如回字之形。内方之幂，五五二十五，外方之幂，十十为百，是内方得外方四之一，外方加内方四之三也。而两方相距，有空隙不能相抵，于是内方之外，隐有小圆以函之，圆周二二一四四有奇，圆径七〇七一〇有奇。则内方之四角抵圆周矣。小圆之外，又隐有次方以函之，方径七〇七一〇有奇。则次方之边内切圆周矣。次方之外，又隐有大于小圆之圆以函之，圆周三一四一五九有奇，圆径十。则次方之四角皆抵圆周，而外方之边皆切圆周矣。外方径十。是五与十两方形之间有两圆一方之形，中间一方，其幂五十，则五与十相乘之数，为内方幂之倍，为外方幂之半者也。外方之长，应黄钟正律十寸，内方应黄钟半律五寸，则中间之方，必为七寸零七分一厘有奇，应蕤宾之长。其外则有大吕、太蔟、夹钟、姑洗、仲吕，其内则有林钟、夷则、南吕、无射，应钟，参差序列，是图之五与十，便有十三律之理矣。第三层一、二、三、四合十点，以次层之十乘之为百。第四层六、七、八、九合三十点，以十乘之为三百。合之得幂四百。则外二层又有两方形，一为一十之方，一为二十之方。一十之方百，二十之方四百，犹内二方二十五与一百之比例也。于是两方之间，亦隐有圆以函方，圆周四四四二八八有奇，圆径一四一四二一有奇。又方以函圆，方径一四一四二一有奇。又圆以函方。圆周六二八三一八有奇，圆径二十。其内方即前图之十，为黄钟正律十寸。其中间之方，则幂二百，其边一尺四寸一分四厘有奇，为蕤宾倍律之长，外加大方边二尺，合得两层幂四百，则黄钟倍律之长也。是《河图》外二层，以幂积得方边，又有十二倍律一正律之理也。

律之长短，既自《河图》出，律之外内周径幂积亦由之。内一层之五，为黄钟半律之长，取十分之一，以为黄钟倍律之内径。正律之外径，则黄钟倍律之外径，必得蕤宾正律十分之一。折半则黄钟正律之内径，半律之外径也。内一层之五，又折半为二五，则黄钟半律之内径也。径五之外周二二二有奇者，为黄钟倍律之外周，则其内周必得一五七有奇，为黄钟倍律之内周，与正律之外周，其二二二有奇折半，则黄钟正律之内周，与半律之外周，其一五七有奇折半，则黄钟半律之内周也。其面幂，则黄钟正律得倍律之半，半律得正律之半，如图之十与五为倍半也。实积，则黄钟正律得倍律四之一，半律得正律四之一，如图五之积二十五、十之积百，相差为四之一也。旧法谓，凡律皆空径三分，围九分者，大误。

此皆自然之理数，具于《河图》内外四层之中。郑世子但能因栗氏为量，内方尺而圆其外，悟出方圆相函之理，不知《河图》四层，正有方圆相函之理数。倍律正律半律之短长，管体容积之厚薄多少，皆出其中，此千古所未发明者也。

算律之法

先定一尺为黄钟之率，在平圆之中，为平方之径。东西十寸为勾，自乘得百寸。南北十寸为股，自乘得百寸。合二幂二百寸，为弦幂以为实。开平方法除之，得弦一尺四寸一分四厘二毫一丝三忽五微六纤有奇，为方之斜，即圆之径，亦即蕤宾倍律之率。以勾十寸乘之，得平方积一百四十一寸四十二分一十三厘五十六毫有奇为实。开平方法除之，得一尺一寸八分九厘二毫零七忽一微一纤有奇，即南吕倍律之率。仍以勾十寸乘之，又以股十寸乘之，得立方积一千一百八十九寸二百零七分一百一十五厘有奇为实。开立方法除之，得一尺零五分九厘四毫六丝三忽零九纤有奇，即应钟倍律之率。既得应钟倍律，则诸律之数皆可求。

以黄钟倍律为二十寸，置黄钟倍律，进一位为实，以应钟倍律为法除之，得大吕倍律。置大吕倍律，进一位为实，以应钟倍律为法除之，得太蔟倍律。置太蔟倍律，进一位为实，以应钟倍律为法除之，得夹钟倍律。以后皆仿此迭求之。凡言进一位者，以黄钟正律十寸为二率，与其本律相乘也。求法恒以应钟倍律为首率，黄钟正律为次率，与本律相乘为实，而以首率除之，得所求之次律也。

列律图

上一层为十寸之尺，中一层为九寸之尺，下一层与旧律相较。

蕤宾倍律一尺四寸一分四厘二毫	林钟倍律一尺三寸三分四厘八毫	夷则倍律一尺二寸五分九厘九毫	南吕倍律一尺一寸八分九厘二毫	无射倍律一尺一寸二分二厘四毫	应钟倍律一尺〇五分九厘四毫六丝	黄钟正律一尺	大吕正律九寸四分三厘八毫七丝	太蔟正律八寸九分〇八毫九丝	夹钟正律八寸四分〇八毫九丝	姑洗正律七寸九分三厘七毫	仲吕正律七寸四分九厘一毫五丝
一尺二寸七分二厘七毫九丝	一尺二寸〇一厘三毫五丝	一尺一寸三分三厘九毫二丝	一尺〇七分二毫八丝六忽	一尺〇一分〇二毫一丝	九寸五分三厘五毫一丝六忽	九寸	八寸四分九厘四毫八丝六忽	八寸〇一厘八毫〇八忽	七寸五分六厘八毫〇六忽	七寸一分四厘三丝〇四微	六寸七分四厘二毫三丝八忽
						旧同	旧八寸四分二厘八毫弱	旧八寸	旧七寸四分九厘二毫弱	旧七寸一分一厘一毫强	旧六寸六分五厘九毫强

律名	数	数	旧
蕤宾正律	七寸〇七厘一毫	六寸三分六厘三毫九丝六忽	旧六寸三分三厘〇毫强
林钟正律	六寸六分七厘四毫一丝	六寸〇〇六毫七丝七忽九微	旧六寸
夷则正律	六寸二分九厘九毫六丝	五寸六分六厘九毫六丝四忽	旧五寸六分一厘八毫强
南吕正律	五寸九分四厘六毫	五寸三分五厘一毫四丝三忽	旧五寸三分三厘三毫强
无射正律	五寸六分一厘二毫三丝	五寸〇五厘一毫〇忽	旧四寸九分九厘四毫强
应钟正律	五寸二分九厘七毫三丝	四寸七分六厘七毫五丝八忽	旧七寸七分四厘〇毫强
黄钟半律	五寸	四寸五分	旧同
大吕半律	四寸七分一厘九毫三丝	四寸二分四厘七毫四丝三忽	旧四寸二分一厘四毫强
太蔟半律	四寸四分五厘四毫四丝	四寸〇〇九毫〇四忽四微一纤	旧四分
夹钟半律	四寸二分〇四毫四丝	三寸七分八厘四毫〇三忽	旧三寸七分四厘六毫弱
姑洗半律	三寸九分六厘八毫五丝	三寸五分七厘一毫六丝五忽	旧三寸五分五厘五毫强
仲吕半律	三寸七分四厘五毫	三寸三分七厘一毫一丝九忽	旧三寸三分二厘九毫

图说

倍律、正律、半律，本有三十六律。倍律蕤宾以前声太浊，半律仲吕以后声太清，故止列二十四律。欲考蕤宾以前倍律之数，则以正律加倍即得。欲考仲吕以后半律之数，则以正律减半即得。其实人之中声，不出此二十四律也。此所求各律之率，皆以勾股乘除开方之术求之。先得蕤宾，次得南吕，后得应钟。应钟之数由开立方得之，最为奇妙。及得应钟，而诸律皆可求。与旧法三分损一益一，下生上生，以算律者大不同。及其以十寸之尺变为九寸之尺，与旧律相较，除黄钟九寸之外，大吕以下，旧律必稍短，其差数只在毫厘之间。于是相生至仲吕，宜三分益一以生黄钟，仅得八寸七分有奇，不能复得九寸。说者于是谓律吕之数，往而不返。夫一岁之气，终则复始，无丝毫之间断，何以律吕独不能按续循环哉！可知以三分损益立法者，其数近似未真。以勾股乘除开方立算者，其数微妙最确也。三分损益之说，始于《管子》，后世皆祖其说。有谓仲吕极不生者，《淮南子》之说也。有谓复生六十律者，京房之说也。有谓复生之律为变律，为变半律者，杜佑《通典》之说也。有谓黄钟无半律，惟用变半律者，蔡氏《新书》之说也。惟六朝人欲破三分损益之说，林钟而下，少增其算，使仲吕可生黄钟。然奇零之数，或弃或收，终非确然不易之法。然则古今言律学者，如在梦中，唯郑世子颖悟绝人，始能开悟而先觉耳。

律吕左旋右旋，皆可相生，而以隔八顺生为主。黄钟生林钟，林钟生太蔟，太蔟生南吕，南吕生姑洗，姑洗生应钟，应钟生蕤宾，蕤宾生大吕，大吕生夷则，夷则生夹钟，夹钟生无射，无射生仲吕，仲吕生黄钟。长生短，五亿乘之，短生长，十亿乘之，皆以七亿四千九百一十五万三千五百三十八除之。七亿四千九百一十五万三千五百三十八者，仲吕之率也。仲吕复生黄钟者也，用其率以除实，自然循环矣。

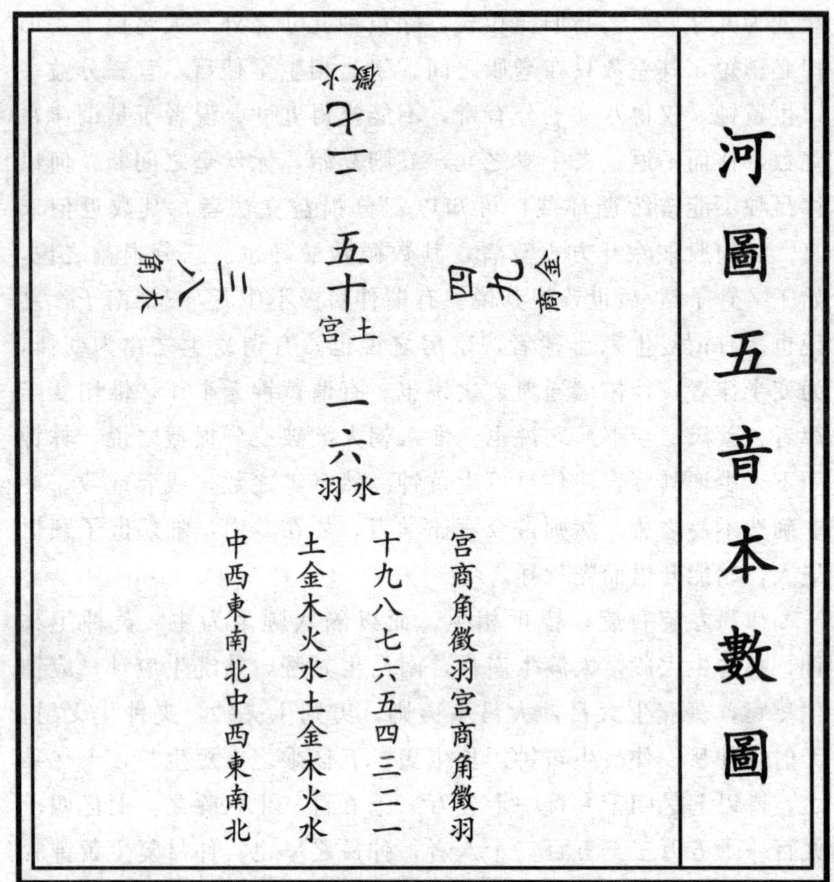

图说

《河图》为数之源，音律实仿于此。《月令》已发其端。春木其音角，其数八。夏火其音徵，其数七。中央土，其音宫，其数五。秋金其音商，其数九。冬水其音羽，其数六。于中央举生数，则十亦为宫。于四方举成数，则四亦为商，三亦为角，二亦为徵，一亦为羽。纵列十数，自下而上，五行生出之序。自上而下，五音大小之序。五成数犹五音之浊，律之全。五生数犹五音之清，律之半也。五音之体，已有宫音居中之理，但非以其最浊为宫，而以五为数之中者为宫也。

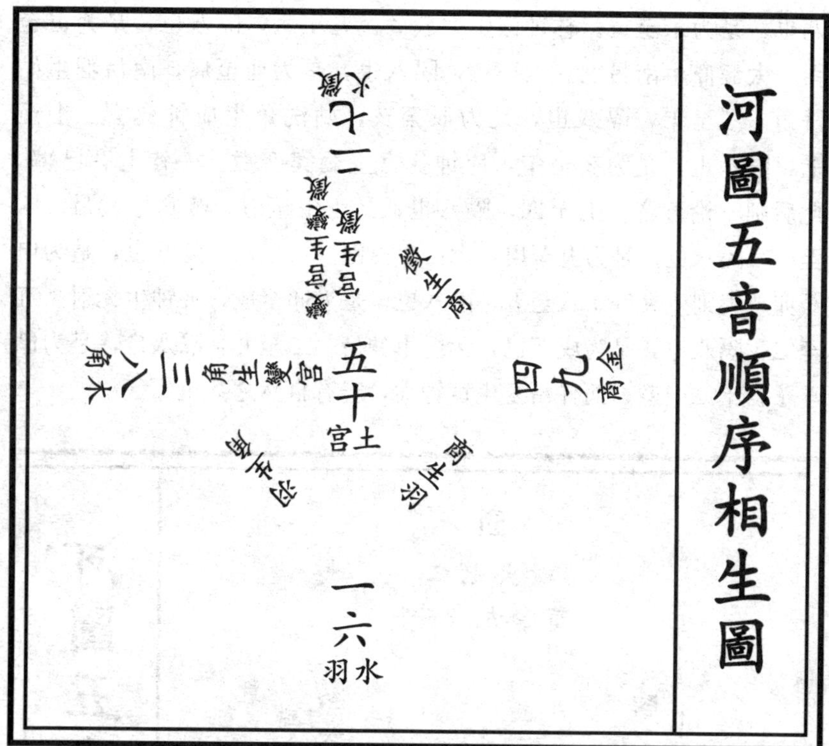

图　说

五音既有大小之序矣，五方之位矣，即有相生之序焉。自中而南，南而西，西而北，北而东，东而复中复南，则五正音与变宫变徵具焉。此与五行相生不同者，五行自中而西，五音自中而南，相差一位，各有其理也。

《河图》五音之数即含隔八相生之理说

律以隔八而相生，隔八实隔七，由此律至彼律为第八位。支辰则如子至未，未至寅也。而《河图》之数，顺而数之，已具此理矣。五至二，隔八也，是为子至未，黄钟宫生林钟徵。二至九，隔八也，是为未至寅。林钟徵生太蔟商。九至六，隔八也，是为寅至酉，太蔟商生南吕羽。六至三，隔八也，是为酉至辰，南吕羽生姑洗角。三至十，隔八也，是为辰至亥，姑洗角生应钟变宫。十至七，隔八也，是为亥至午，应钟变宫生蕤宾变徵。一钧七音已偏，此后则不论五音。七至四，隔八也，是为午至丑，蕤宾生大吕。四至一，隔八也，是为丑至申，大吕生夷则。一至八，隔八也，是为申至卯，夷则生夹钟。八至五，隔八也，是为卯至戌，夹钟生无射。五至二，隔八也，是为戌至巳，无射生仲吕。二至九，隔八也，是为巳至子，十二律遍，而仲吕复生黄钟焉，皆有自然之数也。

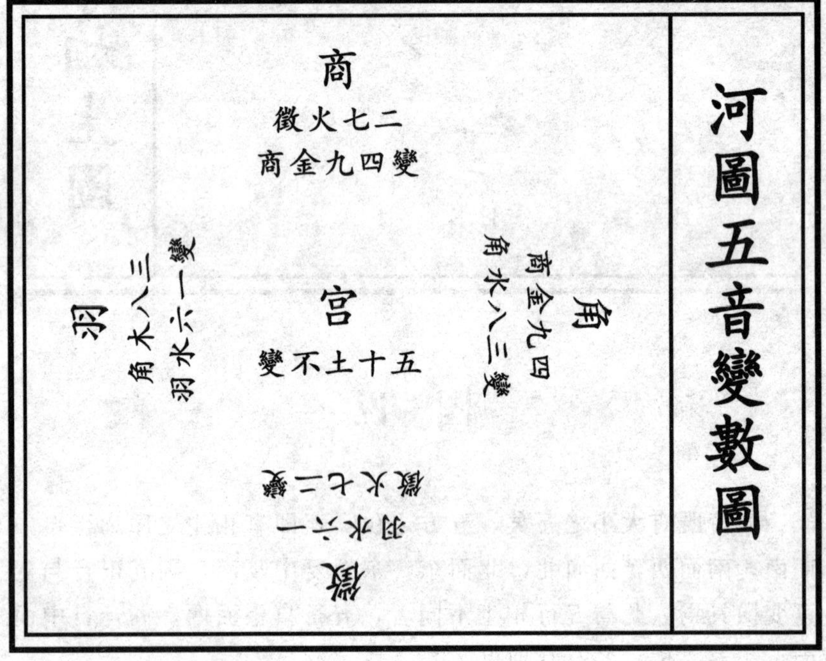

图说

《河图》五音有变数，生于两数之合也。五、十合为十五，仍是五数，故惟土宫不变。南方二、七合为九，减五为四，故二七火徵变为四九金商。西方四、九合为十三，减十为三，减五为八，故四九金商变为三八木角。北方一、六合为七，减五为二，故一六水羽变为二七火徵。东方三、八合为十一，减十为一，减五为六，故三八木角变为一六水羽。由中而南、而西、而北、而东数之，宫、商、角、徵、羽，又如五音本数之序矣。故惟中五宫不变，南方徵变为九，西方商变为八，北方羽变为七，东方角为六。故《史记·律书》曰："上九、商八、羽七、角六、宫五、徵九。"此古乐家相传用音律之法，上九者，谓宫五上生徵九也。下言徵九者，申明徵是九数也。此十二字读者皆不得其解，谓其文有误字，不知其数出于《河图》，非误也。五以下未言，以图观之，四为徵，三为商，二为羽，一为角，可知矣。五既为宫，则十亦为宫可知矣。以全数观之，十为宫，八为商，六为角，四为徵，二为羽。如五音大小之序者，声律之体也。十宫生九徵，八商生七羽，六角生五宫，四徵生三商，二羽生一角，徵羽在宫前，商角在宫后者，声律之用也。偶数为体，奇数为用也。九、七、五、三、一，为徵、羽、宫、商、角，《河图》之西、南、中、东、北也。以合数观之，徵羽在宫前者，一三在五前也。商角在宫后者，七九在五后也。又为《河图》之北、东、中、南、西也。五为黄钟正宫，九徵则林钟倍律也，七羽则南吕倍律也，三商则太蔟正律也，一角则姑洗正律也。以琴言之，一弦为林钟徵，二弦为南吕羽，三弦为黄钟宫，四弦为太蔟商，五弦为姑洗角，六弦为林钟少徵，七弦为南吕少羽，此用声律之理数，具见于《河图》，千古未发明也。

先儒论律，皆以黄钟为最长，宫声为最大，旋相为宫，必以长大者为宫，余律皆当避之。若有过于宫声者，即为臣陵君，是知有体而不知有用也。徵羽在宫之前，安得谓无大于宫者哉！

圣祖仁皇帝论乐曰："宫声君也，宜居中位。徵羽宜有浊声在宫之前，其清声则在商角之后，与浊声相应。"此不易之论，别有《律吕阐微》一书发明之，此言其略。

洛書應十二律圖

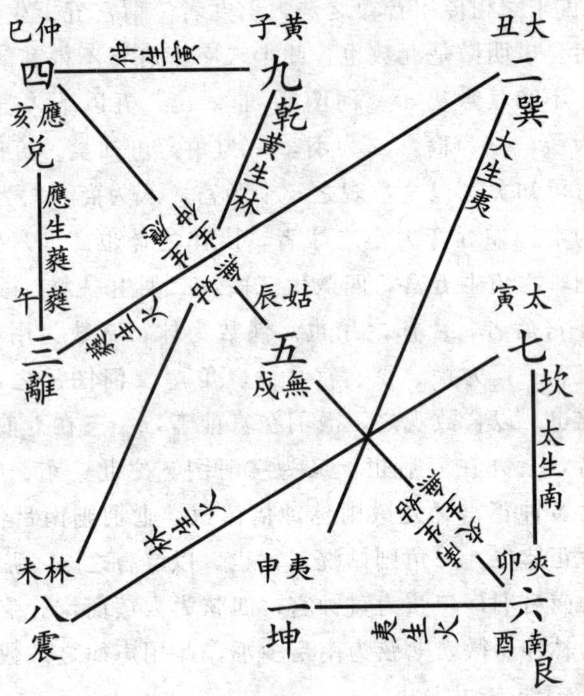

一九五 申子辰 三合

七三五 寅午戌 三合

四二六 巳酉丑 三合

四六八 亥卯未 三合

图 说

《河图》配五声，而有隔八相生之数，则可旋宫而周十二律。若《洛书》者，唯有九位，似与十二律不叶，而不知十二律正藏十二位也。盖九、八、七、六、五、四、三、二、一配九律，而一之后又得六、五、四之三位，则又配三律也。以十二支辰如位之序布之，当二八之位必冲，而六、五、四必自冲也。九、五、一与三、五、七必成三合，而六、四、二与六、四、八亦必成三合也。循其二继九、八继三者数之，必为十二律长短之序。循其八继九、二继三者数之，必为十二律相生之序也。支辰以辰为天罡，戌为河魁，最尊之位，而此正当中央之五也。此皆儒家、五行家所未知。

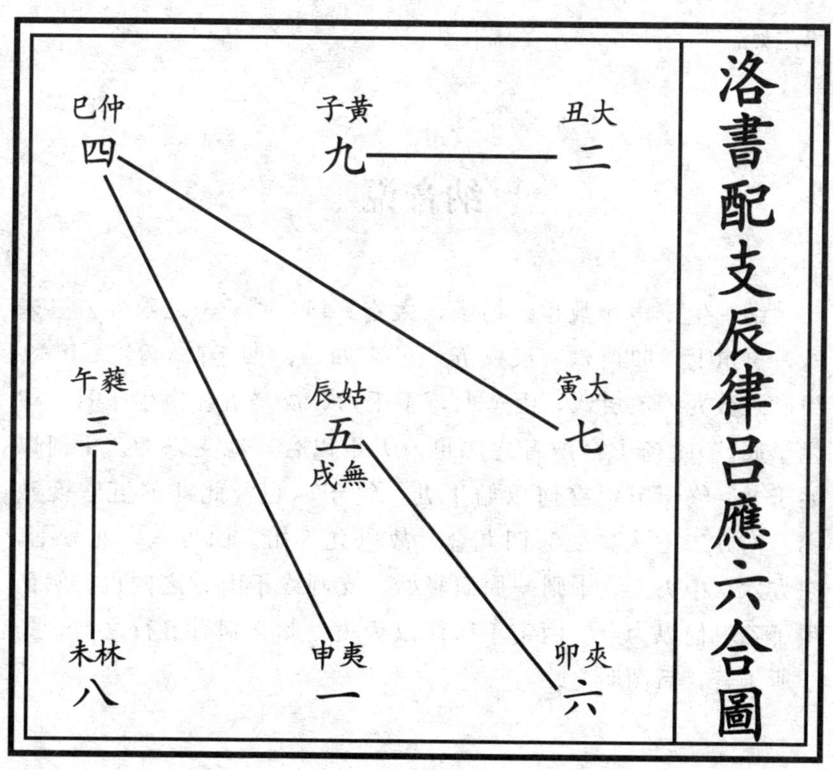

图说

《河图》之数，五十有五。五十有五者，五其十有一也。谓十与一，九与二，八与三，七与四，六与五也。《洛书》如前图分布支辰律吕，则相合者有六焉。《周礼》曰："奏黄钟，歌大吕。"子与丑合，九与二合为十一也。"奏太蔟，歌应钟。"寅与亥合，七与四合为十一也。"奏姑洗，歌南吕。"辰与酉合，五六合为十一也。"奏无射，歌夹钟。"戌与卯合，亦五与六合为十一也。"奏蕤宾，歌函钟。"午与未合，三与八合为十一也。"奏夷则，歌小吕。"申与巳合，宜为十与一。而《洛书》无十，则假四以为十，以其四与九相连，犹十与九相连也。夫地支六合，应乎月建与日躔者也。而《洛书》自相符，益知前图配十二辰、十二律之妙。

纳音说

纳音生于声律数也。扬子《太玄》曰："子午之数九，丑未八，寅申七，卯酉六，辰戌五，巳亥四。律四十二，吕三十六。甲己之数九，乙庚八，丙辛七，丁壬六，戊癸五。声生于日，律生于辰。"此扬子言纳音之源也。天干以合，地支以冲。干何以始于九，终于五？支何以始于九，终于四也？此即前五音变数图。南方二七火，变为四九金，故以九为始。西方八，北方七，东方六，中央五。干则一周而复始，支则终于南方之四也。然而甲子乙丑何以为金？丙寅丁卯何以为火？此又别有五行之数，扬子所未言，后图明之。

纳音五行母子数图									
母数八属木　木生火	●●●●●●●●○子数一属火	母数七属火　火生土	●●●●●●●○○子数二属土	母数六属水　水生木	●●●●●●○○○子数三属木	母数五属土　土生金	●●●●●○○○○子数四属金	母数四属金　金生水	●●●●○○○○○子数五属水

图说

纳音五行，合两干两支，依《太玄经》之数总计之，视其零数，以定五行。零一属火，零二属土，零三属木，零四属金，零五属水。如甲子乙丑，甲九乙八，子九丑八，合得三十四数。是零四数，故属金。丙寅丁卯，丙七丁六，寅七卯六，合得二十六数。凡十与五皆去之，余一数，故属火。他皆仿此。此母生子之理也。子金者母为土，子火者母为木，观前图各列九数，以黑识母，以白识子，而五行之源可知矣。由是而归之五音，子火徵者，母木角。子土宫者，母火徵。子木角者，母水羽。子金商者，母土宫。子水羽者，母金商。皆出于《河图》相合之变数也。图见后。

图数变图河归音纳十六

	水金四火二南 生九合七方	
	癸壬乙甲丁丙 巳辰酉申丑子 水 水 水	
	癸壬乙甲丁丙 亥戌卯寅未午 水 水 水	
木水一木三东 生六合八方	金变土五中 生不十央	火木三金四西 生八合九方
己戊辛庚癸壬 巳辰酉申丑子 木 木 木	辛庚癸壬乙甲 巳辰酉申丑子 金 金 金	乙甲丁丙己戊 巳辰酉申丑子 火 火 火
己戊辛庚癸壬 亥戌卯寅未午 木 木 木	辛庚癸壬乙甲 亥戌卯寅未午 金 金 金	乙甲丁丙己戊 亥戌卯寅未午 火 火 火
	土火二水一北 生七合六方	
	丁丙己戊辛庚 巳辰酉申丑子 土 土 土	
	丁丙己戊辛庚 亥戌卯寅未午 土 土 土	

图 说

《太玄》声律数九、八、七、六、五、四，本《河图》之合变数，九南、八西、北七、六东、五中、四南者也。故六十纳音，皆归之于《河图》焉。中五十土为宫，则含金。南四九金为商，则含水。西三八木为角，则含火。北二七火为徵，则含土。东一六水为羽，则含木。于是十二金皆归于中，十二水皆归于南，十二火皆归于西，十二土皆归于北，十二木皆归于东，母怀子而子依母，此五行之性情，于六十纳音见之。要其干支得数，本自南、西、北、东、中而来，则其所纳之音，各归受生之位。而受生之位，又本《河图》之数，此理数自然之妙也。一支具五行，五行各有母，旋相为宫，六十调出焉。

纳音配六十调图（一）

声律旋宫	方位	黄钟五调		大吕五调	太蔟五调		夹钟五调	姑洗五调		仲吕五调
宫 纳音四九金商 母数五十土宫	中	甲子黄 本律之宫	三十四金	乙丑大 本律之宫	壬寅太 本律之宫	二十四金	癸卯夹 本律之宫	庚辰姑 本律之宫	二十四金	辛巳仲 本律之宫
商 纳音五十水羽 母数四九金商	南	丙子黄 无射之商	三十水	丁丑大 应钟之商	甲寅太 黄钟之商	三十水	乙卯夹 大吕之商	壬辰姑 太蔟之商	二十水	癸巳仲 夹钟之商
角 纳音一六火徵 母数三八木角	西	戊子黄 夷则之角	三十一火	己丑大 南吕之角	丙寅太 无射之角	二十六火	丁卯夹 应钟之角	甲辰姑 黄钟之角	二十六火	乙巳仲 大吕之角
徵 纳音二七土宫 母数二七火徵	北	庚子黄 仲吕之徵	三十二土	辛丑大 蕤宾之徵	戊寅太 林钟之徵	二十七土	己卯夹 夷则之徵	丙辰姑 南吕之徵	二十二土	丁巳仲 无射之徵
羽 纳音三八木角 母数一六水羽	东	壬子黄 夹钟之羽	二十八木	癸丑大 姑洗之羽	庚寅太 仲吕之羽	二十八木	辛卯夹 蕤宾之羽	戊辰姑 林钟之羽	二十三木	己巳仲 夷则之羽

纳音配六十调图（二）

应钟五凋		无射五调	南吕五调		夷则五调	林钟五调		蕤宾五调	方位	声律旋宫
辛亥应本律之宫	二十四金	庚戌无本律之宫	癸酉南本律之宫	二十四金	壬申夷本律之宫	乙未林本律之宫	三十四金	甲午蕤本律之宫	中	宫 纳音四 九金商 母数五 十土宫
癸亥应南吕之商	二十水	壬戌无夷则之商	乙酉南林钟之商	三十水	甲申夷蕤宾之商	丁未林仲吕之商	三十水	丙午蕤姑洗之商	南	商 纳音五 十水羽 母数四 九金商
乙亥应林钟之角	二十六火	甲戌无蕤宾之角	丁酉南仲吕之角	二十六火	丙申夷姑洗之角	己未林夹钟之角	三十一火	戊午蕤太簇之角	西	角 纳音一 六火徵 母数三 八木角
丁亥应姑洗之徵	二十二土	丙戌无夹钟之徵	己酉南太簇之徵	二十七土	戊申夷大吕之徵	辛未林黄钟之徵	三十二土	庚午蕤应钟之徵	北	徵 纳音二 七土宫 母数二 七火徵
己亥应太簇之羽	二十三木	戊戌无大吕之羽	辛酉南黄钟之羽	二十八木	庚申夷应钟之羽	癸未林无射之羽	二十八木	壬午蕤南吕之羽	东	羽 纳音三 八木角 母数一 六水羽

图说

干支相错成六十，声律相错亦成六十。以声律数起纳音，则一支有五行。以十二律起均调，则一律有五调。纳音之五行，本以两干支零数减九数而生，从子溯母，适叶夫五声之序，以配六十调，若合符节。合而图之，可知理数自然之妙。而扬子所谓声律数，五行家所谓纳音，其名不虚矣。究其源皆出《河图》，则与声律同出一源，是以其归必合也。古今论声律旋宫，未有推阐及此者。

六十纳音分上中下声图

甲子乙丑海中金 商上	壬申癸酉剑锋金 商中	庚辰辛巳白镴金 商下
戊子己丑霹雳火 徵上	丙申丁酉山下火 徵中	甲辰乙巳覆灯火 徵下
壬子癸丑桑柘木 角上	庚申辛酉石榴木 角中	戊辰己巳大林木 角下
丙子丁丑涧下水 羽上	甲申乙酉井泉水 羽中	壬辰癸巳长流水 羽下
庚子辛丑壁上土 宫上	戊申己酉大驿土 宫中	丙辰丁巳沙中土 宫下
已上为申子辰巳酉丑之五声		
甲午乙未沙中金 商上	壬寅癸卯金箔金 商中	庚戌辛亥钗钏金 商下
戊午己未天上火 徵上	丙寅丁卯炉中火 徵中	甲戌乙亥山头火 徵下
壬午癸未杨柳木 角上	庚寅辛卯松柏木 角中	戊戌己亥平地木 角下
丙午丁未天河水 羽上	甲寅乙卯大溪水 羽中	壬戌癸亥大海水 羽下
庚午辛未路旁土 宫上	戊寅己卯城头土 宫中	丙戌丁亥屋上土 宫下
已上为寅午戌亥卯未之五声		

图　说

纳音始于西方，甲子乙丑金，每隔八位，则复得金。如是者三，为上商、中商、下商。乃右旋转南方三徵，东方三角，北方三羽，中央三宫，至丙辰丁巳土，又隔八位，则复得甲子乙丑金焉。对冲甲午乙未亦如之。此说见沈括《梦溪笔谈》。又五行家所谓海中金、沙中金者，得其上。剑锋金、金箔金者，得其中。白镴金、钗钏金者，得其下。推之亦有理致，他行亦然。罗盘十二宫纳音，见八卷。

图书为声音之源说

人声出于肺，肺气根于肾，肺脘通于喉，始生而啼，有声而非音，是时不能言。言出于心，其窍在舌，心之脏气未充，舌下廉泉之窍未通，则舌不能掉。及其稍长，渐有知识，心神渐开，于是舌亦渐掉而能言。此其理具于《河图》、《洛书》。《图》之五行，居其本位。《书》则三同二异，四九金居南，二七火居西，是为火金交。人之肺亦在心上，所以能言者，心肺交故也。人之言出于喉，掉于舌，触击于牙齿唇，以应五行。喉音为土，舌音为火，牙音为木，齿音为金，唇音为水。言而成文，可以制字者，虽无数，约之不出三十六位而已。三十六者，四九之数，亦六六之数也。昔之智者，以三十六位之音，立为字母。牙音四，见、溪、群、疑。舌音八，端、透、定、泥为舌头，知、彻、澄、娘为舌上。唇音八，邦、滂、并、明为重唇，非、敷、奉、微为轻唇。齿音十，精、清、从、心、邪为齿头，照、穿、床、审、禅为正齿。喉音四，晓、匣、影、喻。又舌齿各有半音，来为半舌，日为半齿，共七音。凡有字之音，皆不出三十六母。音之清者为阳，浊者为阴。见、溪、端、透、知、彻、邦、滂、非、敷、精、清、心、照、穿、审、晓、影十八位为清，群、疑、定、泥、澄、娘、并、明、奉、微、从、邪、床、禅、匣、喻、来、日十八位为浊。别有《音学辩微》、《四声切韵表》二书明之，此以字母配《河图》之图列于左。

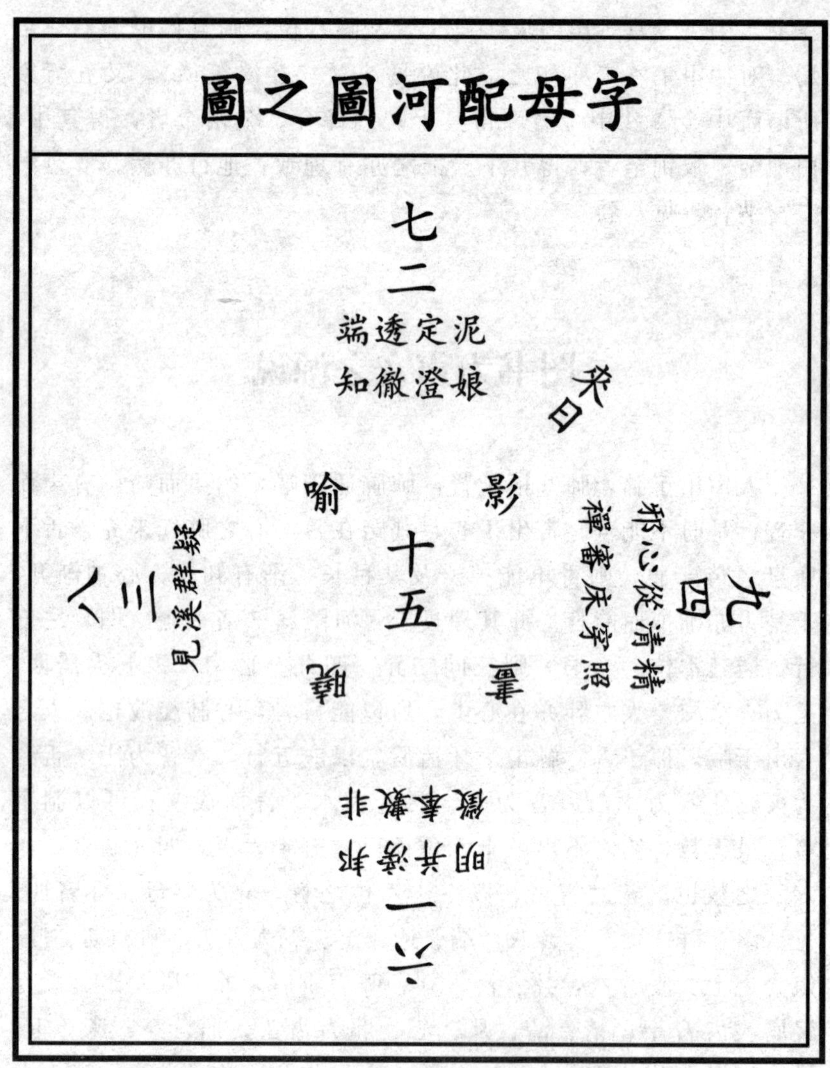

图　说

此图牙、舌、唇、齿、喉，依《河图》各居其方，而半舌半齿居西南隅，当火金之交，则《河图》变《洛书》之理也。

来母恰是舌头泥母之余，日母恰是正齿禅母之余，故谓之半舌半齿。

图数之衍大应音十五				
日	●	●	溪	见
来	●	疑	群	■
喻	影	●	透	端
匣	晓	泥	定	■
禅	审	●	彻	知
床	穿	娘	澄	■
■	照	●	滂	邦
邪	心	明	并	■
从	清	●	敷	非
■	精	微	奉	■

图　说

凡牙、舌、唇，最清之字无浊，见、端、知、邦、非五位是也。次浊之字无清，疑、泥、娘、明、微五位是也。齿音精、照最清亦无浊，而次浊则有清。邪之清心，禅之清审是也。来、日两位，皆无清也。有清无浊者共七位，有浊无清者亦共七位。虽无其字，以口呼之，亦似有音。然而古今未尝制字，则其音为俚俗不典之音，合有字无字共得五十位，符乎大衍之数，自然之理也。此外又有鼻音，则不可以为音矣。此图字在圆圈者清声，在方圈者浊声。黑圆者，有音无字之清。黑方圈者，有音无字之浊。

河洛精蕴卷之八

《河图》为物理根源图

五事	时 出太元	日干	五气	五时	五行之味	五行之性	五行	五星	方位	河图数
貌	藏	壬癸	寒	冬	作咸 入肾	润下	水	辰星	北	一六
言	养	丙丁	热	夏	作苦 入心	炎上	火	荧惑	南	二七
视	生	甲乙	风	春	作酸 入肝	曲直	木	岁星	东	三八
听	杀	庚辛	燥	秋	作辛 入肺	从革	金	太白	西	四九
思	该	戊己	湿	长夏 中央土	作甘 入脾	稼穑	土	镇星	中	五十

五窍	五藏	五伦	四端	五性	咎徵	咎	休徵	庶徵	五扐 佐也出太元	五用 出太元
耳	肾	夫妇 有别	是非	智	恒雨	狂	时雨	雨	肃	恭
舌	心	兄弟 有序	辞让	礼	恒旸	僭	时旸	旸	乂	从
目	肝	父子 有亲	恻隐	仁	恒燠	豫	时燠	燠	哲	明
鼻	肺	君臣 有义	羞恶	义	恒寒	急	时寒	寒	谋	聪
口	脾	朋友 有信		信	恒风	怠	时风	风	圣	睿

五恶	五液	五藏（以下皆素问）	五体（本素问）	五臭（本月令）	五色	五声（本素问）	五音	五欲	五养
肾恶燥	唾	志	骨（华在发）	朽	黑	呻	羽	欲声	声
心恶热	汗	神	脉（华在面）	焦	赤	笑	徵	欲味	味
肝恶风	泪	魂	筋（华在爪）	羶	青	呼	角	欲色	色
肺恶寒	涕	魄	皮（华在毛）	腥	白	哭	商	欲臭	臭
脾恶湿	涎	意	肉（华在唇四白）	香	黄	歌	宫	欲安佚	饮食

五器（本太玄）	五牲	五谷（本月令注）	五虫（见月令）	药养（见周礼）	变动	味伤 味胜	气伤 气胜	志伤 志胜	五志
准	豕	菽	介	咸养脉	慄	咸伤血 甘胜咸	寒伤血 燥胜寒	恐伤肾 思胜恐	恐
绳	羊	黍	羽	苦养气	呕	苦伤气 咸胜苦	热伤气 寒胜热	喜伤心 恐胜喜	喜
规	鸡	麦	鳞	酸养骨	握	酸伤筋 辛胜酸	风伤筋 燥胜风	怒伤肝 悲胜怒	怒
矩	犬	麻	毛	辛养筋	欬	辛伤皮毛 苦胜辛	热伤皮毛 寒胜热	忧伤肺 喜胜忧	忧
度量	牛	稷	倮	甘养肉 滑养窍	哕	甘伤肉 酸胜甘	湿伤肉 风胜湿	思伤脾 怒胜思	思

图 说

天下事物，皆出于五行，则皆根源于《河图》。事物不可胜图，举其目之最著者列之，亦足以该无穷之事物矣。其序依《洪范·五行》生出之次为序，其数即《河图》先天之数。逆而数之，即五音宫、商、角、徵、羽之次第也。五事与庶徵相应，如蔡氏考定，皆如五行之序。貌为水，言为火，视为木，听为金，思为土。雨、旸、燠、寒、风之休咎亦如之。若汉儒之说大不同。伏生《尚书大传》以貌为木，言为金，视为火，听为水，扬子《太玄》其说亦同，以雨、旸、燠、寒推之，似是四时之气，春温多雨，秋燥多旸，夏火故燠，冬水故寒。然则貌、言、视、听亦以木、金、火、水属之，不必如五行生出之序也。肾窍为耳，卦亦属坎，则听当属水。肝窍为目，火必丽于木而明，《河图》三木，即离火，后天离趋于南，故视之光明当属火，卦亦以离为目也。言出于舌虽属心，而言有声音属肺。兑为口舌，荀《九家易》以乾为言，乾、兑皆金，故言宜属金。然则貌之属木者，人之貌恭，如木之植立有容，而蔡传以貌泽为水者，似未安也。今虽依蔡传图之，而汉儒之说自有理，不可废。若其所推咎徵，有妖孽、眚祥、人疴、物祸者，则今不必载矣。

五脏、五志、七窍，当如医家之说，若《月令》“春祀户，祭先脾，夏祀灶，祭先肺”者，谓五祀之祭所用牲体之当先，或以五行所胜所生及当时，各有取义耳。而《太玄》以此推人身五藏之位，谬矣。五藏所藏，《太玄》谓之侟，侟，存也。木侟志，金侟魄，火侟魂，水侟精，土侟神，与医家有合有违。木情喜，金情怒，火情乐，水情悲，土情恐惧，皆与医家不合。七窍并下体二窍为九，医家谓二便皆肾所司。而扬子谓一六为前，五五为后，则异矣。一六又为耳，是也。而扬子谓二七为目，三八为鼻，四九为口，不知目窍通肝，鼻窍通肺，口窍通脾，而心之窍为舌以辨味，则皆扬子所未知也。

《河图》之数多变，声色臭味，各有至理。即以味言之，木性发散，而酸却主收敛。金从木化，四九金变为三八木也。三八木变为一六水，故思酸言酸而齿即齼，津即生也。火性温热，而味苦者反寒凉。水从火化，七火为坎水，一六水变为二七火也。秋令寒凉，而辛味却温热，能发散。火从金化，二七火变为四九金。而四九者先天之太阳也。水从火化则生咸，而咸何以不热？水中之火为阴火，一六者先天之太阳也。即味一端言之，妙理无穷，推之他事可知矣。

位在北方者，事物多两歧。如肾有两枚，兽有龟蛇，四端有是非。贞之德必曰正而固。是也。而不止此，子时上半是今夜，下半是明日。虚宿为阴阳分界，而鼠足前四爪，后五爪，尤奇也。

法洛書制明堂圖

階　階　階

六 總章右個 玄堂左個	一 玄堂太廟	八 青陽左個 玄堂右個
七 總章太廟	房　五　房 太廟太室	三 青陽太廟
二 明堂右個 總章左個	九 明堂太廟	四 明堂左個 青陽右個

階　階（左）　階　階（右）

階　階　階

图 说

《大戴礼·明堂篇》云："明堂者，古有之也。凡九室，而有四户八牖，赤缀户也，白缀牖也。二九四、七五三、六一八。"郑康成云："记用九室，谓法龟文，取此数以明其制也。"《考工记·匠人》云："周人明堂，度九尺之筵，东西九筵，南北七筵，堂崇一筵，五室，凡室二筵。"今如其制图之，但四隅之室，不能与中室相连。意者中室之旁，有一筵半之地为左右房与九阶，则如夏后氏世室之制也。其太庙太室、明堂玄堂、青阳总章，及左个右个，《月令》之文也。《月令》虽秦人之书，《汲冢周书》犹存篇目。其序云："周公制赋十二月之政，作《月令》。"盖吕不韦因周公之书，有所损益耳。朱子说明堂，四堂五室，其左右个，一室两用。又谓井田之遗意，其实是法《洛书》也。

图 说

七政各丽一重天，月天在下，水次之，金次之，日次之，火次之，木次之，土最高，在经星天之下。《河图》以右旋观之，水北、金西、火南、木东，则土居中者宜在后，而五星之自下而高者正应之。《河图》与五星，皆自然之位置也。月为水之精，故在水之下。日为火之精，故在火之下。则南北二方，隐有日月在其间。而日天在中，又为月与五星之君，犹人之有心君也。更详论之，西人言四大元

河图应五星高下图
土 中五十
木 东三八
火 南二七
㊐
金 西四九
水 北一六
㊊

行，水、火、土、气，而无金、木。盖以金、木皆生于土，是亦二物，而非所以生物之本也。然而在天成象，实有五星。在地成形，实有五材。在人则五藏应之，则五行固不可易也。五行有生出之序，水、火、木、金、土。有相生之序，木、火、土、金、水。有相克之序，水、火、金、木、土。而五星高下之次，自上而下，则土、木、火、金、水。自下而上，则水、金、火、木、土。独与彼三序不同，何也？盖五行土最浊，木次浊，火在清浊之间，金次清，水最清，故土、木无影，火外影，金、水内影。五星以清浊为位置，浊者在上，清者在下，浊者在外，清者在内，与地上之轻清上浮、重浊下凝者，相反而相对也。五行土最大，为四行之基，分列五方则居中。其气流行，则在火、金之间，而星次则移其在中之位，特出居上，包乎四星，土之所以为大也。试使土星天移而居中，在火、金二星之间，自上数之，木、火、土、金、水，正得相生之序。今之异乎相生之序者，由土往而居上以包四星也。五行金水一家，木火一体，土即往而居上，则其下四星，金与水，木与火，各以母子相聚而依也。《河图》之位，北方西方，太阳居一连九，太阴居四连六，星位水在下，金次之，即一六与四九之相连也。《河图》南方东方，少阴居二连八，少阳居三连七，星位火次金，木次火，即二七与三八之相连也。土在上，即《河图》中宫五十也。左旋则土在中，今以右旋，故土在后也。五行生出之序，金位在四，试使金星天移在木、土之间，自下数之，水、火、木、金、土，正得生出之序。今之异乎生出之序者，由金下而居二也。金在木、火之上，火燃木以铄金，金畏之，故下就水，藉子以自救也。不唯自救而已，又以解水、火之战，受炎火之革，释金、木之仇，同木、土之根也。五行之初，水、火并生即相战，水胜则火灭，火胜则水涸。有金以为之隔，而水火之战息矣。金性从革，畏火而亦喜火，来居火天之下，且在太阳天之下，二火锻之，而金愈精，唯从故能革也。木为五行之生机，金木相克，生机将息，金移其位，则木之仇去，而生机畅茂矣。木生于土，焚于火，金移其位，则木就土，著根者固，火焚之而不尽矣。《洛书》与《河图》，三同二异，由西南火、金易位也。五行相克之序，火在二，金在三，此则金在二，火在三，所谓金乘火位，火入金乡也。试使金、火二天互易，则水、火、金、木、土，如相克之序矣。五行生出之序，本然之次第也。相生之序，气之顺行也。相克之序，性之逆制也。五星之序，则合三序而变之，兼有《图》、《书》之理，自成清浊之次，而《河图》五方之位实为之根。今禄命家以子丑属土，寅亥属木，卯戌属火，辰酉属金，巳申属水，其序正如五星之序。午属日，未属月，则太阳太阴二天自相配也。

二十八宿属七曜说

二十八宿之属七曜，以角木为首，四方之宿，皆以木、金、土居前，火、水居后，日月居中。从来地理家、演禽家、禄命家未有能言其故者，今发明之。二十八者，四其七也。是因七政之高下次第，而以宿配之。一宿值一日也。每一日分为二十四分。二十四分者，二十四小时也。东方苍龙七宿，以角为首，故角属木，自上而下第二曜也。每一小时历一曜，三七二十一至土，二十二至木，二十三至火，二十四至日，则一日周遍。次日是亢值日，至金，故亢属金，木、火、日、金隔四曜，后皆隔四曜数之。次土、次日、次月、次火、次水，而复于木也。中国有甲子，而不知以宿值日。西国惟以宿值日，不知有甲子。后来中西合为一，故今历亦有宿值日之法。西人谓开辟之初一日为角宿也。地理家又以二十八宿分诸天盘之二十四向，乾、坤、艮、巽属四木，辰、戌、丑、未属四金，乙、辛、丁、癸属四土，子、午、卯、酉属君相火，甲、庚、丙、壬属四火，寅、申、巳、亥属四水，用之拨砂立向，亦有至理。宿有二十八，向止二十四，是子、午、卯、酉兼得四日四月也。月本是水之精，而以为相火，亦有至理。先天离为日，坎为月。坎之数七，七本《河图》之火，故月为相火也。

觜参二宿前后说

觜觿属火，参属水，从前之历皆然，火先于水也。后来从黄道测之，觜不在参前，于是移其前后，先参后觜。觜之半度属之参，而以参之十一度奇者属之觜。然而毕竟未当，他方皆火先于水，西方独水先于火，与七曜之次不合，一也。觜宿微细，参体广大，使广大之宿，反得最少之度，于理不合，二也。欲易其曜，则水、火有定性，欲易其禽，则猿、猴有定形，故虽行之百十年，终觉不安。乾隆十八年部议乃改之，仍以觜先于参，此非能移其宿之前后也，但改其参宿之距星耳。参七星中三星，旧以西头星为距，从距星测之，则参前觜后。今改东头星为距，从距星测之，则觜前参后。盖宿不可移，而距星可易也。是年时《宪书》已颁，次年始改定。凡五行家不可不知其缘由，故载之。

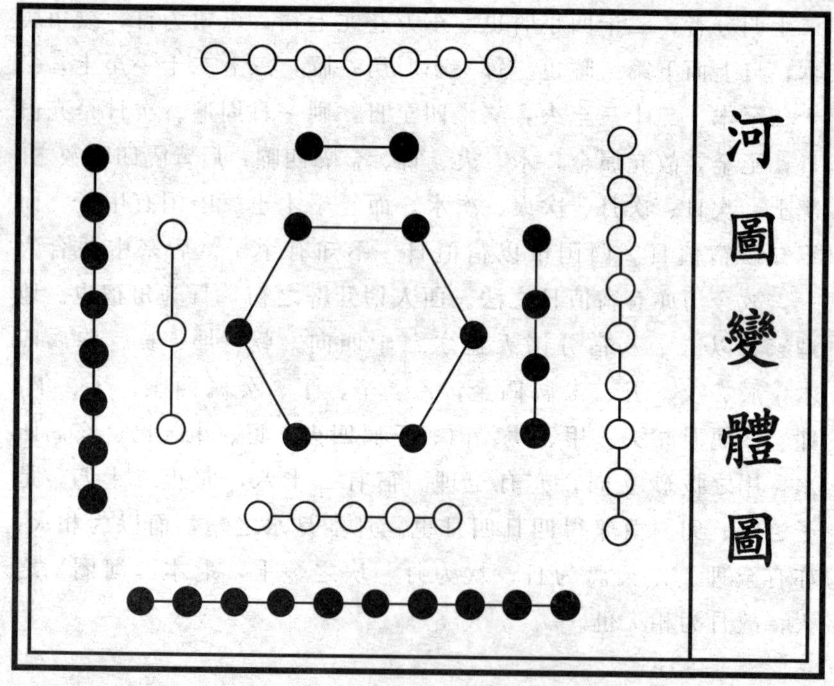

图 说

按宋陈抟图南有《易龙图》一卷，其序载于双湖胡氏一桂《易翼传》。谓龙马图有未合之数，其说甚支离不可晓，中间有数语颇分明，云："始龙图之未合也，惟五十五数，上二十五，天数也。下三十，地数也。在上则一不用，形二十四。在下则六不用，亦形二十四。"本注云："上位中心去其一，见二十四。下位中心去其六，亦见二十四。以一岁三百六旬，周于二十四气也，故阴阳进退皆用二十四。"余因此思之，此龙图盖水、土易位，一、六易五十居中宫，而五十居一、六之位也。水、土本同根，天地与人身，其初本是水，乃渐凝为土。故《河图》一六水变为五十坤、艮土。此水、土所以有易位之理。五十既易而居北，则南北相对二十四点，东西相对亦二十四点，不止应二十四气也。地有二十四向，人身左右有二十四经脉，背脂二十一节，并项三节，为二十四节。一日十二时，各半之为二十四小时，皆是也。今依此作图，为《河图》变体图，古今所未有。此图不止应二十四也，十干合化之理数，亦出于此。甲与己合化土，乙与庚合化金，丙与辛合化水，丁与壬合化木，戊与癸合化火。说者谓各以本干起子，从辰而化，甲己起甲子，得戊辰。乙庚起丙子，得庚辰。丙辛起戊子，得壬辰。丁壬起庚子，得甲辰。戊癸起壬子，得壬辰。故从辰之干而化，辰为龙，龙变化者也。此说固有理，犹非其所以然。以此图观之，乃是以变体之《河图》，合正体之《河图》，因有十干合化之数者也。甲一己六居中，得中央五十之土气，故甲己化土。戊五癸十居北，得北方一六合七之火气，故戊癸化火。丙三辛八居东，得东方三八合十一之水气，故丙辛化水。丁四壬九居西，得西方四九合十三之木气，故丁任化木。乙二庚七居南，得南方二七合九之金气，故乙庚化金。倘水、土不易位，则甲一己六在北当化火，而何以化土？戊五癸十居中当化土，而何以化火？以此知《河图》必有变体之数也。十干合化从变数，故从辰而化之数亦应之。辰不止象龙之变化，辰为东方土，又为北方水之墓地，是辰中兼有水土，故水、土有变易之理也。十干合化之五行，为用者大，孰知造化之妙如此哉！其序录后，辩论之。

陈图南《易龙图》自序

且夫龙马始负图，出于羲皇之代，在太古之先。今存已合之位，或疑之，按：此已合之位，疑是今之《河图》，然下文后既合也，天一居上云云，则又与《河图》不合，何也？况更陈其未合之数耶？然则何以知之？答曰："于仲尼三陈九卦之义探其旨，所以知之。按：三陈九卦，与此何涉？况天之垂象，的如贯珠，少有差，则不成次序矣。故自一至于盈万，皆累累然如丝之缕也。且夫龙图本合，则圣人不得见其象，所以天意先未合而形其象，圣人观象而明其用，是龙图者天散而示之，伏羲合而用之，按：此似伏羲时所出者，乃未合之数。今之《河图》五十居中者，伏羲改作之图也。殊不可晓。仲尼默而形之，按：夫子何以默而形之，岂前言三陈九卦之旨耶？殊不可晓。始龙图之未合也。惟五十五数，上二十五，天数也。按：此似以一、三、五、七、九数居上，下文却不可晓。中贯三五九，外包十五，尽天三、天五、天九并五十之用。按：天数二十五，如何能外包十五，尽五十之用？且独置天七不言，何也？后形一六无位，本注：上位去一，下位去六。按：本注似是希夷先生自注，然此正当言一无位耳。天数中，不得有六，不得并一言之云下位去六也。又显二十四之为用也。按：此句分明，而上文不可晓。兹所谓天垂象矣。下三十，地数也，亦分五位，本注：言四方中央也。按：此似以二、四、八、十居四方，六居中央，而下文却不然。皆明五之用也。本注：上位形五，下位形六。按：地数中不容有五，何云上位形五？十分而为六，本注，五位六五，三十之数也。按：六五固是三十，然既分五位，何以又十分而为六？形地之象焉。本注：坤用六也。六分而几四象，本注：成七、九、八、六之象也。按：分四象见下注，然不可晓。地六不配，本注：谓中央六也。一分在南边，六几少阳七。二分在东边，六几少阴八。三分在西边，六几老阳九。惟在北边，六便成老阴数，更无外数添也，所谓不配也。按：此注似解上六分而几四象，谓南边一得六为七，东边二得六为八，西边三得六为九，北边惟有六也。然六既居中央矣，何得又在北？四可配六成十，而云地六不配，亦不成道理。在上则一不用，形二十四。在下则六不用，亦形二十四。本注：上位中心去其一，见二十四，下位中心去其六，亦见二十四。以一岁三百六十旬，周于二十四气也。故阴阳进退皆用二十四。按：此文及注分明，而上文却支离艰晦。后既合也，天一居上为道之宗，地六居下为气之本。本注：一六上下覆载之中，进四十九数，为造化之周也。按：此既合天一居上，地六居下，则非今之《河图》，一六居北者矣，谁合之耶？进四十九数亦不可晓。意者一六合为七，自乘四十九耶？天三干、地二、地四为用，本注：此更明九六之用，谓天三统地二地四，几为乾元之用也。凡干五行，几数四十，是谓大衍之数五十，其用四十有九也。按：此似谓合三、二、四为九，为乾元之用也。然干五行几四十不可晓。三若在阳，则为孤阴，在阴则为寡阳。本注：成八卦者三位也。谓一、三、五之三位，既与四只两位，两位则不成卦，是无中正不为用也。二与四在阳，则为孤阴，四、二是也，在阴则为寡阳，七、九是也。三皆不处之，若避之也。按：《河图》合四象成八卦，何以言成八卦者，只有一、三、五之三位，而二、四不为用耶？孤阴寡阳而三不居，亦不成道理。大矣哉！龙图之变，歧分万途，今略述其梗概焉。

图序说

《龙图书》一卷未见，使其图义果如序与注所云，恐非造化自然之理。幸其中间有明白者，摘出别为图说，且推出十干合化之理，智者乐而玩焉可也。

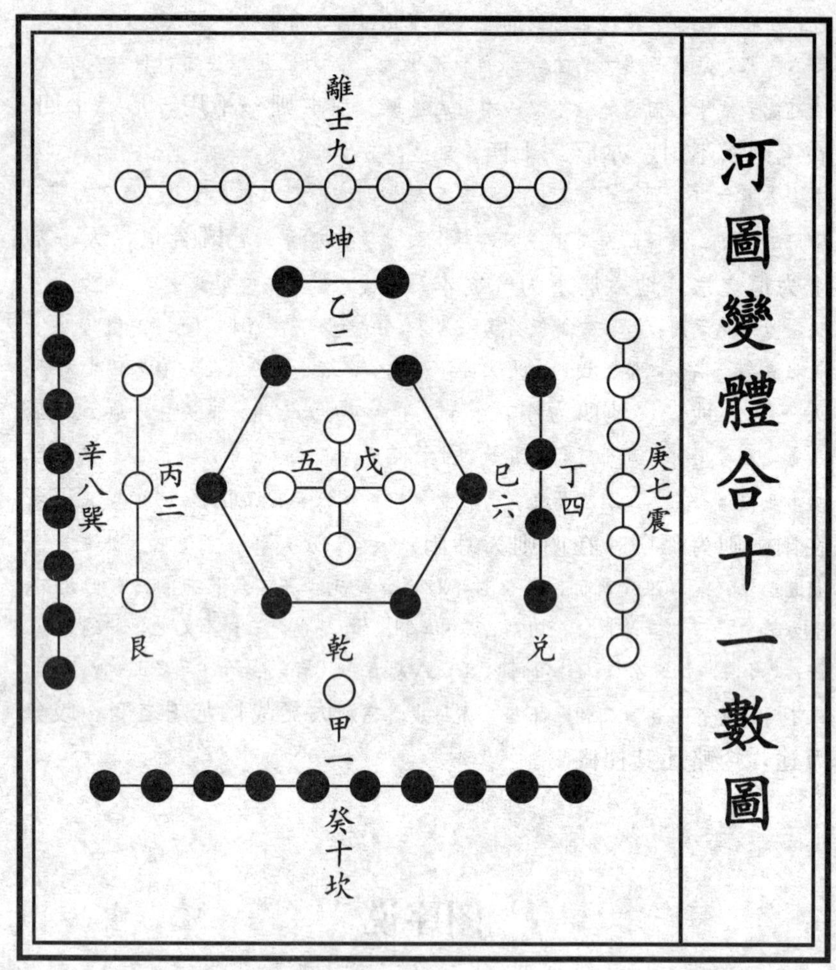

图 说

按：前汉《律历志》云："天之中数五，五为声。地之中数六，六为律。"唐一行亦云："合二始以定刚柔，合二中以定律历，合二终以纪闰余。"是古人皆言五、六为天地之中矣。故《河图》变体，又当有此图焉。一、二、三、四、五，生数不变，置六于中，退十于北，九七互易，三八不移，如是则中央合十一也，四方亦皆合十一也。《河图》之数五十有五，固有五其十一之理也。以十干配之，甲乙二始也，戊己二中也，壬癸二终也，丙丁庚辛，始中终之间也。戊己为枢，八干八卦纳之，则纳甲之理由此出焉。二中以位戊己，二始以定乾、坤，二终以定离、坎。始中终之间，以定艮、兑、震、巽。形家之理，则二始二终为关杀，二中为空亡，惟在始中终之间者可用也。

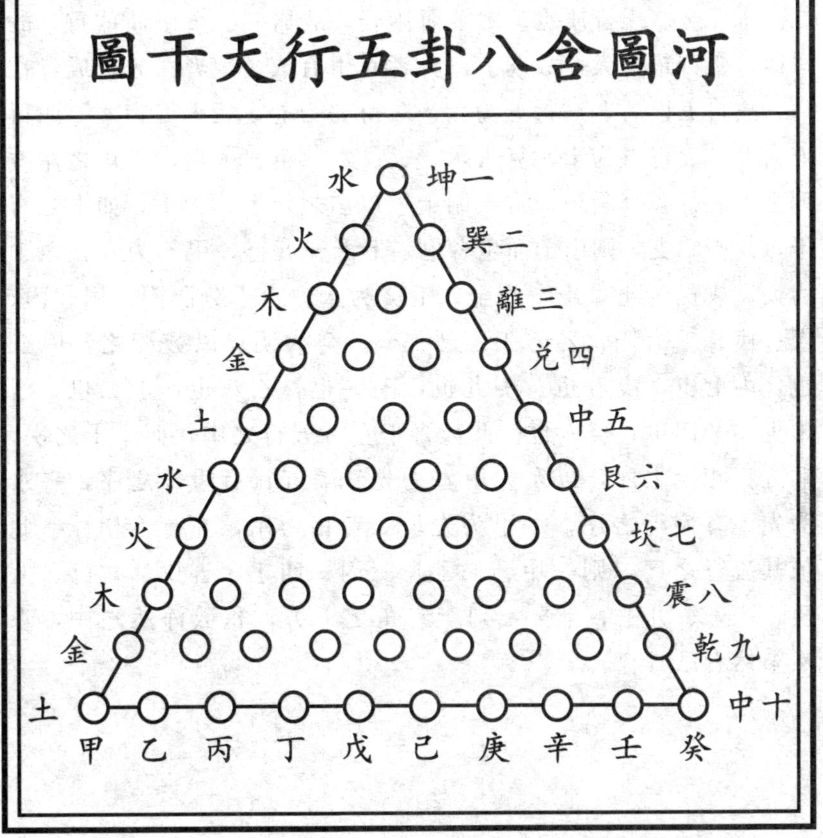

图　说

《河图》十位，而卦止有八，四象成八卦，五十居中，为不用之用也。四生数为阴卦，母居先，而长女、中女、少女之卦继之，阴以少者为尊也。四成数为阳卦，少男、中男、长男之卦为次，而父居后，阳以多者为尊也。五为半而中隔之，十为全而中统之。得奇数者根于天，得偶数者根于地，三角之右方列之。水、火皆气也，水最清而内明，故居一。火次清而外明，故居二。木、金、土皆质也。木柔而体轻，故居三。金坚而体重，故居四。土则最广大，故居五。五者有生有成，生者在先，成者在后，故自五以后，一得五为六，二得五为七，三得五为八，四得五为九，五得五为十。复为水、火、木、金、土焉，三角之左方列之。五行各分阴阳，古人制十干以名之，干本为干，如木之有干，其十二支，则由干而生者也。十干分五行，甲乙为木，丙丁为火，戊己为土，庚辛为金，壬癸为水。十干分阴阳，甲、丙、戊、庚、壬为阳，乙、丁、己、辛、癸为阴。以数配之，甲三也，丙七也，戊五也，庚九也，壬一也，乙八也，丁二也，己十也，辛四也，癸六也。此数含于左方五行之中，而十干之次，顺五行相生之序，以东方甲木为先。盖五行有生出之序，一水为先。有流行之序，一甲为先。二者相为用，并行不相悖。此依其流行之序，则一甲、二乙、三丙、四丁、五戊、六己、七庚、八辛、九壬、十癸，列于三角之下方，积数浑然之中，森然粲然者已具存。

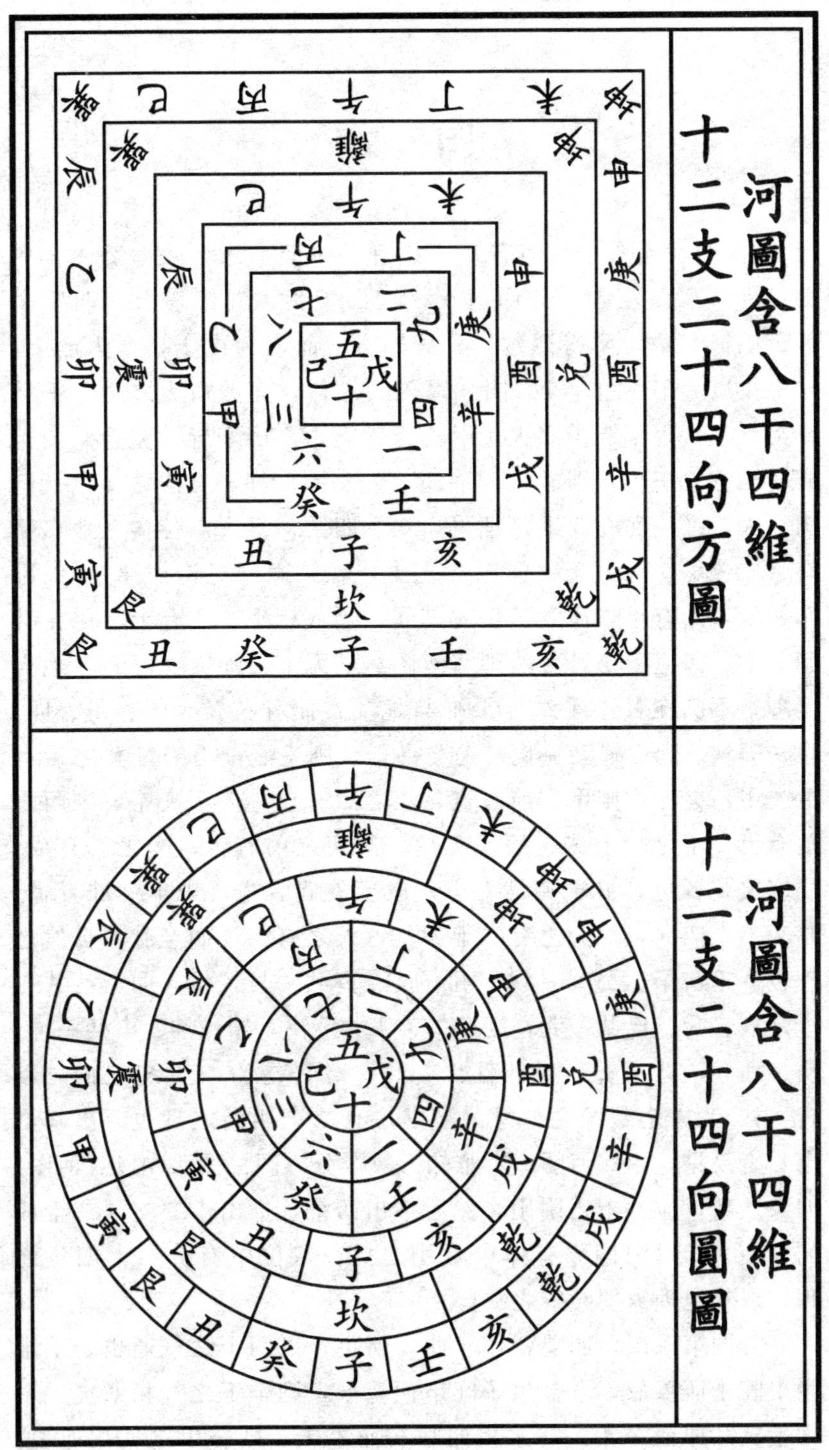

河圖含八干四維十二支二十四向方圖

河圖含八干四維十二支二十四向圓圖

图　说

《河图》无八干，而有八干之理。一即壬水，六即癸水，三即甲木，八即乙木，七即丙火，二即丁火，九即庚金，四即辛金。阳得奇数，阴得偶数，分居四方。而五为戊土，十为己土，居中央以为不用也。《河图》以先天之体，而藏后天之用。壬癸皆为坎水，丙丁皆为离火，甲乙皆为震木，庚辛皆为兑金。四正卦居四方之正位，则必有四隅焉。乾、巽、坤、艮居之，是《河图》无四维，而有四维之理也。八干四维，得十二位矣。地支又有十二位焉，隐藏于《河图》之中，观第六卷《论声律》，以方圆相函，而有十二律之长短在其间，隔八相生，亦有十二律在其间。十二律应十二月，然则《河图》虽无十二地支，而十二地支之理，不已在其中乎？合干维与地支，而分其位，子、午、卯、酉，即坎、离、震，兑也。壬癸夹子，则壬之前有亥，癸之后有丑。甲乙夹卯，则甲之前有寅，乙之后有辰。丙丁夹午，则丙之前有巳，丁之后有未。庚辛夹酉，则庚之前有申，辛之后有戌。戌亥夹乾者也，丑寅夹艮者也，辰巳夹巽者也，未申夹坤者也，是为二十四向，如天之有二十四气，人之有二十四经脉，自然之理也。壬、子、癸共一坎，丑、艮、寅共一艮，甲、卯、乙共一震，辰、巽、巳共一巽，丙、午、丁共一离，未、坤、申共一坤，庚、酉、辛共一兑，戌、乾、亥共一乾，是为一卦统三向。以《洛书》八方之数配之，是《洛书》有二十四向之理也。出《洛书》者易见，出《河图》者难知。故今分方圆二图，先以《河图》四象之数，应八干之阴阳，然后推出四维，推出十二支与二十四向，使人知《河图》有体中藏用之妙，八位中有分二十四位之理，以补地理家罗经解之缺。

方图第三层，四隅各作一曲，何也？以明干之气通也。壬水生申旺子而墓辰，辛金生子旺申而墓辰，则辛壬之气相通矣。甲木生亥旺卯而墓未，癸水生卯旺亥而墓未，则癸甲之气相通矣。

丙火生寅旺午而墓戌，乙木生午旺寅而墓戌，则乙丙之气相通矣。庚金生巳旺酉而墓丑，丁火生酉旺巳而墓丑，则丁庚之气相通矣。是为生旺互用，元窍相通，先天自然之配合，四大水口四黄泉，皆由此出焉。

罗经原始

《周礼》曰："惟王建国，辨方正位。"《诗》曰："揆之以日，作于楚室。"又曰："既景乃冈，相其阴阳。"《考工记》匠人营国，昼则置臬测日影，夜则兼考极星。所以辨方正位者，如此而已。其无针盘之器可知。说者谓黄帝禽蚩尤时，天降玄女，授以针法，此无稽之言也。成王时越裳氏来朝，迷其归路，周公作指南车以送之。盖以机巧作之，非今之罗经也。大约此器必三代以后精物理者创之。针何以一端恒指北，一端恒指南也？坎水者金之子家，离火者金之所畏，亦金之所喜，是以恒眷恋于南北。当其锻铁而抽之为线，则指南之性已定于此。用轻浮物贯线而浮之水，必指南，此从革之性也。唯慈石能引之，产慈石之山必产铁，同类而相招也。智者穷物理，因制为指南之器，后来形家踵事而加精焉耳。

罗针三盘说

罗针指午曰正针，与正针差半位，指其丙午之间者曰缝针。与缝针差一位，以丙为午，以午为丁，正针指其午丁之间者曰中针。正针者，地盘之子午也。中针者，天盘之丁午，与北极相对者也。缝针者，地盘地支之午分为两半，一为丙，一为午也。以中针与正针较，差半位，地之午偏于丁，而天之午正当地盘丙午之间者也。地之午与天之午，何故差半位？岂地有偏倚，不当天之中乎？曰非也。此当通大地而言之。地亦是圆形，谓之地球，正当天心。以天度量之，南北二百五十里，则北极出地差一度，以二百五十里乘三百六十度，则地球周九万里，东西亦如之。上下四周，皆有山水人物环而居之。地球分五大州，极西一州曰欧逻巴，亦谓之大西洋。环中华一州，彼土人呼之曰亚细亚。又欧逻巴之东南，亚细亚之西南，一大州曰利未亚，亦谓之小西洋。此三州地脉相连，大海环之。又一大州曰亚默利加，又一大州曰默瓦腊泥加，皆大海隔之，不与三州相通也。欧逻巴人浮海而来，望东南斜迤而行，历利未亚州，其地有大浪山，见南极出地三十六度者也。既过此山，乃渐迤东北而行，至广东番禺登岸，通计海程，约九万里。海舟必藉罗针与天星以指路，当其未至大浪山，则针偏于丙，既过大浪山，则针偏于丁，唯当大浪山之处，针正对南极之下地所偏。此何以故？盖地亦有南北极，其中亦隐有督、任二脉。当南极处，如瓜之蒂，如人顶之百会穴。针指午，指其蒂也，指其百会穴也。大浪山是当督、任脉之处，故针无所偏。自西方望之，地极近东，故针偏丙，而天之正午在其西。自东方望之，地极近西，故针偏丁，而天之正午在其东。然则当大浪山之处，天地之中合为一线，正针即是中针，他处则不然矣。然则正中之处，亦有缝针乎？曰缝针者，以丙午夹地盘之正午，常差半位，处处皆然，唯中针有变动耳。解罗经者，谓天之子午与浮针之子午差半位，故设天盘以应之。不知地是圆形，针随地而差，半位是十五度。大浪山至中国，斜迤而行，直量之约差半位。故以日影测验，如此设盘，其实不可以胶定。如东海至陕西、云南八九千里，必有数度之差，岂可以胶定之天盘，遍用之各省乎？此说难以语于今人，唯就地圆之理，针随地差之故，发明所以然，载之此书以广异闻。针偏针正之说，西人浮海者所亲见，载在《天学初函》，必非虚言也。

净阴净阳说

地理家净阴净阳，以先天八卦配《洛书》而定。九、一、三、七为阳，乾、坤、离、坎当之。四卦所纳之甲、乙、壬、癸，坎离所合之申、辰、寅、戌皆为阳。六、四、八、二为阴，艮、兑、震、巽当之。四卦所纳之丙、丁、庚、辛，震兑所合之亥、未、巳、丑皆为阴。八卦方位之分明如此，丹灶家虽秘之，地理家未尝秘也。乃自汉以后，儒家皆不知有先天八卦，《大传》“天地定位”一章，久在霾雾中，至邵子学于其师，不炉不扇，艰难辛苦，而后得闻有先天之学，又必待朱子表章而后传。可见儒家之学，固守孤陋，不肯博涉兼收，又鄙异流方外为不足道，遂使经义晦蚀，流传者反在异流方外，是亦儒家之过也。

罗经六十甲子说

罗经三盘，俱有六十甲子，所以分十二宫之始中末也。子宫五子，甲子金、丙子水、戊子火、庚子土、壬子水。午宫五午，庚午土、壬午木、甲午金、丙午水、戊午火。一宫中纳音五行全焉，其序皆如纳音五行，一火、二土、三木、四金、五水之序也。戊子甲午，中位正相对也。午宫何以起庚午？甲子皆顺序，以隶各支之下，历乙丑、丙寅、丁卯、戊辰、己巳，故午宫始庚午也。顺序排列，至癸亥而终焉。

盈缩平分说

地理家言龙有盈缩，而蔡西山先生易为六十平分，此古今不决之疑。然天道常以整齐者为体，以盈缩不齐者为用，日月五星之行度皆然。龙者气之行于地中，其能以整齐者格定，谓其三分、七分、五分，一一皆应平分之节度乎？前人立盈缩之法，或盈以应候，缩以应度，或缩以应度，盈以足候，其理甚微。今易以平分，岂不近理可信？然而弥近理者，正恐其能乱真。如先生之论律，谓宫声最大，律管最长，岂不近理？而乐家谓不可以制乐。论历欲用《皇极经世》之数，以十二万九千六百分为日法，亦似近理，而历家谓不可以造历。然则平分一盘，岂真能格龙乘气，与堪舆家争胜哉？

诸阴阳说

叶九升曰："经盘之用，以净阴净阳为重，然各家阴阳亦不可不知。如自子至巳为阳，自午至亥为阴，此升降之阴阳也。十二辟卦从此出，自复至乾，自姤至坤，共七十二爻，为七十二候，此七十二龙之所从出也。如乾、艮、甲、庚、丙、壬、子、寅、辰、午、申、戌为阳，坤、巽、乙、辛、丁、癸、丑、卯、巳、未、酉、亥为阴，此卦与干支本体之阴阳也。如子、寅、辰、乾、丙、乙、卯、巳、未、艮、庚、丁为阴，午、申、戌、巽、辛、壬、酉、亥、丑、坤、甲、癸为阳，此大元空四经五行之阴阳也。如艮、寅、甲、卯、乙、辰、坤、申、庚、酉、辛、戌为阳，巽、巳、丙、午、丁、未、乾、亥、壬、子、癸、丑为阴，此阳年阳利，阴年阴利，选日造命之阴阳也。"

三卦说

叶九升曰："三卦出《天玉经》，以自寅至丙八位为东卦，自申至壬八位为西卦，东为木，西为金，二卦为一父母。自午至坤四位，自子至艮四位，南火北水为南北卦，为一父母。东西忌见南北，南北忌犯东西。凡龙向水不出卦者主贵，出卦相犯则不贵。如亥龙立丙向，来龙水路，俱不犯南北卦则贵。若亥龙丙向，后龙带子癸，见午丁之水往来为出卦不贵。凡龙穴不合净阴净阳，三吉六秀，而合三卦之法者大吉。三卦之义，从后天八卦而出，净阴净阳，是取先天八卦之阴阳。此二卦二父母，则取后天八卦之五行也。后天八卦，一水、一火、二木、二金、二土。《河图》之象，土居中宫，故三卦亦去二土不用，止用六卦，分二十四山，则每卦得四山也。故寅、甲、卯、乙四山属震木，辰、巽、巳、丙四山属巽木。午、丁、未、坤四山属离火。申、庚、酉、辛四山属兑金，戌、乾、亥、壬四山属乾金。子、癸、丑、艮四山属坎水。金木各有二卦，火止一卦，故坤附于离。水止一卦，故艮附于坎，亦合二卦之义。东西有四卦，南北亦有四卦，金木相成，故东西一父母。水火既济，故南北一父母。以金木与水火不相犯为纯也。盖既有先天之阴阳以辨纯驳，自当有后天之五行以别清纯。"按：此说有理。不用二土，而以坤附离、艮附坎者，火土本同宫，水土本同源也。

九星卦列说

九星者，贪狼、巨门、禄存、文曲、廉贞、武曲、破军、辅、弼也。九星出于北斗，北斗七星，一枢、二机、三璇、四权为魁，五衡、六开阳、七摇光为杓。开阳、摇光之旁有小星，左为辅，右为弼，合为九星。地理家有九星之形焉，贪为木，巨、禄为土，文为水，廉为火，武、破、辅、弼皆为金。有九星之位焉，以九星配八卦，辅、弼为卦之本体，余七卦翻变之例，自上爻变起。如乾以兑为贪，坤以艮为贪，皆以上中下中，上中下中，八变而归于辅、弼，此甚有理。盖六画之卦，从下变上，三画之卦，从上变下。上画变是其同宫，如乾、兑同为老阳，震、离同为少阴，坎、巽同为少阳，坤、艮同为老阴，故各以同宫之卦起生气贪狼也。从乾卦翻出者，曰天父卦，又曰天定卦。从坤卦翻出者，曰地母卦。星以贪、巨、武为三吉，卦以艮、丙、巽、辛、兑、丁为六秀。惟坤以艮为贪，巽为巨，兑为武，适与吉秀符焉。坤为地故也。九星卦各有取用，详地理家书。若阳宅卜居，亦以同宫卦起贪，但以贪、廉、武、文、禄、巨、破、辅为序。如乾宅从兑起贪，则廉加震，武加坤，文加坎，禄加巽，巨加艮，破加离，故乾宅以坤、兑、艮门为吉也。详《阳宅书》。

《洪范》五行说

地理家五行之说最多，而《洪范》五行之义尤难明。今推之。《洪范》五行者，以正五行为主，其余干支四维，皆与正五行之理有相通，故与之联属，所以辅成正五行之气者也。水有八，坎为真水，辛申金者，水之正源，甲寅巽木者，水之别源，辰戌土者，水之堤防也。巽木与坎水同宫，水滋木，而木亦能引水，思酸而律液生，伐木而泉源涸，故木为水之别源。水无土则滥，必借阳土以蓄聚之。申为水之生气，辰为水之归气，水又与火互根，无火不能生水。寅为火之生气，戌为火之归气，故寅戌亦为水，是一水具四行之气者也。火有四，离为真火，乙木者，火之所丽以为明，丙为太阳之火，壬为水中之火，火同与水互根者也。木有三，震为真木，艮土者木之根，巳火者木之焰也。金有四，兑为真金，乾阳金亦不变，金喜丁火之熔，亦喜癸水之泽也。土有五，坤与丑未皆真土，水与土同源，土旺则生金，故癸庚皆为土也。立此五行者，其于五行之蕴奥，察之精矣。

叶九升云："此五行乃先天之气，专用之以辨地之大小贵贱。大而建都立国，次则扦道府州县，小而乡镇坟宅，皆宜察其到头之五行，以起三十八将，以占其地之富贵，其用最大，故曰大五行也。与乘气立向消纳无涉，后人不知其用，而用之以论气论向，或用之坐山消水，故祸福无凭，乃共诋之为灭蛮也。《洪范》所以妙其正五行之用，选日家用之以推山运，亦有准云。"

贵人说

先天之坤在子，后天之坤在申。贵人者，甲与己合，皆以己所临之地，而分阴阳二贵。阳贵己在子，庚以后皆顺行，辰戌不临，午冲子不临，子不再临，而戊终于丑。阴贵己在申，庚以后皆逆行，辰戌不临，寅冲申不临，申不再临，而戊终于未。辰为天罡，戌为河魁，至尊之地，贵人不敢临也。己临子申，亦所以拱乎天罡也。其曰天乙贵人者，天乙一星，在紫微垣门外也。叶九升谓甲以己之所临为贵人，己以甲之所临为贵人，未确。与己同临子申者，乙也，非甲也。俗诀"甲戊牛羊，庚辛马虎"者，谬也。

遁甲奇门说

遁甲奇门一术，或曰黄帝伐蚩尤时命风后所作。其法用《洛书》与后天八卦，按节气、日时、干支，而起奇门，以择时日也。一日十二时，五日六十时，分为六甲，甲子、甲戌、甲申、甲午、甲辰、甲寅，统于戊、己、庚、辛、壬、癸。甲子为戊，甲戌为己，甲申为庚，甲午为辛，甲辰为壬，甲寅为癸，谓之六仪。甲为最尊，藏于六仪之中，故曰遁甲。乙丙丁三干应三光，谓之三奇。乙奇为日，丙奇为月，丁奇为星。门有八，坎为休，艮为生，震为伤，巽为杜，离为景，坤为死，兑为惊，乾为开。休与景对，生与死对，伤与惊对，杜与开对。开、休、生为三吉门也。九宫有九星，坎一为天蓬，坤二为天芮，震三为天冲，巽四为天辅，五为天禽，寄于坤，乾六为天心，兑七为天柱，艮八为天任，离九为天英。一岁五日为一候，三候为一气，二十四气，有七十二候。冬至上候起坎一，立春上候起艮八，春分上候起震三，立夏上候起巽四，夏至上候起离九，立秋上候起坤二，秋分上候起兑七，立冬上候起乾六。自冬至至芒种为阳遁，顺布六仪，逆布三奇。自夏至至大雪为阴遁，逆布六仪，顺步三奇。一候为一局，五日易一局。必逢甲巳之日，以星为直符，加于时之干。以门为直使，加于时之宫。三候一气，古法用平气，无盈缩；今法用定气，有盈缩。冬时气短，夏时气长，无论平气定气，积之久必时日有余，与五日之符头不相当，须闰一局以补之。气未来而符头先到者，谓之超神；符头未到而气先到者，谓之接气。此置闰超接之法，必须芒种大雪之后，冬夏二至之前，盖二至方分阴阳顺逆也。一说气应始变局，如甲巳日巳时交冬至，方作阳遁变局，其辰时已前，只作阴遁也。此奇门之大略。

图局阳阴气四十二		
杜 辅天 **巽** 芒种六三九 小满五二八 立夏四一七	**景** 英天 **离** 大暑七一四 小暑八二五 夏至九三六	**死** 芮天 **坤** 白露九三六 处暑一四七 立秋二五八
伤 冲天 **震** 谷雨五二八 清明四一七 春分三九六		**惊** 柱天 **兑** 霜降五八二 寒露六九三 秋分七一四
生 任天 **艮** 惊蛰一七四 雨水九六三 立春八五二	**休** 蓬天 **坎** 大寒三九六 小寒二八五 冬至一七四	**开** 心天 **乾** 大雪四七一 小雪五二八 立冬六九三

图　说

上图皆以甲巳日甲子时起局易局。如冬至则以一宫为上局，七宫为中局，四宫为下局。夏至则以九宫为上局，三宫为中局，六宫为下局。阳遁顺行，阴遁逆行。

阳遁布奇仪星门例

局	节气	第一格	第二格	第三格
阳遁	冬至上 惊蛰上	甲子戊 蓬直符 休直使	甲戌己 芮直符 死直使	甲申庚 冲直符 伤直使
一局	清明中 立夏中	甲午辛 辅直符 杜直使	甲辰壬 禽直符 死直使	甲寅癸 心直符 开直使
右局皆以九为乙，八为丙，七为丁。				
阳遁	小寒上 立春下	甲子戊 芮直符 死直使	甲戌己 冲直符 伤直使	甲申庚 辅直符 杜直使
二局	谷雨中 小满中	甲午辛 禽直符 死直使	甲辰壬 心直符 开直使	甲寅癸 柱直符 惊直使
右局皆以一为乙，九为丙，八为丁。				
阳遁	大寒上 春分上	甲子戊 冲直符 伤直使	甲戌己 辅直符 杜直使	甲申庚 禽直符 死直使
三局	雨水下 芒种中	甲午辛 心直符 开直使	甲辰壬 柱直符 惊直使	甲寅癸 任直符 生直使
右局皆以二为乙，一为丙，九为丁。				

阳遁 惊蛰下 冬至下	甲子戊 辅 直符 杜 直使	甲戌己 禽 直符 死 直使	甲申庚 心 直符 开 直使
四局 清明上 立夏上	甲午辛 柱 直符 惊 直使	甲辰壬 任 直符 生 直使	甲寅癸 英 直符 景 直使

右局皆以三为乙，二为丙，一为丁。

阳遁 小寒下 立春中	甲子戊 禽 直符 死 直使	甲戌己 心 直符 开 直使	甲申庚 柱 直符 惊 直使
五局 谷雨上 小满上	甲午辛 任 直符 生 直使	甲辰壬 英 直符 景 直使	甲寅癸 蓬 直符 休 直使

右局皆以四为乙，三为丙，二为丁。

阳遁 大寒下 雨水中	甲子戊 心 直符 开 直使	甲戌己 柱 直符 惊 直使	甲申庚 任 直符 生 直使
六局 春分下 芒种上	甲午辛 英 直符 景 直使	甲辰壬 蓬 直符 休 直使	甲寅癸 芮 直符 死 直使

右局皆以五为乙，四为丙，三为丁。

阳遁 冬至中 惊蛰中	甲子戊 柱 直符 惊 直使	甲戌己 任 直符 生 直使	甲申庚 英 直符 景 直使
七局 清明下 立夏下	甲午辛 蓬 直符 休 直使	甲辰壬 芮 直符 死 直使	甲寅癸 冲 直符 伤 直使

右局皆以六为乙，五为丙，四为丁。

阳遁 小寒中 立春上	甲子戊 任 直符 生 直使	甲戌己 英 直符 景 直使	甲申庚 蓬 直符 休 直使
八局 谷雨下 小满下	甲午辛 芮 直符 死 直使	甲辰壬 冲 直符 伤 直使	甲寅癸 辅 直符 杜 直使

右局皆以七为乙，六为丙，五为丁。

阳遁 大寒中 谷雨上	甲子戊 英 直符 景 直使	甲戌己 蓬 直符 休 直使	甲申庚 芮 直符 死 直使
九局 春分中 芒种上	甲午辛 冲 直符 伤 直使	甲辰壬 辅 直符 杜 直使	甲寅癸 禽 直符 死 直使

右局皆以八为乙，七为丙，六为丁。

阴遁布奇仪星门例

阴遁	夏至上 白露上	甲子戊 英直符 景直使	甲戌己 任直符 生直使	甲申庚 柱直符 惊直使
九局	寒露中 立冬中	甲午辛 心直符 开直使	甲辰壬 禽直符 死直使	甲寅癸 辅直符 杜直使

右局皆以一为乙，二为丙，三为丁。

阴遁	小暑上 立秋下	甲子戊 任直符 生直使	甲戌己 柱直符 惊直使	甲申庚 心直符 开直使
八局	小雪中 霜降中	甲午辛 禽直符 死直使	甲辰壬 辅直符 杜直使	甲寅癸 冲直符 伤直使

右局皆以九为乙，一为丙，二为丁。

阴遁	大暑上 处暑下	甲子戊 柱直符 惊直使	甲戌己 心直符 开直使	甲申庚 禽直符 死直使
七局	秋分上 大雪中	甲午辛 辅直符 杜直使	甲辰壬 冲直符 伤直使	甲寅癸 芮直符 死直使

右局皆以八为乙，九为丙，一为丁。

阴遁（夏至下、白露下）	六局（寒露上、立冬上）
甲子戊 心直符 开直使	甲午辛 冲直符 伤直使
甲戌己 禽直符 死直使	甲辰壬 芮直符 死直使
甲申庚 辅直符 杜直使	甲寅癸 蓬直符 休直使

右局皆以七为乙，八为丙，九为丁。

阴遁（小暑中、立秋中）	五局（霜降上、小雪上）
甲子戊 禽直符 死直使	甲午辛 芮直符 死直使
甲戌己 辅直符 杜直使	甲辰壬 蓬直符 休直使
甲申庚 冲直符 伤直使	甲寅癸 英直符 景直使

右局皆以六为乙，七为丙，八为丁。

阴遁（大暑下、处暑中）	四局（秋分下、大雪上）
甲子戊 辅直符 杜直使	甲午辛 蓬直符 休直使
甲戌己 冲直符 伤直使	甲辰壬 英直符 景直使
甲申庚 芮直符 死直使	甲寅癸 任直符 生直使

右局皆以五为乙，六为丙，七为丁。

阴遁（夏至中、白露中）	三局（寒露下、立冬下）
甲子戊 冲直符 伤直使	甲午辛 英直符 景直使
甲戌己 芮直符 死直使	甲辰壬 任直符 生直使
甲申庚 蓬直符 休直使	甲寅癸 柱直符 惊直使

右局皆以四为乙，五为丙，六为丁。

阴遁（小暑中、立秋上）	二局（霜降下、小雪下）
甲子戊 芮直符 死直使	甲午辛 任直符 生直使
甲戌己 蓬直符 休直使	甲辰壬 柱直符 惊直使
甲申庚 英直符 景直使	甲寅癸 心直符 开直使

右局皆以三为乙，四为丙，五为丁。

阴遁（大暑中、处暑上）	一局（秋分中、大雪下）
甲子戊 蓬直符 休直使	甲午辛 柱直符 惊直使
甲戌己 英直符 景直使	甲辰壬 心直符 开直使
甲申庚 任直符 生直使	甲寅癸 禽直符 死直使

右局皆以二为乙，二为丙，四为丁。

附八神例

阳遁阴遁，各以直符加于星。阳遁顺数，直符之后，塍蛇、太阴、六合、勾陈、朱雀、九地、九天，阴遁直符之后逆行。

图局定气首斗辰元

天干五行	土山壬子	火山癸丑	木山艮寅	水山甲卯	金山乙辰	土山巽巳	火山丙午	木山丁未	水山坤申	金山庚酉	土山辛戌	火山乾亥
甲己土属	元土	廉金	武水	破木	贪火	元土	廉金	武水	破木	贪火	元土	廉金
乙庚金属	廉水	武木	破火	贪土	元金	廉水	武木	破火	贪土	元金	廉水	武木
丙辛水属	武火	破土	贪金	元水	廉木	武火	破土	贪金	元水	廉木	武火	破土
丁壬木属	破金	贪水	元木	廉火	武土	破金	贪水	元木	廉火	武土	破金	贪水
戊癸火属	贪木	元火	廉土	武金	破水	贪木	元火	廉土	武金	破水	贪木	元火

图　说

元辰斗首，出《玉函经》。用坐山化气之五行，以择年月日时者也。二十四山，以壬子土为始，乾亥火为终。坐山居前雀后武左龙右虎之中，故元辰以土为始。乾亥者北斗之位，故曰斗首。右旋则以乾亥火为首也。二十四山，八干四维，合地支而化气，亦以十干化气为本。甲己化土，戊癸化火，亦以土为始、火为终也。壬子当甲己，故为土，由此逆数，癸丑当戊癸，故为火；艮寅当丁壬，故为木；甲卯当丙辛，故为水；乙辰当乙庚，故为金；巽巳当甲己，故为土；丙午当戊癸，故为火；丁未当丁壬，故为木；坤申当丙辛，故为水；庚酉当乙庚，故为金；辛戌当甲己，故为土；乾亥当戊癸，故为火。由土而火，山位顺则五行逆；由火而土，山位逆则五行顺，顺逆互为用也。而十干之化气，与二十四山之化气相通矣。然而五气之用，又有顺有逆焉。生元辰者，贪狼官；克元辰者，破军鬼。元辰所生者廉贞子，元辰所克者武曲财，元辰不化者也。元辰第二位，顺为所生，逆为所克，则廉子化武财矣。元辰第三位，顺为所克，逆为生元辰，则武财化贪官矣。元辰第四位，顺为克元辰，逆为元辰所生，则破鬼化廉子矣。元辰第五位，顺为生元辰，逆为克元辰，则贪官化破鬼矣。是谓翻化气，此又以生克互为用也。生克之理出于《图》、《书》，《图》以五十土生四九金，由金而水、而木、而火、而土，皆顺生。《书》以五十土克一六水，由水而火、而金、而木、而土，皆逆克。盖阴土在火金之间者，气顺行而生；阳土在水木之间者，气逆行而克。一生一克，造化之妙用，《图》、《书》之至理。用此五行择日者，知其当然，不知其所以然，故发明之。

此五行之用，以干为体，支为用，以扶元辰助武财为主。贪官生元辰者也，而有化破鬼之病。破鬼克元辰者也，而有化廉子之用。廉子泄元辰者也，而有化武财之功。在人所以用之耳。

紫白《洛书》说

《洛书》一白、二黑、三碧、四绿、五黄、六白、七赤、八白、九紫。一白为休门，八白为生门，三碧为伤门，四绿为杜门，九紫为景门，二黑为死门，七赤为惊门，六白为开门。年、月、日、时，各以次轮值，视其三白与九紫之方为吉，可以修方动土，余俱不吉。其年、月、日、时，紫白定局，及所用法，详其本书。

河洛精蕴卷之九

纳甲说

《易》不言干支，《蛊》、《巽》彖爻，有先甲后甲、先庚后庚之文，假托日名取义耳，非真有与干相合之义也。而五行家有纳甲之说，以十干纳之于卦，举甲以该之，堪舆家最重，卜筮、修养家亦言之。其说大抵起于秦汉以前。按纳甲有两法，京房《易》，乾纳甲壬，坤纳乙癸，艮纳丙，兑纳丁，坎纳戊，离纳己，震纳庚，巽纳辛，此六画卦之纳法。若三画卦之纳法，则乾纳甲，坤纳乙，艮纳丙，兑纳丁，震纳庚，巽纳辛，离纳壬，坎纳癸，虚戊己不纳也。干有十而卦止于八，自当存其戊己。若六画卦，用之以布浑天甲子，宜尽纳十干，故乾、坤内卦纳甲乙，外卦纳壬癸，以其为卦之父母，故兼纳干之首尾。而戊纳之坎，己纳之离，二法不同，不得以六画纳法用之于三画。且乾、坤未有外卦，不得兼用壬癸，而坎本纳癸，不得用戊，离本纳壬，不得用己也。纳甲之数微妙，其理精深，昔人不知其由，妄以月之盈亏解之。传云："悬象著明，莫大乎日月。"吴时虞翻以纳甲法释其义，魏伯阳《参同契》云："初三震受庚，上弦兑受丁，十五乾体就，十八巽受辛，下弦艮受丙，三十坤受乙。"此说不然。月上弦下弦，光体一半，而兑两阳一阴，艮两阴一阳，非当其半，如何能肖？方位亦牵强凑合。壬癸北方无月，离何以纳壬？坎何以纳癸？必非纳甲之所以然。今以图、书之数解之，《洛书》八方之位，本即先天八卦之数，乾为父得九，震长男得八，坎中男得七，艮少男得六，此循次递降之数也。坤为母得一，巽长女得二，离中女得三，兑少女得四，此循次递升之数也。而又有渐降渐升之数焉，九减一为八，八减二为六，六减三为三，三当减四，加十减之则复得九，此乾、震、艮、离、之四阳卦也。一加一为二，二加二为四，四加三为七，七加四为十一，除十则复得一，此坤、巽、兑、坎之四阴卦也。离本阴卦，而何以变阳？坎本阳卦，而何以变阴？阴阳互为其根，水火互藏其宅。先天之乾，为后天之离；先天之离，为后天之震，则离不得不变为阳，而渐降之数自从之。先天之坤，为后天之坎；先天之坎，为后天之兑，则坎不得不变为阴，而渐升之数自从之。既有循次升降之数，又有渐生渐降之数，且能变坎、离之阴阳，所谓成变化而行鬼神，此亦其一端也。由是乾、震、艮、离、坤、巽、兑、坎之位既定，乃以戊己居中，各以七数数之。戊至七为甲，则乾纳甲矣。甲至七为庚，则震纳庚矣。庚至七为丙，则艮纳丙矣。丙至七为壬，则离纳壬矣。壬至七则复于戊焉。己至七为乙，则坤纳乙矣。乙至七为辛，则巽纳辛矣。辛至七为丁，则兑纳丁矣。丁至七为癸，则坎纳癸矣。癸至七则复于己焉。七位者，受克之位也。五行之理，一至三为所生，一至五为所克，一至七为所受克，一至九为所受生，迭而数之，皆能循环，兹何以惟从其所受克者也？盖所受克者制于己，是其所畏，畏则止而纳之矣。然则纳甲有一定之数，即有一定之理，故形家以此察山川之性情，辨阴阳之贵贱，审吉凶之避就。知其然，不知其所以然，妄以月体盈亏解之，至理真数之冥昧也久矣。今作图如右。

图甲纳

渐升数	卦			卦	渐降数
一加一	坤纳乙	己 各以七数之而循环	戊 各以七数之而循环	乾纳甲	九减一
二加二	巽纳辛			震纳庚	八减二
四加三	兑纳丁			艮纳丙	六减三
七加四	坎纳癸			离纳壬	三减四
一循环复原					九循环复原

图　说

河图数明纳甲图

一乾甲	二坤乙	天地定位
三艮丙	四兑丁	山泽通气
⑤戊	⑥己	
七震庚	八巽辛	雷风相薄
九离壬	十坎癸	火水不相射（水火变易）

天一地二，以至天九地十，《河图》数之源也。五位相得，《本义》谓一与二，三与四，五与六，七与八，九与十，或疑此数未见其用，不知此数王有用也。一二为二始以定刚柔。五六为二中以定律历。九十为二终以正闰余。《大衍历议》既言之矣。而以十干言之，一二者甲与乙，三四者丙与丁，五六者戊与己，七八者庚与辛，九十者壬与癸。《易》虽不言干支，而十干自有阴阳相配之理。乃以八卦纳之，则当虚其五六之中数，戊己不用，于是乾当纳甲，坤当纳乙，艮当纳丙，兑当纳丁，震当纳庚，巽当纳辛。至壬癸者，以阴阳配之，似坎当纳壬，离当纳癸。而以渐升渐降之数数之，离自从阳，坎自从阴，故离纳壬而坎纳癸也。配以卦象，则一二者天地定位，三四者山泽通气，七八者雷风相薄，九十者水火不相射，与《易》言水火不相射者，易其先后之序也。

以纳甲法推先天变后天说

渐降数之卦，为乾、震、艮、离。渐升数之卦，为坤、巽、兑、坎。岂惟纳甲由此定，即先天变后天，亦由此定。但八震六艮，易其先后之序耳。先天变后天，每推移一位，以四阴卦言之，坤从右升，往而居巽，则坤居西南矣。巽往而居兑，则巽居东南矣。兑往而居坎，则兑居西方矣。坎往而居坤，则坎居北方矣。此四阴卦，正如其序，以次推移者也。以四阳卦言之，易其震、艮之序，乾从左降，往而居艮，则乾居西北矣。艮往而居震，则艮居东北矣。震往而居离，则震居东方矣。离往而居乾，则离居南方矣。此四阳卦，易其震、艮之序，以次推移者也。如使震、艮不易，则乾居震，仍是对坤。且阳之性，不能强之右旋而从震，故必左旋而从艮也。然以《河图》数所列之阳卦观之，正是乾移艮，艮移震，震移离，离移乾，而阴卦则易其二八之数，先巽而后兑，阳不易而阴易。自《洛书》所列之阴卦观之，则是坤移巽，巽移兑，兑移坎，坎移坤。而阳卦则易其八六之序，先艮而后震，阴不易而阳易也。以卦所纳观之，坤乙移巽辛，巽辛移兑丁，兑丁移坎癸，皆从其所受克。坎癸移坤乙，则从其所生，震庚移离壬，离壬移乾甲，乾甲移艮丙，则从其所生。艮丙移震庚，则从其所克。所克者妻也，所生者子也，所受克者夫也，阴阳自然之性情，于先天变后天见之。又以数之进退明人事。阴之进也，必以其序，一而二，二而四，四而七，其进也难，进不欲躁也。阳之退也，不必循序，九则降而为六，六又升八，八则降而为三，其退也易，退不欲缓也。先天变后天，天道中默具人事之理，千古其谁觉之？

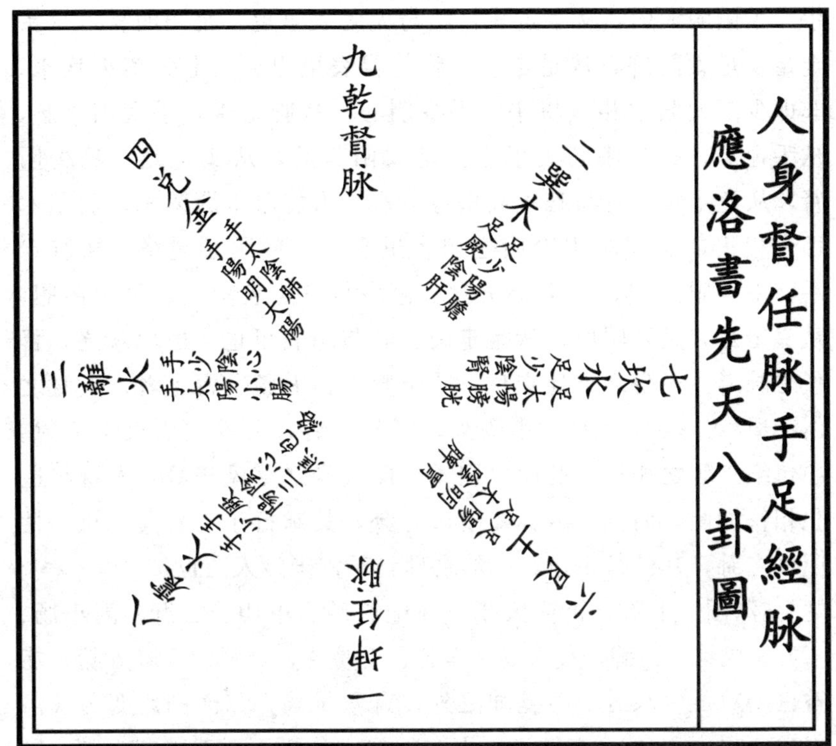

图说

人为三才之一，位居天地之中，本与天地相肖，则所谓《河图》、《洛书》、八卦，其理自与人身相通。《易》谓近取诸身，乾首、坤腹、震足、巽股、坎耳、离目、艮手、兑口，粗举其大略耳。卦之所以应乎人身者，岂仅以形体粗迹比拟耶？人身有督脉，从下体二阴之间，过尾闾循背膂而上，至巅顶，下鼻抵人中，止于唇之上。有任脉，从前阴循腹而上，至于口唇之下。此二脉即人身之乾、坤，亦即九一二数之相表里。督统一身之阳，任统一身之阴。不惟人有之，鸟兽虫鱼皆有之，即果实之类亦有之。人身内有藏府，则其肌肉之间，有十二经脉，行于手者六，行于足者六，即乾、坤之外，有六子之卦，九一之外，有二八三七四六之数也。四六为兑金艮土，非即太阴阳明之相表里乎？手太阴肺，从脏走手。手阳明大肠，从手走头，肺与大肠表里也。足阳明胃，从头走足，足太阴脾，从足走腹，脾与胃表里也。三七为离火坎水，非即少阴太阳之相表里乎？手少阴心，从脏走手，手太阳小肠，从手走头，心与小肠表里也。足太阳膀胱，从头走足，足少阴肾，从足走腹，肾与膀胱表里也。八二为震阳木巽阴木，而阳木即为相火，非即厥阴少阳之相表里乎？手厥阴心包络，从脏走手，手少阳三焦，从手走头，心包络与三焦表里也。足少阳胆，从头走足，足厥阴肝，从足走腹，肝与胆表里也。由此观之，督任二脉者，人身之天地定位，肺金脾土，大肠金胃土者，人身之山泽通气。心火肾水，小肠火，膀胱水者，人身之水火不相射。心包络三焦之相火，肝胆之阴木，即人身之雷风相薄。人身与造化相符如此，而兑、离、震阳仪之卦，其脉行于手，巽、坎、艮阴仪之卦，其脉行于足，自然之理，千古未经人道也。

《河图》十数，正应天干，亦配脏腑。甲胆、乙肝、丙小肠、丁心、戊胃、己脾、庚大肠、辛肺、壬膀眈、癸肾。五脏五腑不能益也。乃画为八卦，则乾坤之外，有六子焉。《河图》变为《洛书》，则九一之外，有四六三七二八之六位焉。则五脏有六腑，以三焦为孤腑也。六腑亦有六脏，以心包络为之配也。此阴阳五行之变化甚奇，而不知其无奇也。八卦、《洛书》早呈其象，人自不察耳。五行宜各专其一，而火则有二，一为君火，一为相火。以卦配之，君火离也，相火震也。震是阳木，而何以为相火？火无体，以木为体也。心包络三焦，皆相火之脏腑，故属之震八之位。

以震为相火，从来儒家、医家皆未知，不观《说卦传》乎？震为雷，为龙。龙雷之火，岂不象人身之相火乎？医家亦知相火为雷龙之火，而不知相火即震卦，可谓惑之甚矣。不但心包络三焦是震卦，即右尺命门，亦正是震卦，人自不察耳。

医家谓相火亦寄于肝胆，何也？八与二，本厥阴少阳之相通，心包络与肝皆厥阴，三焦与胆皆少阳，且二本《河图》南方之火，故相火亦寄于肝胆。

十二经脉，起于手太阴肺，终于足厥阴肝，其序则兑与艮、离与坎、震与巽，符乎六子之序。循环周流，昼行阳二十五度，夜行阴二十五度，以应大衍之数。圣人作《易》，不必求合于人身，而人身自然相符如此。

医家又有《子午流注经》，谓人身血气所注，应十二时。今推之，正应先天八卦横图。

图注流血气应图横							
	辰	申	子	亥	未	卯	
	胃	膀胱	胆	三焦	小肠	大肠	
坤	艮	坎	巽	震	离	兑	乾
任脉主一身之阴	脾	肾	肝	心包	心	肺	督脉主一身之阳
	巳	酉	丑	戌	午	寅	

图 说

卦之序，为乾、兑、离、震、巽、坎、艮、坤。去其乾、坤当督、任，则六子为兑、艮、离、坎、震、巽。脏腑经脉，依次接续周流，虽一日行五十周，而气血又有所注之时，二者并行而不悖也。寅时肺朝百脉，故肺始于寅。阳仪先脏而后腑，阴仪先腑而后脏。阳仪之脏为寅、午、戌，腑为卯、未、亥。阴仪之腑为辰、申、子，脏为巳、酉、丑。心为一身之主，正当午时之阳，胆为甲木之首，故应子时之始，是为子午流注。医家知其然，不知其所以然者，应横图之六子也。

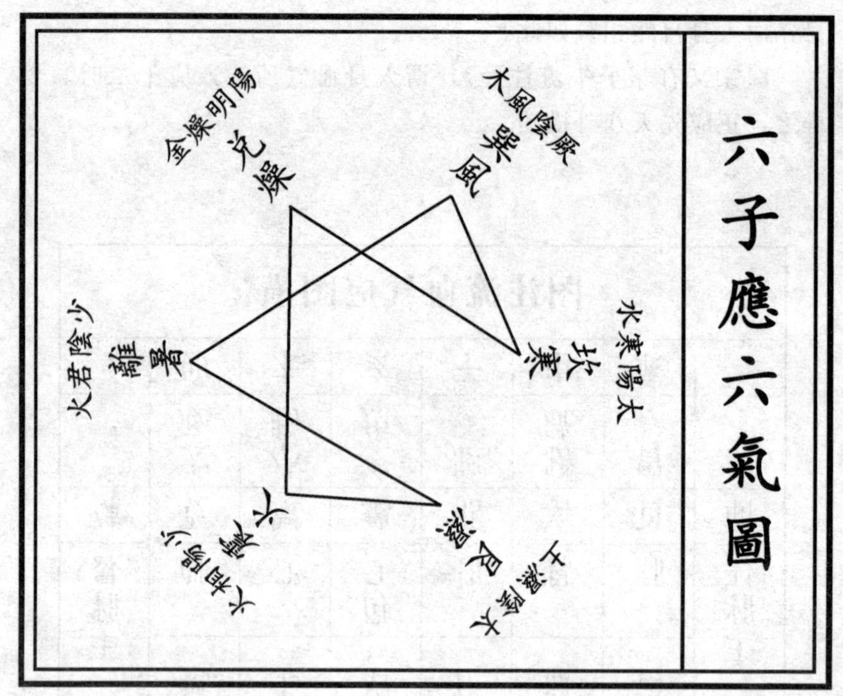

图说

五行变而为六气，分明与六子相配。风者厥阴风木，巽也。寒者太阳寒水，坎也。暑者少阴君火，离也。湿者太阴湿土，艮也。燥者阳明燥金，兑也。火者少阳相火，震也。从来儒家、医家未有言六气即六子，何也？儒家但知卦有八，而不知乾、坤总领阴阳，其为用者止有六卦，一也；但知兑之为泽，艮之为山，震之为雷，而不知泽即是燥金，山即是湿土，雷即是相火，二也。医家亦知有五行、有六气，而不知六气原于六卦，阳木即是相火，一也；亦知相火本于命门，而不知命门即是震卦，二也；亦知主气之序依五行，相火在君火之后，客气之序，依三阴三阳，湿土在相火之前，而不知六卦如何流行，三也。今欲明六子即六卦，当以客气流行之序先解之。三阴之气，厥阴风木，少阴君火，太阴湿土，阴气右旋，隔一卦而流行，由巽而离而艮，阴仪得二卦，阳仪得一卦也。三阳之气，少阳相火，阳明燥金，太阳寒水，阳气左旋，亦隔一卦而流行，由震而兑而坎。阳仪得二卦，阴仪得一卦也。阴气始巽，阳气始震者，二八之位，长女长男之交，相火之合，造化发生之本也。主气则二火相随，先震而后艮耳。以主气顺序为常，以客气加临为变，二者迭运不穷，其根皆自卦画来，奈何儒家医家，皆昧其源乎？

《左传》医和所言之六气，阴阳风雨晦明，却与医家不同，何也？曰：是亦同也。但所言者异耳。阴淫寒疾，太阳寒水也。阳淫热疾，少阳相火也。风淫末疾，厥阴风木也。雨淫腹疾，太阴湿土也。晦淫惑疾，少阴君火也。明淫心疾，阳明燥金也。惑疾固是心志蛊惑之疾，明淫何以又为心疾？谓心火克肺金而肺热，其疾由于心也。以六脉合之，阴阳者，左尺肾右尺命门也。风雨者，左关肝右关脾也。晦明者，左寸心右寸肺也。与《素问》六气不同者，医家亦各有所受也。以命门为阳淫热疾，如消渴之疾是也。龙火上炎，岂非震卦相火乎？

六气分阴阳，则风木为厥阴，君火为少阴，湿土为太阳。巽、艮在阴仪者为阴，而离在阳仪者亦为阴，阳中有阴也。相火为少阳，燥金为阳明，寒水为太阳。震、兑在阳仪者为阳，而坎在阴仪者亦为阳，阴中有阳也。三阴主于脏，为肝、心、脾。三阳主于腑，为三焦、大肠、膀胱。而阴阳各以相对者为表里，则震、巽对，而少阳与厥阴为表里，坎、离对，而太阳与少阴为表里，兑、艮对，而太阳与少阴为表里，兑、艮对，而阳明与太阴为表里。于是一脏配一腑，而厥阴肝与少阳胆为配，少阴心与太阳小肠为配，太阴脾与阳明胃为配，少阳三焦与厥阴心包络为配，阳明大肠与太阴肺为配，太阳膀胱与少阴肾为配也。金土对化，而燥湿相胜。水火对化，而寒暑相敌。木火对化，而风火相随也。天有六气，人有六脏六腑，卦位先定之矣。

张景岳《类经》之图六气也，以热为君火，暑为相火。然暑自是对寒，其他处言六气，亦曰寒暑燥湿风火，则不得以暑为相火矣。以主气言之，自二月春分至四月立夏，虽不当小暑大暑之候，而气已渐向暄，则亦可谓之暑。《内经》言神在天为火，在地为热，此合君、相二火言之。若分为二，则皆以暑为君火，热为相火。总之，寒水对君火，风木对相火，此有一定之位。言暑言热，或以热为火，任人言之皆可。今图以暑为君火，火为相火。

张氏云：“天地之道，以六为节，三才而两，是为六爻，六奇六偶，是为十二。知乎此，则营卫之周流，经络之表里，象在其中矣。”按八卦先有三画，然后重之为六爻，则六爻别是一义。若经络表里根于六气，而六气应六子，最为得当。张氏不知求六脏六腑于先天卦位，而以六爻之奇偶强为比附，疏矣。

主气流行应节气卦脉图

燥	湿	火	暑	风	寒
阳明燥金	太阴湿土	少阳相火	少阴君火	厥阴风木	太阳寒水
秋分	大暑	小满	春分	大寒	小雪
寒露	立秋	芒种	清明	立春	大雪
霜降	处暑	夏至	谷雨	雨水	冬至
立冬	白露	小暑	立夏	惊蛰	小寒
兑	艮	震	离	巽	坎
右寸	右关	右尺	左寸	左关	左尺

五运图

戊癸年	丁壬年	丙辛年	乙庚年	甲己年
火运	木运	水运	金运	土运

客气加临司天在泉定局图

年	初之气	二之气	三之气	四之气	五之气	六之气
子午年	初之气太阳寒水	二之气厥阴风木	三之气少阴君火 司天	四之气太阴湿土	五之气少阳相火	六之气阳明燥金 在泉
寅申年	初之气少阴君火	二之气太阴湿土	三之气少阳相火 司天	四之气阳明燥金	五之气太阳寒水	六之气厥阴风木 在泉
辰戌年	初之气少阳相火	二之气阳明燥金	三之气太阳寒水 司天	四之气厥阴风木	五之气少阴君火	六之气太阴湿土 在泉
丑未年	初之气厥阴风木	二之气少阴君火	三之气太阴湿土 司天	四之气少阳相火	五之气阳明燥金	六之气太阳寒水 在泉
卯酉年	初之气太阴湿土	二之气少阳相火	三之气阳明燥金 司天	四之气太阳寒水	五之气厥阴风木	六之气少阴君火 在泉
巳亥年	初之气阳明燥金	二之气太阳寒水	三之气厥阴风木 司天	四之气少阴君火	五之气太阴湿土	六之气少阳相火 在泉

图　说

客气加临，先定子午年为少阴君火以司天，每一年移一位。司天为三之气，主上半年；在泉为六之气，主下半年。凡初气起大寒，二气起春分，三气起小满，四气起大暑，五气起秋分，六气起小雪。阳年太过气先至，阴年不及气后至。视主客二气之和否，而人之疾病应之，六气与脏腑相通也。其说详见《素问》。

六脉图

	左	右
乾	寸 离火 少阴心 太阳小肠	寸 金兑 太阴肺 阳明大肠
	关 巽木 厥阴肝 少阳胆	关 土艮 太阴脾 阳明胃
坤	尺 坎水 少阴肾 太阳膀胱	命门尺 震相火 厥阴心包 少阳三焦

图说

人身手腕后之动脉，谓之寸口，本肺经太渊之一穴，而分寸、关、尺三部，能候周身之脏腑，何也?《河图》九四同宫，九者乾也，四者兑也。乾、兑之下二画，同根于四象之太阳。乾为天，而兑主气，肺为华盖，居于最上，则有天之象焉。故一脏能统众脏，一脉能候周身。而左右分为六部，则卦之六子，天之六气，人之十二经脉，悉具于寸、关、尺之中。业医者亦曾究其源乎?左尺肾水生左关肝木，左关肝木生左寸心火，左尺相火生右关艮土，右关艮土生右寸肺金，而肺金又生肾水，犹《河图》之左旋相生也。左尺之水克右尺之相火，左关之木克右关之土，左寸之火克右寸之金，此对位相克也。而右寸之金克左关之木，右关之土克左尺之水，此斜望相对也，皆《洛书》之右旋相克也。而以卦配之，左寸离也，左关巽也，左尺坎也；右寸兑也，右关艮也，则右尺之相火，非震卦而何?以阳木而变为相火，可知火无体，以木为体也。不但相火以木为体，即君火亦是以木为体。离之三，亦是《河图》东方之木也。且左右三部配卦，更有妙理。左手为先天，右手为后天，寸以离兑对，先天之离，对后天之兑也。关以巽艮对，先天之巽，对后天之艮也。尺以坎震对，先天之坎对后天之震也。而离火本袭乾之位，坎水本当坤之位，则试以左寸为乾，左尺为坤，则左手又为后天，右手又为先天。后天之乾，对先天之兑，后天之巽，对先天之艮，后天之坤，对先天之震，自然之卦位，变化不测如此。反复观之，右尺之为震也甚明，何以千古无人知之哉？或曰，命门之所以属震卦，亦有说乎？曰命门者，背脂七节间之穴名也。背脂二十一节，三七二十一，命门当其七节之间，正犹震卦一阳在二阴之下，其象最肖。此乾、坤始交，一阳初动，为生育之根也。前对脐，穴名神阙，犹北极之对南极也。命门为相火之宅，而心包络，又曰心主，又曰膻中。所以护卫乎心，为心之宫城，则相火之脏也。上焦以统肺心，中焦以统脾，下焦以统肝肾，所以包裹众脏，为身之躯壳，则相火之腑也。三焦心包络，经脉之流行，皆相火之流行也。命门犹宫舍，经脉犹道路，皆统之于相火，皆属之于右尺，而七节间之一阳，其为震卦，不甚显然哉？

十二脏脉候部位辨

《素问·脉要精微论》曰：“尺内两旁，则季胁也。尺外以候肾，尺里以候腹。中附上，左外以候肝，内以候鬲，右外以候胃，内以候脾。上附上，右外以候肺，左以候心，内以候膻中，前以候前，后以候后。上竟上者，胸喉中事也。下竟下者，少腹、腰、股、膝、胫中事也。”按：此脉候部位虽是古经之言，亦未可尽泥也。如曰尺外以候肾，尺里以候腹，竟不辨尺之左右，是两尺皆为肾矣。命门果何在耶？秦越人言肾有两者，左为肾，右为命门，景岳已辨其非，而《内经》尺不分左右，统属之于肾，又岂可尽信耶？脏腑之有表里，其中自有脉络相连，此先天夫妇自然之配合，非谓二肠在下，即当候之于尺，不宜候之于寸也。泻心火者小肠，泻肺火者大肠。病在上而求诸下者，其出路也；病在下而求诸上者，其来路也。岂拘上下之部位哉？西晋王叔和《脉经》云：“心部在左手关前寸口，与手太阳为表里，以小肠合为腑，合于上焦。肺部在右手关前寸口，与手阳明为表里，以大肠合为腑，合于上焦。”此不易之理。犹之胃合脾，胆合肝，膀胱合肾耳。故宋高阳生约之为《脉诀》云：“左心小肠肝胆肾，右肺大肠脾胃命。”因其欲为约语，以便记诵，故左尺略膀胱，而右尺举命门。命门者，相火之宅。心包络三焦者，相火之脏腑与经脉。故举命门，而心主与三焦在其中矣。明方以智著《通雅》，其图六脉，右尺为三焦心包络，虽是儒家之书，实不易之图也。景岳乃以小肠候之右尺，大肠候之左尺，心主候之左寸，其说谓右尺是火，小肠亦是火，故以火从火。然左尺是水，大肠是金，不相比附。而曰母隐子胎之义，似属牵强矣。必欲依上中下之部位，则三焦亦宜分候于寸、关、尺。景岳引《灵枢》肾合三焦膀胱之言，谓当候之于尺。夫上焦、中焦既可总候于尺，则二肠又何不可候之于寸耶？心包虽为护心之膜，然心是君火，心包是相火，相火自当从命门三焦候之于右尺，不得因其与心相连，而候之于左寸也。总之六脏六腑，各有表里，则六脉自各有部位。此先天夫妇自然之配合，非其类者不能强使之合，是其类者不能强使之离。而景岳乃欲以意离合之，果能冥符造化耶？天之生人，不能使小肠大肠处于上焦，而脉络自与心肺相通，不论上下之位，心包与心虽一体相连，而心自络小肠，不络心包，心包自与三焦为厥阴少阳之真配偶，不与心为配偶也。此由先天八卦之六子，与《洛书》合十之数，山、泽、水、火、雷、风之象，及六气分三阴三阳之序早定之。而左右六部脉，与先后天之卦位恰相对。此种妙理，千古未经人道破，亦何怪后人之以意离合耶？且六气之序，三阴主脏，三阳主腑，少阳相火，主三焦而言也。太阳寒水，主膀胱而言也。然则阳明燥金，必主大肠可知矣。今于右寸肺与大肠之金，先天合成兑卦者，离去大肠，使假合于左尺之水，而金部只有手太阴，无手阳明，则何以为阳明燥金乎？景岳何不思及此乎？夫脉主脏而能兼候府者，因其表里相合，同气相求，医家以意消息之，非真有内外之辨也。今又杂以不类之脏腑，右尺即候命门三焦矣，而又候小肠；左尺既候肾与膀胱矣，而又候大肠；左寸既候心矣，而又候心主。虽有神医，恐亦难辨别也。景岳虽以意配脉，考其全书，终未有确然之案。言某人有某病，依其所定脉部位施治则生，否则死者，则虽有此说，实未尝用之诊候也。然则王叔和、高阳生之说，虽出《内经》之后，未可轻议矣。《内经》固医家之金科玉律，有不可泥者亦多。如热病，今之伤寒，依其言，一日而传一经，六日传遍，则愈；六日不愈，则又复传。使泥其言以治伤寒，有不误人之生者乎？则论候脉部位，岂遂为不刊之论乎？

图书卦画六气脏腑脉候一贯说

甚矣！天人之相符，妙合无间，至理日在人身，而人不觉也。图书卦画，作《易》之源耳，与人身何涉？六气流行，与人身疾疢相关矣，与图书卦画又何涉？《素问》、《灵枢》、《难经》、《脉诀》，医家之言甚夥，曾无一字及于《易》，近世业医，而肯探源于《易》理者，稍稍及之。然无亲切确实之见，犹是叩盘扪籥之谈。岂知图书卦画，即脏腑脉候之影，脏腑脉候，即图书卦画之形。象数同源，天人一贯，千古其谁觉之哉！

图书五奇数应五脏部位图

焦	数	脏
上焦	九	肺金
中焦	七	心火
	五	脾土
下焦	三	肝木
	一	肾水

图说

人身以隔膜分上下，肺心在膜上，脾肝肾在膜下，而分上中下三焦，即图、书九、七、五、三、一之数也。金乘火位，肺居心上，火入金乡，心居肺下，此图变书而二异者也。脾、肝、肾各如土、木、水之位，此图、书之三同者也。数之序有天然之位置矣。人正生，则如其序而最灵；禽兽虫鱼横生，则心知异于人矣；草木倒生，则心知又异于禽兽虫鱼矣。

乙癸同源说

医家言肝肾之病同治，因推乙癸同源，不过谓肝肾同在下焦耳，究不得其理之所以然。今以先天八卦及图、书数推之，肝者巽木，肾者坎水，巽木为二，坎水为七，《河图》二七同宫，《洛书》二七相连，而巽、坎之下二画，为阴中之阳，谓之少阳，此水木所以同根。犹之离三为君火，震八为相火。其下二画为阳中之阴，谓之少阴，故二火亦同根也。且《河图》东方三八木，合为十一点，一者水数，则木又化合为水矣。人知水能生木，不知木亦能生水，同气相求，母生子而子养母，自然之理。以五行验之，甲木生在亥，此以阳水生阳木，癸水生在卯，此以阴木生阴水，其理固昭然矣。又以物理验之，山东运河，欲其恒有水以济粮艘，皆仰给于济南诸泉，有泉源之处，必多蓄林木。如林木不茂，则泉源亦不长，故必严禁伐木。

今著《广东新语》云："西宁在万山中，树木丛翳，稻田肥美，以其多水。多水由于多木，凡水生于木，有木之所，其水为木所引，则溪涧长流，故《易》曰‘木上有水，井’。从化流溪诸县，有奸民烧炭市利，尽赭其山，木既尽，无以缩水，于是泉源渐涸，田里渐荒，此其验也。”更以人身验之，酸者木之味也，言酸思酸，则齿齼而津液即生，故曹操行军，望梅能止军中之渴。木之生水，其感召有甚神速者，故补水固所以生木，补木亦所以缩水。六味丸，补肾之剂，而用山茱萸以补肝，其理微矣。观乙癸之同源，医家其可轻言伐木平肝乎？

伤寒传足不传手说

伤寒传足不传手，古有是言，此言诚是也。观《素问》及《伤寒论》，皆是言足六经，何尝及手六经？张景岳谓手六经之脉短，不能周身，足六经之脉长，能周身，故寒邪易犯之。此说似矣，尤非其所以然也。观前手足经脉，应先天八卦图，足六经之脉，确是阴仪，巽、坎、艮三卦，伤寒以坎卦之寒为主，巽之风，艮之湿，亦是寒邪之类，故皆能传之。虽六经不必尽传，要不出足六经。盖其受病之源，在阴而不在阳。犹之痺痛一症，风寒湿三气合而成痺，亦是在阴不在阳。如伤寒可及手六经，则是燥邪、暑邪、火邪，而不得为寒邪矣。有极辩此说者，大约谓人之一身，岂可截然判为二？寒必由皮毛入，汗之必由皮毛出，岂非传太阴肺乎？昏迷谵妄，岂非传少阴心乎？下之者必经历大肠，岂非传阳明大肠乎？有水道不通，当利其小便者，岂非传太阳小肠与三焦乎？安得谓不传手六经也！是说也，所谓弥近理而大乱真者也。寒邪犹盗贼也，其所出入之道路，与其扰乱之地方，皆为盗贼所苦者耳，岂可谓道路地方皆盗贼哉！故手六经，谓之有交涉则可，谓之传经则不可。以景岳之明，犹惑于其说，而欲左袒之，彼固未尝知手足六经之源也。

跋

圣人则《河图》、《洛书》而作《易》。《易》之为书，广大悉备，冒天、地、人之道，于六十四卦之中。是所为图、书者，当必有以统卦画之全，极天文、地理、人事之变，而后圣人得而则之。近读婺源江慎修先生所著《河洛精蕴》一编，凡卦画次序、方位、蓍策、变占，一一从《河》、《洛》而抉其精，一一以及天文、地理、人事，从《河》、《洛》而阐其蕴。

余不敏，诚不能窥其万一。窃意是编也，不特学《易》者可以探卦画之所从来，而得万理之根本，即言天文、地理、人事者，亦可以悟术数之所自始，而得万法之权舆，其有裨于后学，非浅鲜也。爰授梓以广其传，并识之简末云。

后学黄圣谦云甫氏跋